宋徽宗
皇帝 艺术家 俘囚

郭瑞祥 著

北方联合出版传媒(集团)股份有限公司

万卷出版有限责任公司

图书在版编目（CIP）数据

宋徽宗：皇帝 艺术家 俘囚 / 郭瑞祥著. —沈阳：万卷出版有限责任公司，2023.3

ISBN 978—7—5470—5789—6

Ⅰ．①宋… Ⅱ．①郭… Ⅲ．①宋徽宗（1082—1135）—传记 Ⅳ．①K827=441

中国版本图书馆CIP数据核字（2021）第205577号

出 品 人：王维良
出版发行：北方联合出版传媒（集团）股份有限公司
　　　　　万卷出版有限责任公司
　　　　　（地址：沈阳市和平区十一纬路29号　邮编：110003）
印 刷 者：辽宁新华印务有限公司
经 销 者：全国新华书店
幅面尺寸：160mm×230mm
字　　数：230千字
印　　张：16
出版时间：2023年3月第1版
印刷时间：2023年3月第1次印刷
责任编辑：张洋洋
责任校对：张　莹
装帧设计：马婧莎
ISBN 978—7—5470—5789—6
定　　价：42.00元
联系电话：024-23284090
传　　真：024-23284448

常年法律顾问：王　伟　版权所有　侵权必究　举报电话：024-23284090
如有印装质量问题，请与印刷厂联系。　　　　　联系电话：024-31255233

序　言

宋徽宗即位之初，在宫内饲养了许多珍禽奇兽，左司谏江公望进言皇帝不应该把精力放在闲情逸致上，宋徽宗听从了他的建议，将这些小动物放生出宫。有一只白鹇因为饲养久了，无论如何不愿离去，宋徽宗只好亲自用柱杖驱赶。过了几天见到江公望，宋徽宗回忆起驱赶小动物时的情形，内心充满痛苦。他在柱杖上刻下江公望的名字，以提醒自己不要玩物丧志。

很多人恐怕难以相信这样的事会发生在宋徽宗身上。大家印象中，只有历史上的贤君如唐太宗、汉文帝才有这样的胸怀，而宋徽宗是有名的昏君、亡国之君，不可能做到虚心纳谏、克己省身。然而这却是记载于史书中的白纸黑字。

宋徽宗身上有着昏聩统治者的共性：好大喜功、好谀恶直、任用奸佞、奢侈淫靡、胆小懦弱。特别是后期，缺乏危机意识，贪图安逸，劳民伤财，战略投机，酿成亡国悲剧。

但他也有丰富的个性。比如他是一个有同情心的君主，甚至悲天悯人：建安济坊为贫苦无依的人治病，置居养院为鳏寡孤独的人养老，办漏泽园安葬无人认领的尸体。成为阶下囚后，金人赠给他一万匹生绢，他本人形销骨立，蓬头垢面，还拖家带口一千多人，却仍然慷慨地分给宗室一千多匹绢。

宋徽宗是位有格局的君主。他高度重视学校教育，了解到有些州县的读书人还无学可上，或者由于地理条件、家庭境况不能选择理想的学校，而有些学校"学宇卑陋，食饮疏薄"，便下诏严令州县体察"朕教养待士之意"，分派提举学事官到全国各地督导检查。他的两个舅舅被安排在皇宫禁卫中担任官职，而他却担心他们不能胜任。

当然，这些不是为宋徽宗开脱的理由，只能说明，人性是复杂的，没有绝对的好或者坏，对于一位统治者来说尤其如此。

复杂的人性是当时社会文化的折射。

宋朝是所有朝代中最为独特的一个，文化兴盛但军事疲弱，经济繁荣但国库空虚，士风高昂但党争激烈。宋朝的亡国也与其他朝代不同，两次亡于外族，秦汉之后的封建王朝中绝无仅有。——比较相近的是明朝，但明朝首先亡于李自成农民起义，然后边将投降了满洲人，引导满洲人入主中原。

宋朝为什么这么独特？北宋为什么会亡于外族？作为亡国之君，宋徽宗是无力回天还是自作自受？要探究这些问题，就要了解在宋徽宗一朝发生了什么，就要了解宋徽宗这个人具有怎样的政治秉性。

这是比一个个历史事件更耐人寻味的文化现象，是本书想要探究的文化课题。

一本好的历史人物传记，要表现复杂的人性，要通过人性去了解一个时期的社会文化。宋朝是中国古代文化的高峰，也是艺术的高峰，宋徽宗本人就是艺术的集大成者。他在书法、绘画上首屈一指，在诗词、音乐上造诣颇深，他还是收藏家、金石鉴赏家、园林艺术家、医生、道教的狂热信徒，甚至对茶艺的研究也达到了那个时代的最高水平，有著作传世。

从这个角度看，一本宋徽宗传就是一本宋朝艺术的百科全书。写宋徽宗需要具备广泛的艺术素养，读者则可以从中参悟到中国艺术精致的魅力和深邃的内涵。当然也可以深入地思考：作为艺术家，宋徽宗的艺术行为对国家产生了什么样影响？这也是本书想要找寻的答案。

宋朝前期的资料很好地集中于《续资治通鉴长编》，叙述到徽宗朝，《续资治通鉴长编》已经散佚，相关史料大多来源于私人笔记，数量庞大，不成体系。本书是面向普通读者的普及型历史读物，过多的标注会使行文显得琐碎而杂乱，所以作者将参考的史料以及当代的研究成果一并附录于书后，文中不再标出。但这不妨碍作者忠于史实的叙述态度，每一个事件都有出处，每一句表达都有依据，绝不敢猜想杜撰、信口开河，读者尽可以放心地把本书作为严谨的历史作品去阅读。

作者遇到的另一个难题是文章中应采用什么样的纪年。若依现在法定的公元纪年，好处是历史事件的先后顺序一目了然，比如宋徽宗生于1082年，崩于1135年，读者很容易算出他的年龄，也便于同其他人进行年龄、经历比较。不过，中国引入公元很晚，传统纪年方式是帝王年号，一些重要历史事件以年号为标志，比如庆历新政、元丰改制、崇宁兴学等，传统纪年在叙述历史时更方便。权衡利弊，本书采用了传统纪年，宋徽宗入金前使用宋朝纪年，入金后使用金国纪年。为了读者阅读方便，同时在后标注了公元纪年。

中国传统生活与传统历法即夏历（农历）密切相关，如节日、祭祀的日期选择等，古代人的年龄指虚岁，即出生当年为一岁，过了元日（春节）增加一岁。本书尊重历史习惯，涉及月、日均指夏历，提到的年龄均指虚岁。在此向读者说明，以避免误读误解。

2022 年 7 月

|目录|

卷一

朕的江山

第一章　意外的皇位

父兄的江山

元丰五年（1082）秋天，对于大宋帝国无疑是记忆惨痛的一段日子。

这年八月，宋军在战略要塞米脂寨（今陕西米脂县）西的无定河畔修建了一座永乐城，作为遏制宿敌西夏国的桥头堡。卧榻之侧，岂容他人鼾睡？西夏倍感不适，次月发兵三十万前来挑衅，志在端掉永乐城，恢复两国旧有疆域。西夏军强悍的铁鹞子先扫荡了城外宋军，然后掐断城中水源，城中宋军如笼中困兽无法自守，到九月底城被攻陷，守城二百多名将官、一万二千三百余名士兵全部战死或被俘。永乐城之战是宋朝继上年十一月在灵州溃败后又一次惨败。十月初一，战报传来，神宗涕泣不止，在床前徘徊悱恻，彻夜不眠。第二天早朝的时候对着辅臣号啕大哭，其辛酸悲苦以前从未有过，从此他心灰意冷，再也不愿听到边关战事。

另一件糟心的事是水患。都城汴京是河流纵横的城市，有四条河贯穿其中，分别是向西连通黄河、向东南到达江淮的汴河，从西南流进的蔡河，西北入、东北出的五丈河，另外还有一条金水河连通这三条河流。从七月开始，附近的黄河、刀马河等多条河流河水暴涨，多处出现险情，开封北二百里的灵平埽出现危急，被迫决大吴埽堤以导流，对京城构成一定威胁。

北宋是黄河水患最多的朝代，水来土掩，只要应对得当，也不是了不起的大事。问题是国库捉襟见肘，王安石变法积攒的一些家底都被打仗败光了！没办法，只好向寺院出售度牒，准许更多的平民出家做和尚，才勉强凑了些资财抗洪济灾。这些平民出家后不劳而获，帝国虽然暂时获利，日后却要以损减赋税作为发放度牒的代价。十月上旬，黄河广武埽漫过大堤，冲坏闸门。广武埽在汴河交黄河处，悬在开封上游，这里如果出现问题，随时会夺汴入京。朝廷立刻紧张起来，急忙安排都水监前去处理。

最让朝臣忧虑的还是皇帝的身体。八月以来宋神宗身体时好时坏，经常卧病罢朝。这一年神宗才三十五岁，正年富力强，却因呕心变革和战争而日渐虚弱，怎能不让在改革中得势的变法派忧心忡忡！

就在朝野上下焦灼不安之中，十月初十，宫中诞下皇子，算是给黑色十月增添了一份亮色。第二年，宋神宗给皇子取名"佶"（当然可能是大宋文官集体智慧的结晶，毕竟有翰林学士等御用文人可供驱使）。"佶"出自《诗经》，有健壮的意思，也许神宗希望这个孩子能为自己的健康祈福。《说文》解释"佶"还有"正"的意思：为人方正，处事公正，态度端正，不偏不倚，不行极端，后来这个孩子封端王，跟名字契合照应。眼下赵佶还是襁褓中的婴儿，按惯例被封为镇宁军节度使、宁国公。这些只是封号而已，代表地位和俸禄，并不实际掌握权力。

赵佶在诸多皇子中名义上排行十一，不过由于不明原因，宋朝皇室子嗣成活率极低，许多兄弟未能长大成人，比如九月份刚刚诞下的第十子，第二天就夭亡了。在存活的诸子中，赵佶排行第三，前面还有长兄赵煦（原名赵佣），比他大近六岁；二哥赵佖，只比他大三个月。赵佶之后又有赵俣比他小一岁，赵似小他一年零两个月，最小的是神宗的遗腹子赵偲。

赵佶大约难以记起父亲的容貌，因为宋神宗去世时他还不满三岁。但是宋神宗的爱好一定会潜移默化地影响到他，比如宫中随处可见李成、郭熙、崔白的画作。到宣和年间宫中收藏李成绘画达一百五十九幅之多，大多为神宗收集。而郭熙和崔白都是神宗发现和器重的画家，郭熙的山水画野逸自然，崔白的花鸟画细腻传神，在宫中拥有众多的喜好者。除了画，先祖太宗、真宗、仁宗都是书法高手，他们亲笔书写的屏风、卷轴被安置在显眼的位置，比如专门用于讲经说史的迩英殿，大殿中央屏风上悬挂着仁宗的墨宝——《尚书·无逸篇》。此外还有精致的瓷器、晶莹的玉件，都是稀世珍宝，无不给懵懂的少年以艺术的启迪。

元丰八年（1085）三月宋神宗去世，皇权社会的继承规则是有嫡立嫡、无嫡立长。所谓嫡，指的是皇后生的儿子。宋神宗皇后向氏没有儿子，按理继位的应该是神宗的长子赵煦，但神宗的母亲高太后和宰相蔡确的看法并不一致，其中一方想要拥立神宗已经成年的弟弟，最终阴谋没有得逞，赵煦顺利即位，是为哲宗。彼时哲宗还不满九周岁，虽然从小受到严格的皇室教育，毕竟少不更事，朝政由祖母高太后打理，当然这个时候应该称为太皇太后了。

新皇登基，皇家亲属水涨船高，哲宗嫡母向氏成了皇太后，哲宗亲生母亲朱氏成了皇太妃，赵佶由皇子变成了皇弟，他的爵位也发生了变化，晋升为遂宁郡王。对于赵佶来说，还有一个重大的人生变化，就是他的亲生母亲陈氏执意要为神宗守陵，跟随神宗的梓棺离开皇宫到巩县（今河南省巩义市）去了，从此再也没有回到开封。史料记载，陈氏一直生活在对神宗的追忆当中，形销影瘦，不久就去世了。所以童年的赵佶对父爱母爱都极为生疏。

哲宗即位之后，宋朝政治经历了激烈的震荡。太皇太后与宰相蔡确的矛盾越来越尖锐，互相指责对方在皇位更迭时对新皇不忠，企图另立他人。最终太皇太后取得了胜利，蔡确被发配到偏远荒瘠的岭南（今广东、广西一带）。宋神宗在位时重用王安石推行旨在富国强兵的变法运动，而以司马光为代表的另外一些大臣指责新法扰民，两派由此势不两立。蔡确属于支持变法的新党，太皇太后打击蔡确也有打击新党的用意，因为她一直不赞同变法运动，曾多次劝说宋神宗但没有效果。现在掌握了大权，她终于可以按照自己的意愿行事，便又贬黜了朝中新党章惇等，将赋闲在洛阳的司马光任命为宰相，全方位起用反对变法的旧党，废除了推行十多年的新法，从而加剧了党争。

这些暂时与赵佶没有多少关系，他和他的兄弟们依然生活在宫中，与外界很少接触，以赵佶的年龄很难察觉出人事和政治的微妙变化。不过哲宗对他很友爱，崇宁元年（1102）赵佶回忆说，哲宗经常将他召至阁中，吃饭用的是陶器。由此可见哲宗是一位节俭的皇帝。

宋朝的皇子们并不像民间传闻的那样无忧无虑、嬉戏荒唐。他们要接受严格的经史文学和行为规范教育。如果是太子或潜在的太子人选，皇帝就给他们聘请当朝名臣作为教师。据说宋神宗一度打算让司马光、吕公著亲自执教赵煦，这些都是当世无人比肩的大儒，但没有来得及实施。现在赵煦虽然贵为皇帝，可正值幼冲，教育的事不能马虎。教授他的老师叫范祖禹，是司马光编纂《资治通鉴》的主要助手，还独立编写了《帝学》等书。《帝学》讲述怎样做一位好皇帝，用于教导哲宗恰到好处。旧党人物反对对外作战，所以这本《帝学》独独缺少用兵打仗的内容。

赵佶的教育不会像哲宗那样严格，但绝不放任。元祐六年（1091），赵佶以及兄长赵佖，弟弟赵俣、赵似都是十来岁的年龄，翰林学士建议这些孩子们每天都要听读学习，要制订学习计划和课程表，年终对学习状况进行考核，并且具体到量，那就是每天学习二十个字。太皇太后采纳了这份建议，诏令在宫中建立小学，专门教导这些皇家子弟。元祐八年（1093），他们的学校搬到了宫外，但教学更加严格，配备了两名教师教授孔子、孟子、荀子和扬雄的著作。绍圣二年（1095），哲宗完善了这些皇弟们的教师队伍，以朱绂为翊善，傅楫为侍讲，何执中为记室参军。翊善相当于教导主任，朱绂是宋英宗治平四年（1067）进士，曾任王宫教授，后来被外放。他倡导圣贤、天德、王道，受到哲宗赏识，所以重新让他教导皇子们。侍讲就是教师，傅楫也是治平四年（1067）进士，是位刚正不阿的贤士，旧党、新党都想拉拢他，他却特立独行，哪一派也不依附，一心一意做学问。史料还记载宫中宦官与王子的属官往来密切，唯独忌惮傅楫，不敢在他面前有稍许放肆。诸位教师中，应该说傅楫对赵佶的影响最大。记室参军属于文书，何执中是熙宁六年（1073）进士，后来成为徽宗朝重要的大臣。

尽管学舍搬出了皇宫，但这段日子赵佶和皇弟们还吃住在宫中，宫中生活奢华而单调，了无情趣。当然，如果有大事发生则是例外。

家务事

宫中的新奇事莫过于皇帝大婚。哲宗是宋朝第七任皇帝，也是第二位在宫中举办婚礼的皇帝，上一位要追溯到仁宗皇帝。

从元祐五年（1090）起，太皇太后就开始为哲宗张罗婚礼。她下令在京的各级官员把家里适龄女孩的资料上报，先根据年龄、属相筛掉八字不合的，再筛掉家里子嗣不昌的，然后排除身体弱的、个子矮的、有缺陷的，剩下百余人进入宫中，一一考察她们的相貌、人品、气质、才艺。经过这些程序，还有五六位候选人，征求太后、皇帝和相关人员意见后，由主政的太皇太后拍板定音。竞争主要在两个人中展开：一个是原枢密使狄青的孙女，一个是已故马军都虞候孟元的孙女。狄氏花容月貌、温良贤淑，自身条件更胜一筹，但却被太皇太后无情地否定了。历史的教训告诉人们，外戚权势过大，容易危及帝位，这是太皇太后不愿看到的。选秀历时三个月，最后家境、相貌都一般的孟氏胜出，被确定为皇后，诏谕翰林学士、御史中丞、两省及太常礼官研究礼仪细节，筹备哲宗婚礼。

一直到元祐七年（1092）三月，礼部和太常寺才整理出婚礼议程，上奏太皇太后。四月，太皇太后正式下诏册封孟氏为皇后，并任命婚礼的礼仪官，有奉迎使、发册使、告期使、纳成使、纳采问名使等，其中左相吕大防为奉迎使，著名文学家、尚书左丞苏辙为告期使。

古代婚礼讲究"六礼"，即纳采、问名、纳吉、纳成、请期、亲迎。媒人告诉男方某家有女已到婚龄，如花开堪摘，是谓纳采；男方请媒人问女方姓名和生辰八字，到祖庙占卜，若吉，婚姻继续进行，是谓问名、纳吉；

纳成是送聘礼，请期是定婚期。

五月十二日，先进行纳采环节，使者携带礼物代表太皇太后来到女方家，一番天地宗庙社稷的嘉词之后，说："今遣使节某某以礼纳采。"孟氏家长则回应："太皇太后嘉命，访婚陋族，备数采择，臣之女未闲教训，衣履若而人。钦承旧章，肃奉典制，某官封粪土臣姓某稽首再拜承制诏。"然后问名，女方则将祖上三代姓名、官职、爵位都一一报上。这些对话是学士院那些学究们早已准备好的，只需双方背诵表演一遍即可。

十五日，行纳吉、纳成、请期礼。因是皇帝娶亲，不能用请，请期礼便改名为告期礼。这些礼仪与民间大同小异，只是女方用词谦卑，以示荣耀。另外民间纳成送聘礼要送雁、帛、玉、马等物，哲宗的婚礼把雁改成了谷圭。谷圭是一种玉器，上圆下方，象征和睦，根据《周礼》记载，只有天子结婚才能用谷圭。

十六日，哲宗亲自在文德殿宣读册封诏书，命吕大防作为奉迎使迎娶皇后。因为大臣代迎并设定了固定程序，多了几分呆板和无趣，远不如民间婚礼热闹和随意。饶是如此，赵佶仍感到欢欣愉悦。他和其他皇弟、王公先是在文德殿见证颁诏大礼，然后到皇宫正门宣德门等候新娘子的花轿，再后将新娘子迎入宫中。实际上，吕大防为奉迎使，他也无缘见皇后一面。皇家规矩多，女眷绝对不能抛头露面暴露于外臣的视线之内，即使太皇太后这样的老妪，朝议的时候也要隔着帘子，宰相们只闻其声，不见其人。不过赵佶应该有机会见到皇嫂的真容，毕竟住在宫中，即便刻意回避，也难免同时去向太皇太后、皇太后问礼请安。

皇帝的婚礼总是风风光光，但皇帝的内心却是五味杂陈。哲宗长期生活在太皇太后威权的阴影下，对指定的这门婚事十分不满。元祐八年（1093），太皇太后驾崩，哲宗亲政，他像一匹挣脱羁绊的野马，不仅可以自由地决定国家大政方针，而且可以肆意地选择自己喜欢的女人。他喜欢一位姓刘的婕妤，姿态婀娜，性情柔媚，像一道茶恰好氤氲了哲宗的感情之水。

俗话说恃宠而骄，时间长了，刘婕妤便不把孟皇后放在眼里。有一年冬至，后宫嫔妃要到太后处请安。太后尚未入殿，嫔妃们各自安坐等候。皇后身份尊贵，坐的是朱红色带有金饰的椅子，其他嫔妃则是普通的黑椅。刘婕妤有意让孟皇后难堪，吩咐贴身宦官给自己换上一把与皇后一样的椅子。未等她入座，不知谁诈传皇太后来了，众人便起立相迎。过了片刻仍没有看见太后，只好再次坐下。孟皇后的侍女趁着这个空当悄悄将刘婕妤的座位撤下，刘婕妤坐了个空，一屁股摔地上，摔得仰面朝天，云鬟蓬乱，惹得众人哈哈大笑。刘婕妤正要发作，皇太后真的来了，只好赶紧整理衣服，拢了头发，与后妃一起迎接太后。

受到委屈的刘婕妤于是把怨恨都撒到孟皇后身上，二人的矛盾越来越深。绍圣三年（1096），孟皇后的女儿福庆公主病了，御医诊治多次不见好转。孟皇后病急乱投医，请学过医术的姐姐进宫治疗。孟皇后的姐姐也没有办法，情急之下从宫外带来几张画有道家符号的黄纸，告诉她这叫符箓，有召神劾鬼、镇魔降妖的作用。民间疑难杂症无法医治时，只好求助于鬼神，把符箓烧成灰放入水中，制成符水，他们相信喝下去治病会有奇效。孟皇后身为后宫之主，知道符箓是宫中的禁忌，但为了女儿，还是留在了身边。

哲宗到皇后宫中探望女儿病情，心无城府的孟皇后竟主动告知了符箓的事情。赵煦也未多想，反而安慰说："这是人之常情，不必放在心上。"孟皇后好久没有听到这样温情的话了，激动得拿出符箓，当着皇帝的面付之一炬。孟皇后以为这件事就此翻篇，不料哲宗当成闲话说给了刘婕妤听，听者有心，刘婕妤机敏地感到机会来临，安排几位贴己的宦官监视皇后宫中一举一动，同时勾结外臣对孟皇后亲属密切布防。

福庆公主病情越来越严重。有一次，孟皇后离开片刻，回来时在病床边发现了几张符箓，大惊，将符箓悄悄销毁，不敢声张。不过宫中已流言四起，说孟皇后经常用妖术为女儿治病。

福庆公主终究还是没能战胜病魔，几天后夭亡，孟皇后伤痛欲绝，茶饭不思。宫外的姐姐得知消息后，联络她的养母燕氏、宫中内侍王坚，委托三藐庵的尼姑法端做法事，诵经祷告，超度福庆公主亡灵，祈求孟皇后安康。不久有外臣上书诬陷皇后怀有异心，用妖术诅咒皇帝和妃嫔。刘婕好则在哲宗面前梨花带雨，说自己晚上常常做噩梦，梦见鬼魅缠身，白天四肢酸软，浑身无力，精神恹恹。宫内朝堂两相呼应，哲宗又亲眼看见孟皇后烧过符箓，便不由不信，诏令执掌宫禁的皇城司缉拿内侍、宫女、尼姑等三十多人进行审理。主审官揣摩皇帝心理，知道刘婕好得宠，便滥用非刑，把嫌疑人打得遍体鳞伤，有的甚至断了胳膊、折了腿骨。孟皇后平日仁慈厚道，对下人尤其和蔼，这些人不忍加害，至死不招，对审讯人员反唇相讥，痛骂不停。主审官气急败坏，竟下令割去他们的舌头，使其无法出声，强迫他们在捏造的口供上画押，终于酿成冤狱。

哲宗看到审理结果，怒不可遏，第二天迫不及待下诏废除了孟皇后，让她出家修道，号华阳教主，居住在瑶华宫。元符二年（1099）九月，刘婕好如愿以偿地被册立为皇后。

宋朝后宫一向比较平稳，孟皇后兴废是整个北宋后宫的一件大事，它的政治影响一直持续到南宋。废孟皇后时，赵佶刚刚搬出宫中，听到宦官宫女遭受酷刑，他伤心地流下了眼泪。

风雅王爷

在皇家，宗室男子到了适合的年龄就要搬出宫去，住进自己的府邸，即使皇子或皇弟也不例外。其中的原因，一是宫中多女眷，大多是皇帝的女人，不容其他男子窥视；二是皇宫乃最高权力的栖身之所，他人居住，难免会有心术不正的大臣产生非分的想法。

早在绍圣三年（1096），哲宗已加封赵佖为申王，赵佶为端王，诏令修建府邸，哲宗还亲自视察了府邸选址和建设情况。直到绍圣五年（1098）三月府邸才建成，哲宗又加二人为司空，每年赐公使钱八千贯，让他们搬出了皇宫，这意味着赵佶从此开始有了相对独立的王爷生活。

皇权社会中后期，王爷绝对不允许参与政治，汉朝的七国之乱、晋朝的八王之乱都是前车之鉴，与皇弟血缘关系越亲密越被提防和怀疑，因此皇子皇弟们最安全的活动是声色犬马、歌舞娱乐。在皇家看来，寄生虫远比啄木鸟缺少攻击性和挑战性，更不允许把王爷们培养成鹰犬。赵佶的生活也不例外，与大多数纨绔子弟一样，吃喝玩乐是生活的常态。

不过，宋朝是个艺术社会，即便吃喝玩乐也处处透露出风雅。比如最常见的喝茶就大有讲究。宋朝流行的茶不是茶叶，而是一种团饼茶。像福建产的一种龙凤团饼茶，是专供朝廷的御茶。《宣和北苑贡茶录》记载，宋太宗的时候，专门制造一种模具，有龙凤图案，用于制造团饼茶，就是龙凤团饼茶。普通人家泡茶，在风炉上煮水，待水微沸，将茶末投入水中煎煮搅动，然后斟入碗中饮用，叫煎茶。在有钱又有闲的贵人眼里这是一种粗鄙的喝法，他们饮茶叫点茶，十分讲究，名流雅士、公子哥儿们会经常在一起切磋点茶的技艺，以泛起的汤花是否匀细、持久作为胜负的主要标准。他们选一些上规模的茶店或是环境清幽的庭园，或多人共斗，或两人捉对"厮杀"，很多人围观，跟清代斗鸡、斗蟋蟀差不多，不过要比这些斗戏文雅得多。

有钱又有闲的赵佶王爷日常做的大约就是点茶斗茶这样的雅事。后来他还专门写了一本书叫《茶论》，写的就是点茶的技巧。这本书虽然写成于大观年间（1107—1110），但无疑赵佶在年轻时就打下了良好的茶艺基础。

宋朝对皇子皇弟的提防还在于不允许他们接触当权的政治人物，所以他们往来的大多是宗室皇亲，这些人兴趣爱好接近，也符合"物以类聚"的社交规则。这时期对赵佶影响最大的当数宋英宗的驸马王诜。宋朝的驸马都封有都尉一职，也以都尉代指驸马。

王诜是一位狂热的文艺爱好者，他经常把京师的文坛名流请到都尉府的西园饮酒品茶、谈诗论艺。李公麟用绘画的方式忠实记录下他们聚会的场景，取名《西园雅集图》。图上有文艺大咖十六人，他们有的在吟诗，有的在泼墨，有的在题石，有的在打坐，有的在抚琴，各尽风雅，各寻其乐。画成之后，米芾作记，曰："人间清旷之乐，不过如此！"米芾还记录下这十六个人的名字，包括苏轼、苏辙、黄庭坚、秦观、米芾、李公麟、李之仪等历史文化名人。

王诜最大的爱好是书画。他建了一个"宝绘堂"，专门收藏书画，其中大部分是历代精品。这些藏品有的是皇帝所赐，有的是朋友赠送，还有的则属于巧取豪夺。像苏轼这样的老朋友找他办事，也需贿赂书画才行。又比如米芾有一幅名家易元吉的《鹤鹤图》，王诜借去观赏，有去无回。诗人刘季孙有一幅王献之的书法精品《送梨帖》，米芾十分喜欢，商量好用欧阳询两帖真迹、王维六幅《雪图》、一条黑里透黄的犀带、一枚砚山（山状的砚台）、一枚玉座珊瑚交换这幅《送梨帖》。但王诜借米芾的砚山不还，致使交换无法进行。后来刘季孙死了，他的儿子将《送梨帖》卖给了他人，米芾唯有唏嘘。有些稀世珍品确实无法得到，王诜就请工匠作假，把赝品当真品收藏。一次，他把别人真品上的印章剪裁下来贴在赝品上，虽然达到了以假乱真的目的，但真品的价值却因此大打折扣。

王诜比赵佶大三十多岁，年龄的差距不妨碍二人交往，从小受到书画熏陶的赵佶对文艺的爱好深入骨髓，自然推崇这位见多识广的姑父。他从王诜那里看到许多藏品，受影响也养成了收藏的爱好。他偶尔还会帮助王诜获取渴求的画作，作为讨好姑父的礼物。据宋人蔡絛《铁围山丛谈》记载，王诜有半幅《蜀葵图》，常常在赵佶面前叹惜不能得到全图。赵佶铭记在心，四处寻访，终于得到另外半幅。他将王诜的半幅图借走，王诜以为赵佶打算据为己有，但对方是皇弟也不好得罪，只得忍痛割爱。不想赵佶让工匠把两个半幅图拼接到一起，完整地还给了王诜。

《铁围山丛谈》中记载："徽宗初与王晋卿（王诜字）、宗室大年（赵令穰字）往来。二人者，皆善文辞，妙图画，而大年又善黄庭坚书，故祐陵（赵佶）作庭坚书体，后自成一法。"端王赵佶来往密切的除了驸马王诜，另一个就是宗室赵令穰。赵令穰是宋太祖赵匡胤的五世孙。这位宗室同样只能把满腹才华寄情于翰墨纸笔之间。他的画大多描绘陂湖林樾、烟云凫雁之趣，运思精妙，清丽雅致，在士大夫中颇受赞誉。赵佶经常与他切磋书画技艺。赵令穰喜欢黄庭坚的书法，赵佶也临摹黄庭坚。黄庭坚是同时代文学家、书法家，"苏门四学士"之一，其书法峻拔英挺，对赵佶影响很大。

《铁围山丛谈》还记载："时亦就端邸内知客吴元瑜弄丹青。元瑜者，画学崔白，书学薛稷，而青出于蓝者也。"吴元瑜是一位武官，却喜欢书画，画风纤细、鲜润，对赵佶的工笔画产生了深远的影响。

作为纯粹的贵族公子哥，除了文艺，赵佶也喜爱体育运动。当时流行的体育运动是蹴鞠，类似于现在的足球。蹴鞠只有一个球门，两队争抢皮球往球门里踢，双方上场队员可以是两人，也可以是十人，只要对等即可。赵佶是踢球的高手，经常与门客和王公贵族一起踢球。一次赵佶在皇宫偶遇王诜，当时头发有些凌乱，便向王诜借篦子梳头，随口夸赞王诜的篦子新奇可爱。王诜对这个侄子颇大方，说："近日做了两个一模一样的篦子，另一个从未使用，一会儿让人送到端王府。"晚上，遣府中小吏给赵佶送篦子，赵佶正在王府后园踢球，兴致高涨，小吏不便打扰，边等边看，很沉浸享受的样子。赵佶发现小吏表情投入，把他喊过来问道："你也会踢球吗？"小吏倒也落落大方："是的。"赵佶就招呼小吏加入战队。小吏球技很好，跟赵佶配合默契，对每一次攻守意图都领会得非常到位。赵佶高兴极了，让下人到驸马府给王诜传话："感谢姑父赠送篦子，送篦子的小吏也一并留下了。"这个小吏名叫高俅，后来官至殿前指挥使，在《水浒传》中则被描述为头号奸臣。真实的历史中，高俅不算什么大人物，也没有特殊的贡献或者破坏，《宋史》都没有舍得给他留下一篇传记。

据宋朝一些私人笔记记载，赵佶在端邸时，还爱好图史、射御、驯养禽兽等。元符二年（1099），他还完成了人生一件重要的大事——迎娶王氏为妻。

只要不涉及政治，端王的生活无忧无虑、丰富多彩。如果不出意外，这大概就是赵佶一眼能看到尽头的人生。

君临天下

明天和意外不知道哪一个会先到来。意外有好有坏，有福有祸。元符三年（1100），对赵佶来说应该是一个幸运的年份，至少当时如此。

当朝皇帝宋哲宗驾崩了。

宋哲宗虚岁十岁当上小皇帝，却一点儿也不快乐。每天天色未晓就要从热乎乎的被窝中爬出来，对于这个年龄段的孩子来说不啻于一种体罚。不过哲宗从小受到儒家教育，谨言慎行，这点委屈也就忍受了。但作为一个皇帝，听着宰执、大臣奏事，却一点儿也插不上嘴，这才是精神上的折磨。哲宗即位的前八年就是在这种状态下生活的，垂拱殿内，太皇太后隔帘与哲宗几乎相向而坐，大臣们讨论朝政都面朝太皇太后，背向哲宗，以至于哲宗只能看到他们的脊背和屁股。有一次，太皇太后在后宫埋怨哲宗："大臣们讨论政务，你心中一点儿想法也没有？为什么一声不吭？"哲宗也没好气："娘娘都已处分得当了，我还有什么可说的。"

哲宗在身体和精神的双重折磨下度过了郁闷的青春，稍长又娶了个自己不喜欢的女人，虽满腹牢骚却没有发泄的地方。好在元祐八年（1093）太皇太后崩逝，哲宗终于得以亲政。他把八年来所受的委屈全部发泄到朝政上，改年号为绍圣，意思是恢复父亲神宗皇帝的变法新政，太皇太后推行的政治一律废止，太皇太后重用的人一律贬斥！吕大防、苏辙等外放岭南，苏轼更是被流放到素有"天涯海角"之称的海南！元祐年间失意的大臣又得到了重用，任命变法派中坚章惇为相，曾布为枢密使。

疯狂的报复给年轻的皇帝带来快感，这种大起大落的情绪极易造成身心上的失衡。元符二年（1099）哲宗开始身体不适，咳嗽、胸闷、便秘和腹泻交替出现，让大臣和御医困惑不已。闰九月，哲宗两个多月的皇子不幸夭折，这是他唯一的儿子，其沮丧悲伤可想而知。这年十二月七日是哲宗二十五岁生日，举国庆贺，然而喜庆的氛围最容易勾起伤心往事，结果哲宗病情加重，不久竟卧床不起。

由于身体不佳，哲宗取消了新年大朝会，初四下诏不视朝，包括接待辽国、西夏和其他藩属的宴会也一并取消了。一直到初十，哲宗的病情更加严重，宰执预感不祥，得到诏准后入宫探视皇帝。哲宗坐在福宁殿的龙椅上，戴着帽子，神态安愉。他告诉宰执们病情似乎有些好转，但仍然消化不良，不思饮食。宰执们请求晚上在文德殿请道士设坛念经做法事，当年仁宗生病曾有这样的先例，并且转危为安。当天晚上，宰执们就睡在皇宫外城的办公区域，不敢远离。

第二天，宰执再次入内宫问候，皇帝恢复了往常的神色，看起来将要痊愈的样子，他们的心情稍微有些舒展。不过哲宗这次没有戴帽子，这在正式场合是一种不礼貌的装束。哲宗略有歉意地向宰执们解释：医生调配了一些丹砂服用，只是胃里还是不舒服，身体虚弱，所以没戴帽子，希望宰执们不要计较他的失礼。这一次宰执们建议大赦天下，这也是缓解皇帝病情的通常做法。他们还详细讨论了大赦的范围、方式等。

在哲宗病重期间，医生和宰执都试图通过医学和神祇挽留皇帝性命，他们都忘记了一件重要的事情，那就是一旦皇帝生命遭遇不测，国家社稷的重担由何人肩负，换言之，皇位接班人是谁。

仁宗无子，遭遇一场大病后，大臣们坚持不懈地请求他过继皇子，未雨绸缪。英宗弥留之际，宰相韩琦拿出纸笔，执意让他写下嗣君的名字。哲宗病重期间没有一个人提及接班人的问题，这不能不说是宰执们的失职。其中的原因大概是，人们没有想到哲宗这次竟一命呜呼，毕竟他还年轻，也不像英宗那样卧床不起，甚至不能开口说话。

十二日，哲宗驾崩。第二天黎明宰执们还没有得到消息，他们像昨天一样从东华门进入内宫，来到福宁殿准备向皇帝请安。哲宗遗体已经移到大殿西侧，大殿东侧设一道珠帘，哲宗之母、皇太后向氏端坐其中，宣布了哲宗崩逝的消息。君臣隔帘哭泣一阵子，向太后即直扑主题："大行皇帝没有子嗣，天下大事不能拖延。"这是要主持议定宋朝第八任皇帝了。议立皇帝是最敏感的事，如果议论不得当，新皇即位后轻则丢官罢职，重则有性命之忧。章惇是独相，身先士卒，无法回避。不过章惇是敢作敢为的人，向来不隐瞒自己的观点，他似乎早有准备，厉声道："按礼制，应当立大行皇帝的同母弟简王。"简王即赵似，与哲宗都是朱太妃的儿子。章惇推荐简王，之所以要"厉声"，是为了压制其他反对意见，表现了其强硬的作风。然而向太后出身名门，也不是弱女子，并且心中已有人选，马上反对说："应立端王。"她一口气把自己的理由说完："神宗诸子当中，现在申王年龄最大，但他眼有病，接着就轮到端王了，应当立他。"申王即赵佖，比端王赵佶大几个月，母亲是武贤妃，刚入宫时是宫女，地位不高。

章惇的看法与太后不同，他再次强调："论长幼之序，申王为长；论礼制，应当立同母弟简王。"

向太后不满地解释道："老身无子，这些兄弟都是神宗的儿子，没有亲疏尊卑之分，应一视同仁！申王眼睛有毛病，当大国君主不合适。"另外她又抛出一个立端王的理由："大行皇帝在位时，曾经夸赞端王有福寿，又仁孝，与其他诸王不同。"

向太后祭出哲宗的旗帜，犹如尚方宝剑，令旁人不易反驳。当然，哲宗是否真的说过类似的话，何时何地什么情况下说的，外臣也无法详查细究。

太后、宰相各不相让，虽然太后具有法理上的优势，但如果人心不服，也难以如愿，所以接下来要看其他宰执大臣怎样站队，支持哪一方了。在场的宰执有知枢密院事曾布、尚书左丞蔡卞、中书侍郎许将。知枢密院事最大，所以曾布的表态至关重要。曾布旧日里曾与章惇积攒下矛盾，他毫不犹豫地站在了向太后一方："这件事章惇事先没有与臣商议过，臣认为太后的圣谕极其恰当。"曾布的表态打破了双方力量的均衡，蔡卞、许将审时度势，也表示赞同太后的主张。就这样，端王赵佶意外得到皇位，成为大宋帝国的第八任皇帝。

以历史的眼光去审视当时的皇位之争，向太后和章惇哪个更有道理？

皇权继承的一般原则是先讲亲疏，再论长幼，所以才有"父死子继"和"兄终弟及"这两种继位方式。父死子继中，先考虑嫡子即皇后的儿子，皇后没有儿子时再考虑长子。这样的伦理序列即是"先讲亲疏，再论长幼"。按亲疏长幼原则，章惇推荐简王赵似无疑更有道理。不过，本案的情况极为复杂，现在讨论的是"兄终弟及"，向太后无子，即没有嫡子，在诸多庶子中再去区分亲疏，其差别非常细微，这给向太后推翻既定礼制提供了借口。

那么章惇为什么支持赵似，向太后为什么推荐赵佶？据曾布记载，章惇与朱太妃有牵连，二人在政治上相互帮衬。朱太妃是哲宗和赵似的生母，哲宗病危时，她曾进言希望立赵似为皇储。而向太后显然不希望朱太妃势力过大以威胁到自己的地位，这是向太后坚决反对立赵似的基本考量。

从政治立场上讲，哲宗亲政后打击旧党，新党把控了朝政，甚至扬言要清算已故的太皇太后高氏。宋朝后宫一向反对变法，向太后也坚定地站在旧党一边。在哲宗的这些兄弟中，与哲宗关系越近越有可能延续哲宗的政治，而赵佶没有表现出明显的政治立场，这也是向太后选择赵佶的重要原因。

国是既定，接下来便是宣召哲宗的五位弟弟进宫。这些王爷尚不知皇帝驾崩，赵佶请假在外，竟没有听诏。向太后再派内侍宣召，并嘱咐如果端王推辞，就把他扶持上马，强行带至宫中。这一次赵佶不敢犹豫，立即跟随内侍快马入宫。皇太后让其他兄弟等在外面，独独将赵佶叫到帘前，说："先帝无子，端王当立。"赵佶毫无思想准备，愣了好一会儿，推辞说："申王年长。"皇太后又把申王眼疾的理由说了一遍，赵佶谦让再三，章惇等宰执也在一旁劝道："天命所属，大王为了宗庙社稷大计，就不要推辞了。"在众人的拥戴下，赵佶登上了皇帝宝座。

按宋朝继位规矩，即便大行皇帝没有亲自选定接班人，也要以他的名义发遗制诏告天下。章惇把草制的任务交给了翰林学士蔡京，蔡京是蔡卞的哥哥，虽然年龄居长，职务却在其弟之下。

遗制写好尚未发布，赵佶就召集宰执议事，提议由向太后权同处分军国事。宰执们不敢妄言，只好推说不知皇太后意下如何。赵佶坦然相告："刚才再三恳请，皇太后已经应允。"既然一个愿打，一个愿挨，宰执们自然不便作梗，便叫回蔡京重新修改了遗制。

是年赵佶十九岁，按年龄已经可以亲政了。不过赵佶有自己的考虑，一来赵佶所受的教育中，没有怎样当皇帝这一项，有些礼仪、处事方式还需要学习和适应；二来哲宗兄弟五人，赵佶非亲非长，以章惇为代表的众大臣内心未服，请皇太后摄政也有为他站台、压服众人的意思。这是赵佶登皇帝位后的第一项举措，体现了他的谦虚谨慎和自知之明。

一切商议停当，宣召宗室、大臣听取遗制，赵佶带领众人升殿号泣，正式开始履行皇帝职能。从此赵佶君临天下，变成了宋徽宗。

第二章 不成功的联合政府

朝政变局

宋朝有太后称制的惯例，真宗章献明肃刘皇后、仁宗慈圣光献曹皇后、英宗宣仁圣烈高皇后为太后时都曾权同处分军国政事，即垂帘听政，但三人听政方式又有不同。

宋朝早朝的地方在文德殿，但皇帝一般不御临文德殿，只在垂拱殿与宰执大臣朝议，相当于开个班子会议，而后宰执将朝议结果传达给文德殿等候的群臣。章献刘太后听政时，仁宗还未成年，大小事务都是太后说了算。章献太后在垂拱殿设帘帐，朝议时太后与小皇帝同坐帘后，一切听命于太后懿旨。当然，为了培养小皇帝，太后会让小皇帝发表看法，但最终决定权还在太后。

慈圣曹太后则不同，当时英宗已经成年，只是身体有病、头脑有时不清楚所以才有太后暂时称制。太后并不到垂拱殿办公，而是在柔仪殿东阁处理政务。柔仪殿在皇宫内宫的内华门旁，宰执们在垂拱殿和皇帝商量政务后再到柔仪殿向太后汇报，请太后定夺。

宣仁太后仿效的是章献太后办法。两相比较，临朝的太后权力要大得多，是名副其实的最高统治者，她的生日被定为节日，要接受臣民和外邦的朝贺。而不临朝的太后权力要小些，相对应的皇帝权力也不相同。

宰执们商议向太后该以何种方式听政，章惇主张让皇帝和太后决定，曾布力争："无论禀报圣上还是太后，他们都不好意思裁决，这事还是我们商议比较妥当。"曾布提议仿慈圣曹皇后故事，蔡卞提出一些异议，但最终他们还是达成了共识。向太后虽然听政，但不临朝，也不遣使通报于兄弟之邦，这意味着向太后只是暂时辅政，并不具备国家元首身份。宰执们将意见分别上奏给皇帝和太后，两宫都没有提出什么异议。也有学者分析这引发了太后对曾布的不满，只是藏于内心并没有直接显露出来。

宰执们到太后处领取懿旨时，向太后提出应追封徽宗的生母为皇太妃，徽宗生母陈氏生前的封号为贵仪，母以子贵，重新追封也是惯例。宰执们连忙检讨思虑不周，遗漏了这么重要的一项。他们还讨论了为新皇的兄长申王赵佖加封号、哲宗刘皇后搬出坤宁宫等问题，这些都是应有的程序，太后处分得极为恰当，宰执们见太后圣德谦恭，便放下心来。

太后的提议很快得到落实，新皇赏赐、加恩无一遗漏，申王晋陈王，赞拜不名，还任命了实际职务；徽宗生母的坟茔派官兵守护，并责令礼仪官研究如何加尊崇；皇太后、皇太妃、哲宗刘皇后以及徽宗生母的娘家三代人都得到晋封；执政大臣也都加官晋爵，连仁宗、英宗、神宗等前朝嫔妃也没有忘记。在一系列晋封加礼中，徽宗表现出谦逊的品格。他的两个舅舅被安排在皇宫禁卫中担任官职，徽宗担心他们不能胜任，曾布劝慰说："时间长就熟练了。"

由于兄终弟及，哲宗家眷是个问题，比如刘皇后怎么称呼？再称皇后与新皇皇后难免冲突，称皇嫂也不合适，毕竟曾为皇后。当年太宗即位，称太祖遗孀宋皇后为开宝皇后，因循旧例，刘皇后册立在元符年间，便称为元符皇后，她搬住的新殿称元符宫。

当然现今最要紧的是哲宗的丧葬。宋朝皇帝在位时不修墓葬，崩逝后才开始选址、挖土、修建，而后安葬，前前后后需要七个月。为了体现对大行皇帝的尊重和对丧葬的重视，朝中职务最高的大臣负责这项工作，职务为山陵使。正月十七，任命章惇为山陵使。由于宋朝寝陵在巩县，所以这七个月章惇基本上没有机会参与朝政。

宰执都是新党人物，他们最担心的还是变法政策会被逆转，因为向太后显而易见倾向于保守派。在章惇离京之前，宰执们先发制人，想把新政的基本国策巩固下来。借向太后奏事的机会，章惇开始引导话题："神宗皇帝勤于政事，更改法度，造福万世，这是我大宋的福报啊！"蔡卞意会，附和说："臣等受神宗擢拔，唯有谨守神宗法度才是对他最好的报答。"言外之意，你要更改神宗法度，我们决不答应，然后建议："皇太后要了解神宗变法的来龙去脉。"这是逼太后站队在新党一边。章惇进一步亮明立场："神宗政治中间遭受挫折，令人切齿痛恨！"所谓挫折，指的是宣仁高太后元祐年间重用司马光尽废新法，即所谓的"元祐更化"。曾布话语稍微婉转："臣等尽心尽力实践神宗政治，所推荐提拔的人才都是经过检验的，太后继续重用他们便是了。"这是给皇太后打预防针：不要召元祐旧臣入朝！皇太后不表态，顾左右而言他："相公们既是神宗旧臣，更要尽心辅佐官家。"

事实上，在章惇离京前就进行了新朝第一次人事变动。徽宗与宰执讨论尚书省缺人，曾布说："不只下面缺人，执政队伍也只有编制的一半。"徽宗便让他们先提交人选。蔡卞踌躇不安，私下对曾布说："外面传闻要召梁惟简入朝。"梁惟简是元祐间的内侍押班，在元祐党人名单之列。曾布不以为意："公无须担心。苏轼、苏辙这样的元祐首恶肯定不会召回，其他还不明朗。"最终韩忠彦被擢拔为门下侍郎（副宰相），李清臣除礼部尚书，一同起复的还有黄履、陆佃以及曾布的兄弟曾肇等共七人。韩忠彦元祐中曾知枢密院事，属于温和的保守派，没有激烈抨击熙宁新政的言辞；李清臣则是温和的变法派，这七人为各方面所接受，徽宗朝的第一次人事任免波澜不惊。整个任免过程可能体现了向太后意志，但具体环节由徽宗主导，比如徽宗向宰执询问每个人的情况，包括他们过去为什么被贬，以及说过什么话、做过什么事。徽宗钦定了名单之后，由宰执拿去让太后审阅，太后只说："上所取舍，皆合公议。"这件事就这样确定了下来。朝政运行模式大抵如此，皇帝与宰相商讨后提交太后审核，皇帝并不直接向太后报告，由宰相充当联系人在两宫之间斡旋。

变法派对人事的担心并非多余，种种迹象表明在向太后影响下新皇帝有可能偏向保守党。譬如就在徽宗即位的当月，皇帝下诏内侍省因元祐而被降职处罚的人可以回朝供职，当月又遣使者到永州慰劳元祐党人的中坚范纯仁。

到了二月，这种倾向更加明显了。二十九日，徽宗列了个长长的名单，包括范纯仁、吕希纯、苏轼、苏辙、程颐等二十九人，这些人都是绍圣年间被剥夺职务的所谓元祐党人，是还在世的著名的保守派人物，诏令这些人或起用，或从偏远地区内移到交通便利的地方安置，或解除监视居住。这份诏令向国人宣告，新皇将对旧党人既往不咎！

向太后立徽宗，就对他政治上寄予厚望，希望他纠正哲宗绍圣年间重用新党、打击旧党的政治，徽宗果然没有辜负向太后。

三月初，徽宗又诏令龚夬为殿中侍御史，陈瓘、邹浩为左、右正言。侍御史和左、右正言官职虽然不高，但他们负责监督百官和向皇帝提出谏言，并称台谏，岗位非常重要，一向是新旧两党政治的风向标。龚夬在绍圣年间就是台官，清正廉洁，他以父母年老为由请求下放地方，一直远离朝政纷争。陈瓘早年有官名，反对朋党，劝章惇不要报复元祐党人，可惜章惇不听。邹浩在哲宗朝因弹劾章惇、反对立元符皇后而被削官，羁管岭南。

细究起来，龚夬、陈瓘都曾试图置身朋党之外，反对党争，对二人的使用暴露了徽宗真实的政治立场：希望达成政治谅解，使新旧两党和睦相处，改变王安石变法以来持续了三十年的政治分裂局面。党争消耗帝国元气，这一点徽宗看得十分清楚、十分理性。

至于对邹浩的使用，是对付章惇的一颗子弹，不久将显现他的威力。

与章惇有过节的邹浩能够回京，曾布"功不可没"。新皇即位大赦天下，曾布便趁机诱导徽宗："邹浩因为劝谏立元符皇后被贬，哲宗皇帝曾晓谕臣说，邹浩怎么能置之死地？如果邹浩不能生还，对先朝来说影响不好。"徽宗不喜欢元符皇后，欣然同意邹浩入朝。不过徽宗知道邹浩与章惇的关系，与曾布商议："章惇未必同意邹浩回来。"曾布出主意说："不如以大赦名义直接批给三省，他们肯定不敢怠慢。"这样才有邹浩的复官。

曾布总体上属于新党，但他更愿意做一个有野心的政治家，而不满足于置身某个党派。神宗时，他暗地里帮助皇帝调查市易司，而市易司是王安石变法的桥头堡。也正因为这次调查，他得罪了王安石、吕惠卿、章惇等整个变法派阵营。绍圣之后，曾布与章惇、蔡卞回到朝廷，执掌朝政，他们既有共同的敌人——旧党，又有各自的利益，加上旧有的裂痕，因此钩心斗角，相互倾轧起来也绝不手软。政治上章惇主张完全恢复新法，而曾布则相对理性温和，被新党视为摇摆派。

曾布从前期的人事变化中窥察到徽宗和太后的良苦用心，加上他的摇摆和急于上位，使他做出一个重大的决定：援引旧党，打击同僚！蔡卞曾试图巩固新党联盟："天下大计已定，唯是先帝法度、政事当持守。"而曾布却说："事止有是非，若持守于公议为是，孰敢以为不然。"意思是天下事应该以公议作为是非的标准，而不应该以党派划定界限。明显，曾布已经打算抛弃同党，独自俏立枝头了。

二惇二蔡

曾布相对中立的立场正好契合宋徽宗调和党争的政治理念，在拥立过程中又有定策之功，这使得他在徽宗初期的政治布局中占尽优势，出尽风头。

新任门下侍郎韩忠彦是已故宰相韩琦的长子，他的六弟韩嘉彦拜驸马都尉，娶了神宗皇帝的女儿。徽宗将韩忠彦的任命决定传谕到专门撰写圣旨的舍人院时，给事中刘拯以皇亲国戚不宜执掌重权为由拒绝撰写圣旨，叫"封还词头"。徽宗没有行政经验，不知如何应对。刘拯是蔡卞的门人，曾布将他归入蔡卞势力,趁机进谗言说:"刘拯曾附和蔡卞妄议大臣任免,被哲宗训斥,多亏大家为他说情才没有受到处罚。"他建议徽宗将刘拯贬出,杀鸡儆猴。徽宗听从了曾布的建议,将刘拯逐出朝廷。

贬谪刘拯后,徽宗意识到草拟圣旨是一个非常重要且敏感的岗位,必须控制在得力听话的人手中,打算继续贬谪其他人如中书舍人张商英等,徽宗直言不讳:"商英没有一天不与章惇混在一起。"曾布原本打算为张商英求情,听这么一说,便不再言语。另外徽宗又谈到御史中丞安惇,曾布建议用言官弹劾的方式逼他离开朝廷。曾布把翰林学士蔡京归入章惇、蔡卞一党,希望一并贬黜,但因向太后反对暂时没有成功。

人事调整的终极目标是宰执特别是宰相章惇,这方面徽宗和曾布很容易达成一致,无论其党派如何,必欲除之而后快,二人对此甚至可以开诚布公。但对宰执不能操之过急,这样重量级人物的去留总要找到充分的理由,好堵住悠悠众人之口;另外章惇正在修建哲宗的坟墓,安排哲宗的丧事,这项工作不宜中途换人。

实施一项伟大的计划总要经过一系列舆论准备,特别是政治风向的改变。保守派的韩忠彦被任命为门下侍郎后立即提出四点建议:其一广仁恩,指出近年执政过于功利,政太急,刑太峻,不是社稷之福;其二开言路,充分重视言官和御史的作用,任用直言敢谏之人;其三去疑似,法不分新旧,便民就是好的,人不分党派,有才能就要使用。他还特别批评过去对元祐党人的不公;其四戒用兵,他列举了近年来西北用兵的得失,认为用兵花费太多,收获甚少。神宗熙宁以来,新党重视政策的实用性,比如通过青苗法、市易法充盈国库;旧党强调儒家道德,斥责新党追腥逐利,败坏了社会风气。新党重视边功,富国强兵,开疆拓土;旧党主张息宁边事,避免劳民伤财。韩忠彦的四点建议不折不扣地体现了旧党的一贯立场。

徽宗采纳了韩忠彦的建议,因为这四点至少目前来看是切中时政的:新皇登基,当然要广仁恩收买人心;新朝忙于内部事务,也不是打仗的良机;召回元祐党人、实行政治和解也已是既定方针。而徽宗最感兴趣的恐怕还是开言路。熙宁变法起，无论朝堂怎样起起落落，旧党在士大夫中一直受到广泛的同情和支持，开言路会形成有利于召回旧党、打击章惇势力的舆论氛围。新任中书舍人曾肇恳请明诏百官，下及庶民，使得直言时政，无有所隐。于是徽宗下诏说：

> 朕以微末之身继承大统，任大责重，不知道该如何治理国家。天下这么大，事务这么多，哪里是一个人能够全部了解的！必需依赖士人百官、庶民百姓多进忠言，匡扶朕的过失。……凡是朕的缺失，比如左右忠邪，政令优劣，风俗美恶，朝廷德泽能不能惠及底层，民间疾苦能不能上达朝廷，都可以直言不讳。……如果进言被采用，朕则有赏；如果言论有偏失，朕不加罪。[①]

这份诏书出自曾肇的手笔，可谓言辞中肯，情真意切。特别是允许庶民上书，打破了士大夫对言论的垄断，由此可见徽宗迫切希望有一个清明、和睦、深得民心的政治新气象。

此诏一下，犹如一石激起千层浪，立时言论汹汹。对于徽宗来说，其中有深合其意的，也有始料未及的。

皇帝求言，过去不敢上书、不能上书的臣僚借此议论朝政，而旧党和新党仍然各说各话，譬如奉世郎钟世美应诏上书，乞复熙宁、绍圣故事，说熙宁、元丰年间大治，而元祐更化后官府废坠，财用匮乏，京师累月冰霜，河朔连年灾荒，西贼长驱寇边如入无人之境。

筠州推官崔鷃为旧党鼓吹，认为当下政令烦苛，民不堪扰，风俗险薄，法不能胜，是因为朝中出现了奸臣。崔鷃鲜明地亮出观点：凡诬陷元祐之臣的都是奸人。崔鷃特意指出，京城流传一个顺口溜："大惇小惇，殃及子孙。"其中"大惇"指章惇，"小惇"就是御史中丞安惇，天下人都知道章惇

---

① 《续资治通鉴长编拾补》卷十五，元符三年乙酉。

是奸臣！徽宗看到崔鶠的奏章很高兴，把他的官位往上提了一级。

借进言攻击新党的主要还是新晋的言官。左正言陈瓘攻击章惇独宰政柄，首尾八年，迷国误朝，罪不可掩，天下怨怒，丛归一身。他说徽宗临御以来，海内想要弹劾章惇的人就像刺猬毛一样多。

弹劾章惇的奏章非常多，徽宗四月中旬统计已收到一百多份。但他不能马上罢免章惇，他还需要一段谨慎过渡的时间，做好人事上的衔接。曾布建议他先免去蔡卞，蔡卞一去，章惇独木难支了。曾布的如意算盘是各个击破，把他朝中的对手全部驱逐。

徽宗虽然感谢和欣赏曾布，但不能提拔他，因为章惇和曾布同属新党，这不符合政治调和的要求。另外一个原因可能是，向太后对曾布并无好感，他们只是为了反对章惇结成了临时的政治同盟，向太后更希望旧党进入二府。四月初八，徽宗诏令韩忠彦为右仆射兼中书侍郎，正式结束了章惇独相的局面。同时让李清臣接替韩忠彦为门下侍郎，还给曾布派了个助手，任命蒋之奇同知枢密院事，这无疑是个信号，徽宗要过河拆桥，曾布正在失宠。下旬，徽宗借皇长子诞生再次大赦天下，恢复了一批元祐党人的官职。

绍圣年中，朝廷成立了一个"编类臣僚章疏局"。宋朝士大夫上疏喜欢长篇大论，洋洋洒洒数千字还未切入主题，编类臣僚章疏局的作用是对奏章进行整理、摘录，挑选重点、紧要的观点汇总编册。实际操作中，章疏局变成了罗列元祐党人罪状的机构，他们从百官奏章中摘录只言片语，加以曲解，给政敌罗列罪名。既然决定起用旧党，编类臣僚章疏局就显得不合时宜了。曾肇建议裁撤，徽宗听从了他的建议，还诏令把过去编类的章疏全部烧掉。

对新党的攻击仍在继续。御史中安惇曾弹劾过邹浩，邹浩回朝时也竭力反击，陈瓘在攻击章惇之余，顺带把安惇也捎带了进去，徽宗便将安惇逐出京城，"二惇"去除了一个"小惇"。

接下来倒霉的是蔡卞。龚夬上一道奏章，指陈蔡卞利用王安石女婿的身份，自诩领悟了王安石的道学，以此招摇撞骗，蒙蔽朝廷，报复仇怨，打击异己。龚夬还告诉徽宗说，京城百姓十分痛恨这些奸臣，有民谣骂他们说："二蔡、二惇，必定灭门；籍没家财，禁锢子孙。"还有一则："大惇、小惇，入地无门；大蔡、小蔡，还他命债。""二惇"是章惇和安惇，"二蔡"指蔡京和蔡卞，显然言官将他们归并入了一党。

陈瓘也开足火力攻击蔡卞："蔡卞以不仕元祐为高节，以不习诗赋为贤士，与现实政治很不合拍。道合则从，不合则去，这是人臣的大节。蔡卞应该主动离职！请陛下把臣的奏章让他看看！"徽宗觉得直接把陈瓘的奏章批给蔡卞看很为难，他想了一个办法，把奏章批给章惇，章惇必定捎话给蔡卞，蔡卞就能领悟皇帝的意图了。果然，章惇把奏章转给了蔡卞，蔡卞识趣地主动请辞，被安置到了江宁（今江苏南京）。江宁属于大镇，王安石罢相即知江宁。台谏们觉得难以解恨，继续弹劾，徽宗又下旨将蔡卞贬为提举杭州洞霄宫，一个闲职。

朝臣无论弹劾安惇还是蔡卞，只是罗列罪名，并没有提供确切的证据和具体的错误事实，他们要的是政治正确，是非对错都在立场中，个人品行的好坏反而不重要了。

大权归位

"二惇二蔡"剪除了一半，另一半日子也不好过。

弹劾章惇的主攻手是陈瓘，三日一进言，五日一奏章，新任御史中丞丰稷、侍御史陈师锡等充当了助攻，他们攻讦的还是绍圣年间章惇独掌权柄，贬斥旧党。但徽宗对待章惇是谨慎的，章惇为独相七年，不仅朝中势力盘根错节，而且已经成为变法的一面旗帜。徽宗要报反对拥立之仇，还要避免给人以彻底抛弃新党的错觉，最好能找一个与党争无关的理由贬去章惇。

是年七八月以后，中原天气多雨，绵绵数十日不见太阳。章惇负责哲宗丧葬事宜，修好陵寝后要把灵柩运送到巩县，由章惇亲自押车。巩县处于平原、丘陵、山地交界地带，道路崎岖狭窄，土壤质地不一，有石砾，有黄沙，有黏土，有些地方坚硬，有些地方松软，给行车带来困难，阴雨过后更是泥泞不堪。刚进入巩县境内不久，灵车竟陷入沼泽，车辖辘没入过半，马匹人力竭尽其力也没有拖出灵车。天已昏黑，前不着村，后不挨店，章惇只好下令搭起帐篷原地过夜，第二天后续人员增援才将灵柩拉出沼泽。

八月初八，哲宗安葬完毕，言官们开始"秋后算账"。陈瓘弹劾章惇失职，让先帝灵柩陷入泥泞，野外过夜，这是对先帝的大不敬。事已至此，章惇知道朝中已无一席之地，于是上章请去。而徽宗偏偏不许，然后对其他朝臣说："你们看朕待章惇如何？于情于理仁至义尽吧？"曾布等人随声应和："陛下对他过于仁厚了。"建议不如成全章惇的请求。这样徽宗才表态："朕不以拥立的事情贬黜他，只以护送灵驾失职的事情问罪，别人就难以说三道四了。"

九月初八，章惇罢尚书左仆射兼门下侍郎，改知越州。按惯例，为体现恩遇，宰相外贬通常会安排在重镇如西京洛阳、南京应天府（今河南商丘）、北京大名府（今河北大名县）、永兴军（今陕西西安），或者京城附近的汝州、亳州、邓州等地。越州是现在的浙江绍兴，虽不算蛮荒，但也足够偏远，可见徽宗对章惇的嫌恶。不久，章惇更被发放到岭南。

陈瓘也因为弹劾章惇有功，由左正言迁右司谏。

对蔡京的攻讦起步虽早，但蔡京真正离开京城已是十月份了，其间宫内宫外掀起了不小的波澜。

元符三年（1100）三月，河东路缺帅，在商议人选时，曾布和韩忠彦都想借机把蔡京赶出朝廷，便异口同声推荐他。蔡卞虽然与这位兄长有矛盾，但还是希望他留下来，便提出了另外一个人选。双方争执不下，徽宗调解道："就让他去吧。"曾布希望徽宗明确指出来这个"他"是谁，徽宗便说出两个字："蔡京"。然而到了四月二日，情况起了变化，徽宗告诉宰执们说，太后认为不应当贬黜蔡京，还想让蔡京主持修史。修史虽然没有太大权力，却是个敏感的岗位，旧党新党谁是正义谁是邪恶，修史的官员主观意志很重要。就拿《宋神宗实录》这本书来说，元祐年间宣仁高太后当政，主要参与修撰人员有吕大防、黄庭坚、陆佃、范祖禹等，这些人大都属于保守派，《实录》的反变法倾向十分明显；哲宗亲政后，表示要继承神宗遗志，便组织人员重修《宋神宗实录》，参与人员为变法派人物曾布、蔡卞等，为变法正名，推翻了旧《实录》的许多史实。让蔡京修史是曾布不愿意看到的，这更坚定了他要把蔡京赶出朝廷的决心。然而徽宗不愿得罪太后，只能好言安慰他。

跟徽宗争辩无效，曾布便直接进言太后。他让太后二选一，如果蔡京留朝，他就告老还乡。太后不满地问："蔡京去留与枢密院有什么关系？"枢密院执掌军事，人事大权归于皇帝和宰相，曾布确有越职嫌疑。但曾布坚定地回答："君子与小人不能共事。"太后则反驳说："先帝在的时候你们就在一起共事了。"

向太后异常坚决地维护新党蔡京，让人颇感蹊跷，这大约就是蔡京的魅力吧，总能让一些人在短时间内对他产生好感甚至依赖。也有人认为向太后想通过蔡京延续她撤帘后的政治影响力，然而朝中那么多人，独独看好蔡京，同样说明蔡京有着过人的手段。

除了当面力争，曾布还继续利用舆论战。近期回朝的人均得益于他主张两派和解，对他有感恩之心，这让他有条件利用言官中的保守派。五月，陈瓘再次弹劾蔡京，徽宗解释说蔡京跟章惇、蔡卞不同，应区别对待。六月，龚夬觐见徽宗历数蔡京罪状，这让徽宗很难堪，毕竟向太后还在听政，这些大臣做事太不懂留下余地。他对龚夬大发雷霆，让龚夬不寒而栗。龚夬退朝后劝曾布放弃，并且说皇帝怀疑曾布参与了过去废除孟皇后的阴谋，曾布惶恐，求证于韩忠彦，得知皇上并没有说过类似的话，心才稍安。

在太后和徽宗强力维护下，贬黜蔡京的事暂时被搁置起来。七月之后情况有了变化，太后撤帘，章惇也已被驱逐，蔡京的事迎来了新的转折，而言官对蔡京的攻击也再次掀起高潮。陈瓘甚至把矛头指向包庇蔡京的向太后，弹劾向太后的两个兄弟交通宾客，泄露机密。这份言论惹怒了向太后，她在隆祐宫不吃不喝，哭闹不止。徽宗没有办法，只好将陈瓘贬到扬州。而陈瓘在辞别离京时仍不停上奏弹劾蔡京。徽宗知道陈瓘的忠心，允诺贬谪不会太久，并遣使者赠他黄金百两。丰稷、陈师锡比陈瓘婉转些，说蔡京的种种恶行太后一定不清楚，否则岂肯容留！在言官交相攻讦之下，十月初三，蔡京被罢去翰林学士职务，改知江宁府，不久又改为闲职，居住杭州。

这一段时间落职的新党人物还有邢恕、范镗、张商英、吴居厚、林希、徐铎、叶祖洽等。

蔡京去留问题在朝中胶着了半年得以解决，暴露了向太后的尴尬处境，名为听政，其实并没有多少实权，只不过徽宗不愿与嫡母产生裂痕，才勉强维持了太后的权威。

史上公认向太后是低调恬淡的人，对权力没有多少兴趣，这一点决不同于她的婆婆宣仁高太后。一位宦官提议颁布诏令，对太后父亲的名字避讳，被向太后拒绝。向太后只有两个弟弟，徽宗欲加恩他们为节度使，也被太后婉拒。她对宰执说："本来没有必要同朝听政，只是官家坚持请求才勉为其难。"一次太后与宰执讨论问题时自嘲说："瞎字也不识，怎么能打理天下事？前几天看边关奏报中有位吐蕃将领叫'瞎征'，才认识这个瞎字。"曾布赶紧接过话说："太后谦虚了，哪有不识字的道理。"明人编写的《书史会要》记述向太后工行草，又说她好学、为诗清丽、工笔札。如果明人记述不差，那么太后要么谦虚，要么做作。不管是被动地揽不到权还是主动地不揽权，总之向太后前期虽然影响着朝政，但徽宗毕竟已是长君，执政大臣也大都不希望她发挥过多的作用，所以这种影响有限。传统观点认为向太后复辟了元祐政治，其实离不开徽宗的默许和配合，徽宗此时希望持平用中，达成政治和解，这种尝试是真诚的。

向太后听政期间做的最重要的一件事是恢复了哲宗原配孟氏的皇后名

位。太后先与曾布和韩忠彦讨论此事，否认曾以太后的名义下过诏书废除孟氏。向太后回忆说，有一天哲宗前来请安，说章惇请废立中宫，太后委婉地表达了反对之意："这是大事，官家要谨慎。"要他们再考虑考虑。除此之外，太后再不知情。如果太后所言属实，那么废孟皇后法理不足。太后再一次搬出故去的哲宗皇帝，说："先帝后来对废后也很后悔，埋怨受章惇蛊惑坏了名节。"曾布感叹不知内情如此复杂，外人都误解了哲宗皇帝。那时蔡京还在原位，提出弟弟给嫂子恢复名誉，于礼不合。向太后果断地说："今日老身代为处分军国大事，这是婆婆恢复儿媳的名位。当然，如果是冤案，即便弟弟为嫂嫂正名也无不可。"

五月份正式下诏恢复孟氏为元祐皇后，太后派人用牛车将孟皇后从瑶华宫接入皇宫，为她脱掉道袍，穿上冠服，孟后喜不自胜。太后还提议废掉元符刘皇后，因为同时有两位皇后在世感觉很荒谬。徽宗担心废除刘皇后会彰显哲宗的错误，曾布和多数大臣也不赞同。怎样打消太后的这个念头？徽宗让韩忠彦到太后帘前陈述大家的意见，太后信任韩忠彦，果然不再坚持。

作为一个弱势听政太后，朝野内外不乏要求撤帘还政的声音，理由很简单，皇上是长君，不需要再听任别人摆布。四月十四日，徽宗皇后王氏诞下长子即后来的宋钦宗赵桓。不久宦官白愕越职上书，要求太后还政，曾布向徽宗密奏："外界多有议论，陛下已为人父，皇太后应该在宫中照看孙子，断没有垂帘之理。"徽宗解释说："是朕坚持请太后听政的，况且太后已有手诏，等哲宗皇帝安葬完毕就还政。也就一两个月了，不急。"曾布提醒说即便太后不贪权，她身边左右不一定没有想法，又提醒当心还政后依然干政。徽宗虽然口头上反对曾布的说法，但又允诺认真对待这件事。

实际上向太后并没有等到哲宗葬礼结束，而于七月便下诏撤帘，其听政前后不过半年。章惇离朝后，任命韩忠彦为左相，曾布为右相，这标志着徽宗完全掌控了朝政大权，可以按照自己的意志摆布政治了。

咄咄逼人的元祐党

元符三年（1100）十月二十六日，徽宗下了一道诏书，写道：

> 朕于为政取人，无彼时此时之间，斟酌可否，举措损益，惟时之宜；旌别忠邪，用舍进退，惟义所在，使政事不失其当，人才各得其所，则能事毕矣。无偏无党，正直是与，体常用中，只率大体，以与天下休息，以成朕继志述事之美，不亦韪欤？若夫曲学偏见，妄意改作，妨功扰政，以害吾国是者，非惟朕所不与，乃公议之所不容，亦与众弃之而已。

这道诏书像是一道政治宣言，宣告徽宗的治国方略，大意是：朕治理国家，选拔人才，不分元祐还是绍圣，唯一考量的因素是能不能对朝政有所裨益。甄别忠奸，进退取舍的标准是让朝政不失其当，让人才各得其所。无偏无党，倡导正直的作风，顾全大局，与百姓休养生息，以成就朕的美好志向，这不是最好的政治吗？如果心怀偏见，歪曲解读，妨碍行政，损害国家利益，不仅仅朕不允许，也是公议所不能容忍的，一定会为时代所抛弃。用更简略的语言表述就是，调和元祐、绍圣政治，休养生息，不折腾，不党争。

旧党韩忠彦和新党曾布位列左右相，标志着旨在政治调和的联合政府正式成立。韩忠彦身材魁梧，曾布体型矮小，二人站在一起形成巨大的反差，令人哑然失笑，时人戏称他们是"龟鹤宰相"。

庄重的朝堂由此变得滑稽，正如这时所谓恶政治调和。新皇即位的第二年要改年号，徽宗精心选择的年号是"建中靖国"，表示"元祐、绍圣均为有失"，用一个"中"字以彰显新政不偏不倚、兼收并蓄。

徽宗踌躇满志，决心开创朝廷新气象，但他很快发现，自己过于天真了，建中靖国或许只是一厢情愿的美好愿望。

旧党不善于解决具体问题，但苛求道德，在他们眼里，注重实用的新党都是急功近利、见利忘义的小人，君子与小人如水与炭不可共器。左正言任伯雨把旧党意图表述得很明确："尽管人才不应该以党派区分，但从古至今没有君子与小人合作共事能够实现国家大治的。因为君子不屑于争位，小人却不愿退让，二者并用，最终结果必定是君子离开，朝中只剩下小人。"

基于这种认识，旧党决心对新党"除恶务尽"。一方面他们继续抓住章惇、蔡卞、蔡京不放，让他们一贬再贬；另一方面，曾布虽有援引旧党进入朝廷之功，但终归是新党，很快为旧党所不容。

诏令曾布为右相时，御史中丞丰稷率御史台人员共同抗议，徽宗解除了丰稷职务，将他调整为工部尚书。丰稷谢表中写道："内侍已成于怨府，佞人方剡于奏章。"徽宗问他"佞人"指谁，丰稷毫不隐讳地指出是曾布，只要斥退曾布，天下就能安定。曾布有定策之功，又是政治调和、建中靖国国策的倡言者，岂能轻易斥退？徽宗不予理会。侍御史陈次升将罢免丰稷归罪于曾布，先后九次上疏弹劾曾布，称曾布"性禀奸邪，心怀凶险"，与章惇狼狈为奸，既然罢免了章惇，没有理由再留任曾布。

建中靖国元年（1101）正月，向太后去世。对于徽宗来说，这位嫡母对于朝政的作用恰到好处，该干预的时候干预，该放手的时候放手。徽宗感恩不尽，为太后选用最为尊重的四字谥号"钦圣宪肃"，并多次加封太后的两位弟弟，追封太后祖上为王爵。

徽宗任命曾布为向太后的山陵使。对于曾布来说，这不是个好兆头，不在皇帝身边，随时会有政敌诋毁，不得不防。他行前特意提醒徽宗："臣离京后一定有人设法动摇臣的位子，希望陛下明察。"徽宗表示不会减少对曾布的信任。曾布此时已看清旧党的面目，对旧党不再抱任何希望，同时他打击政敌的目的已经达到，旧党对他已经毫无用处。他推荐新党赵挺之任御史中丞，准备调转政治航向，转而压制旧党。

太后的葬礼比皇帝要简单许多，曾布四月离京，六月还朝。正如所料，这两个月里，旧党对曾布的攻击进入高潮。右司谏陈祐连上两章弹劾曾布，等曾布还朝，又上数章要求他辞职。旧党还扬言要苏轼、苏辙入朝为相，否则决不罢休。徽宗不愿破坏政治平衡的既定方针，力保曾布，遂将陈祐罢免外放。

徽宗再次重申不以党派作为选人用人标准，只要有才能，都可以具名推荐。曾布也再次重申对持平用中政策的支持，不过希望徽宗远离极端之人："今日之事，左不可用苏轼、苏辙，右不可用蔡京、蔡卞。因为他们在朝，免不了怀私挟怨，互相仇害，朝臣百官内心会忐忑不安，朝廷上下不得安宁。陛下只要不让这两党得志，则天下无事，垂拱而治矣。"苏轼、苏辙是旧党中的中坚力量，在绍圣年间受迫害最深，曾布认为如果他们掌权一定会伺机报复。

曾布的弟弟曾肇则希望兄长彻底倒向旧党，与新党划清界限，以免给曾氏带来祸端。曾布反驳说旧党过于固执，一定要恢复元祐政治，皇帝已经越来越厌烦旧党。曾布对自己"持中"的立场非常自信，不无得意地向曾肇炫耀："自神宗熙宁变法以来，我力图区别于新党，就是为了避免旧党掌权招致祸端；不依附元祐政治，也避免了在绍圣年间被中伤。尽管两党争斗、反复惹祸，我却能坐山观虎斗，泰然自若，安然无恙。"

曾布自以为在两党中见风使舵计策高明，但旧党对曾布的攻击并未停止。徽宗信守承诺将陈瓘复职入朝，任命他为右司员外郎，负责监管尚书省一些部门的政务。陈瓘失去了弹劾宰执的权力，但他用独特的方式赤裸裸地表明对曾布的厌恶。八月的一天，他把曾布堵在宰相的办公场所——都堂，送给曾布一封信，历数曾布在绍圣年间的过失，指责他蒙蔽圣聪，误国误君。陈瓘断言："阁下虽有腹心之助，恐亦不得高枕而卧也。"意谓曾布虽然受到皇帝宠信，恐怕也免不了惹祸上身。曾布为了扩充势力，曾多次向徽宗引荐陈瓘，所以陈瓘又说："阁下对我有荐进之恩，我不敢辜负，把吉凶的道理讲给阁下，就是希望对您有所帮助。"曾布哈哈大笑回答说："要是别人读到这信，必然大怒，但我不会，即使有十封这样的书信也不与你计较。"此时他颇有曹操的心计和做派。

陈瓘希望事件升级，最终惊动徽宗。他把这封信及相关资料呈送给三省，希望御史台弹劾他触忤宰相之罪，并把这封信作为罪证呈送徽宗。陈瓘果然得逞，第二天早朝三省就将书信送到了徽宗面前。徽宗极不高兴，拿曾布出气："你推荐的人就这样报恩？朕当时就说陈瓘言辞偏激，立场不正，今日如何？"徽宗想要严惩陈瓘，左相韩忠彦、尚书右丞陆佃为他说情，最后贬知泰州。

旧党的死缠烂打让徽宗头疼并渐渐失去耐心，他意识到，旧党掀起了新一轮党争，正在破坏既定的"建中靖国"政策。他对曾布发牢骚说："元祐小人，不可不逐。"两派既然不能和平共事，只能独留一派，驱逐的必然是没有实际能力又锱铢必较的旧党："先朝法度，多未修举。"正事不干，专司攻击别人了。曾布不知徽宗是一时起意还是已经深思熟虑了，试探说："陛下刚刚下诏说用人没有元祐、绍圣的差别，旧党固执，不愿遵循，还是慢慢来吧。"徽宗责怪他太迁就元祐党人了，鼓励他不要害怕。

抛弃建中靖国政策，转而奉行绍圣政治，对于徽宗来说，只是早晚的事了。

转向新法

新旧两党势同水火，已经难以调和，徽宗被迫改变建中靖国的既定国策，倒向了绍圣派。为什么徽宗会选择绍圣而不是元祐呢？

旧党自司马光起，把自己作为道德的化身，他们评价皇帝、官员、士大夫，很少着眼于被评价者的才能和为国家付出的努力，而是习惯于对标礼教去衡量被评价者的具体行为和生活细节。这些人因循守旧，缺乏创造性和灵活性，很少能为国家和帝王解决实际困难。他们更像一名教师而不是下属，更像监督者而不是执行者，这很容易让皇帝感到厌烦。徽宗即位后的一些事例验证了这一点。

历代皇帝都要把祖宗牌位供奉起来祭祀，供奉牌位的地方叫太庙，宋朝也不例外。除此之外，宋朝皇帝大多信奉道教，他们将先祖塑成彩色雕像，分散供奉在汴京各个道观中，让道士为他们祈福祷告。到了神宗时，把各个皇帝、皇后塑像集中起来，放置在皇宫南门不远处的景灵宫中，每位皇帝和皇后都享有一座大殿，皇帝的身边还塑有两名当朝最得力的大臣作为陪侍，其他有影响的大臣则绘成画像挂在墙上。景灵宫位于御街东侧，是太庙之外另一个重要的奉祀场所。然而神宗百密一疏，他只考虑了此前的皇帝，却没有为自己和后面的皇帝留下足够的殿堂。神宗驾崩后无处安置塑身，便在英宗大殿后新建了一座后殿，其规格不能与先祖们相比。哲宗驾崩也需要占有一席之地，如何解决神宗、哲宗及后世皇帝塑身安放问题，是摆在徽宗面前的一道难题。

蔡京贬黜前曾提出一个方案，在景灵宫的对面即街西再建一座景灵西宫，神宗、哲宗和以后的皇帝安置在西宫。陈瓘立即跳出来反对，提出五条理由：其一，宗庙应该在左，街西属于右，不合礼制；其二，西宫的现址是大理寺，杀气太重；其三，大理寺等机构搬迁新址需要拆迁民房，扰民；其四，景灵宫分成东西两宫，祭祀起来太麻烦；其五，神宗塑身已经安置在英宗大殿的后殿，规格虽低了些，但不宜再去打扰。陈瓘这五条意见听起来似乎有理，实际上很迂腐，徽宗肯定不会高兴。

景灵西宫建成后，丰稷建议司马光和吕公著配享祭祀。司马光和吕公著是元祐年间最重要的大臣，哲宗对他们充满怨恨，所以徽宗难以接受。

徽宗除了不喜欢元祐党的迂阔，还不喜欢他们干涉皇帝的私生活。徽宗做王爷时比较贪玩，喜欢新鲜事物。入主皇宫后，在宫内饲养了许多珍禽奇兽，左司谏江公望谏言皇帝不应该把精力放在闲情逸致上，徽宗听从了他的建议将这些小动物放生出宫，有一只白鹇因为饲养久了，无论如何不愿离去，徽宗只好亲自用柱杖驱赶。过了几天见到江公望，徽宗回忆起驱赶小动物时的情形，内心充满痛苦。他在柱杖上刻下江公望的名字，以提醒自己不要玩物丧志。

应该说，江公望进谏是有道理的，徽宗也虚心接受了。但徽宗终究不能持之以恒勤勉寡欲，久而久之对这些谏官产生厌恶之情在所难免。

徽宗选择绍圣党另一个重要原因在于帝国的财政状况。建中靖国元年（1101）正月，徽宗下诏允许河东路（区域大约相当于现在的山西省）、陕西路入粟授官，就是朝廷将职位明码标价，公开卖官鬻爵。为什么会出现这种情况？因为缺钱！是年七月，老臣安焘进言说："当熙宁、元丰间，内外府库，无不充衍；自绍圣、元符以来，倾府库、竭仓廪，以供开边之费。……故军无见粮，吏无月俸，公私罄竭，未有甚于今日。"陈瓘也说："臣闻神宗有为之序，始于修政事，政事立而财用足，财用足而根本固，此国家万世之利而今日所当继述者也。……然今日朝廷之计，正以乏财为患。至于今日遂耗天下根本之财者，初缘边事也。"当时财政状况非常糟糕，到了发不下军饷、开不出工资的地步。安焘、陈瓘等旧党将国用不足归罪于哲宗亲政以后发动的对外战争，是有一定道理的，但不全面，曾布就反驳说："神宗理财，虽累岁甲兵，而所至府库充积。元祐中非理耗散，又有出无入，故仓库为之一空。"双方都承认神宗时国库充盈，至少说明神宗的变法政策是成功的，这是变法派的功劳。保守派不善理财、不屑于理财是不争的事实。

在国用艰难时刻，应该选择旧党还是新党一目了然。

徽宗是神宗的儿子，父子感情因素也不可忽略。子承父志，继续新政，就是曾布等人向徽宗建议的"绍述"。

到了建中靖国元年（1101）十月，徽宗绍述的态度已经十分明朗了。他让曾布推荐人才，曾布推荐了刘焘、王防、周焘、白时中四人。这四人都是曾布的亲信，门下侍郎李清臣称他们为"四察八侦"，上疏让徽宗当心。李清臣是个比较复杂的人物，本属于新党，但与曾布不太对付，徽宗便怀疑他勾结旧党，对曾布说："清臣所为，妇人女子之事。"曾布感谢皇帝信任，解释说："所谓侦探，都是臣亲近的人。君子小人，各有党类，这些人都懂得顺从皇帝的意思，奉行法度不是为了谋取私利。"曾布的话揭示了旧党大多诤臣，他们不愿顺从皇帝，不愿与现实苟且，总是以反对者面目出现，遇到肚量不够宽广的皇帝自然吃亏。徽宗刚即位时还要做出一副虚心纳谏的样子，时间长了就不愿受到更多束缚，所以徽宗称"清臣害政，当去"。他指使曾布安排谏官弹劾李清臣，将李清臣贬黜到大名府去了。

从这里也可以看出，徽宗时代，谏官已经失去监督朝政的作用，而沦为皇帝和宰相打击异己的工具。徽宗后来疏于政事，正是新党一味顺从皇帝，不敢诤言进谏导致的。

这一时期，徽宗开始有意疏远和驱逐元祐党人。任伯雨任言官仅半年，上章一百零八件，又刚正耿介，徽宗把他打发到了州郡；尚书右丞范纯礼进言倡导元祐政治，被曾布等找了个借口外放出朝；知枢密院安焘也被罢免；有谏臣攻击苏轼、苏辙曾诋毁熙宁变法，他们的门人晁补之受连累外放；中书舍人傅楫为范纯礼讲情，不听，放逐博州。

皇帝的微妙变化逃不过有心人的眼睛，徽宗厌烦旧党倾斜新党的意图很快得到响应。这年十一月，太常少卿邓洵武通过曾布呈上一幅《爱莫助之图》，意思是陛下要绍述先帝之志，臣爱莫能助，就画张图来表达。图画上画着朝会时的场景，可能因为画人物太麻烦，左右两列只是标上人名而已，按职务列队前后。左边一列是绍圣党人，前面宰执只有曾布和尚书右丞温益，后面跟着赵挺之等四五人。右边一列是元祐党人，前后有百余人。邓洵武这幅图的用意是告诉徽宗，目前朝中元祐势力太大，需要制衡。图画左列新党的队伍最前面空缺下来，贴了块补丁。徽宗令人揭去补丁，下面赫然写着蔡京的名字。徽宗意会，对曾布说："邓洵武说非蔡京入朝不可。因为与卿的意见不同，所以遮住了。"曾布无法争辩，悻悻地说："邓洵武既然与臣见解不同，自然不会告诉臣。"第二天，徽宗特意召见温益，把《爱莫助之图》展示给他看。

一场新的人事风暴正在酝酿。

第三章 崇宁新政

蔡京拜相

在继承大统之前，徽宗与蔡京有没有接触，史料没有记载。但他不可能对蔡京没有了解。徽宗三岁时正是司马光复辟的时候，蔡京已经任知开封府，司马光想要废除王安石的雇役法，阻力很大，只有蔡京做到了，这让司马光对他刮目相看。徽宗十三岁，也就是绍圣初年（1094），章惇又要把差役法变过来，但不知如何操作，蔡京决然说："这有何难，照搬熙宁年间的样子做就是了。"以徽宗的年龄当时不会亲历也不会有记忆，蔡京将所谓的难事操弄于股掌，敌对的两派都很器重他。

徽宗入端王邸不久，蔡京成为翰林学士承旨，负责写圣旨，这样重要的岗位，京城恐怕无人不知，徽宗当然也不例外。

蔡京上面这些经历也许还并不能让徽宗对他刮目相看。然而向太后排斥新党，却独独力保蔡京，颇为耐人寻味。邓洵武又以特殊的程序、特殊的方式推荐蔡京，不能不让徽宗仔细审视这个人了。

当然，蔡京想要回朝，仅凭邓洵武私下暗示是不够的，邓洵武职务太低，最好能有更具分量的人推荐。

新的一年，徽宗改元"崇宁"，意思是推崇神宗熙宁政治，绍述的政策更加明朗。曾布曾力促持平用中，既然要抛弃这项政策，就不可再委任于曾布，曾布去职的时机已经成熟。恰在这时，两位宰相之间矛盾激化。韩忠彦是左相，位置高于曾布的右相，但曾布强势，韩忠彦忠厚，在朝中往往曾布压韩忠彦一头，这让韩忠彦很不舒服。徽宗决心绍述之后，大肆驱逐元祐党人，韩忠彦势力更单，又想不出更好的办法对付曾布，便愚蠢地打算"以敌制敌"："曾布的优势是引导皇帝绍述，我应当用能绍述的人战胜他！"他想起这个能绍述的人便是蔡京。

这一天，徽宗问："北方帅藩有缺人处吗？"帅藩指的是各路安抚使之类，由大郡郡守兼任。当时大名府正好空缺，韩忠彦借机推荐了蔡京。曾布不同意，理由是大名府这样重要的地方，须有二府经历的人担任主帅。韩忠彦举例熙宁间曾有翰林学士出任主帅，并非一定要在二府中选人。徽宗采纳了韩忠彦的建议，于崇宁元年（1102）二月任命蔡京知大名府，诏令过阙朝见，即路过京师时觐见皇帝。按惯例，过阙朝见意味着极有可能另有重用。

另一种说法是内侍童贯推荐了蔡京。徽宗在杭州设立了个明金局，任务是搜罗江南的字画古器，童贯是徽宗身边的供奉官，聪明且有见识，徽宗便把他派到杭州负责明金局。蔡京是著名的书法家，艺术鉴赏力很高，正好可以帮助到童贯，二人一拍即合，结交在了一起，甚至不分昼夜形影不离。几个月后，童贯带着一大堆艺术品回京复命，在徽宗面前将蔡京的功劳添油加醋称赞一番，赢得了徽宗对蔡京的好感。

徽宗时期道教活跃，道士们调制一种据说能驱邪治病的符水。《宋史》记载，道士叫徐知常，经常到后宫送符水，他有一位好友曾经感慨，只有蔡京出任宰相才能有所作为。徐知常把这话传入宫中，宦官宫女笃信不疑，这也影响了后宫乃至皇帝对蔡京的印象。

形势向着不利于曾布的方向发展，曾布大为恐慌。有意思的是，无可奈何之下，曾布选择了与蔡京和好、拉拢蔡京的策略。据南宋人朱熹《朱子语类》记载，蔡京还未到京城，韩忠彦和曾布各自派儿子前去迎接，曾布的儿子走在了前面，比韩忠彦儿子早了二十里路。

两位宰相围绕着蔡京团团转，蔡京想不发达都难。三月十九日，徽宗诏蔡京为翰林学士承旨兼修国史，不但恢复了贬黜前的职务，还加上了修国史的重任。

四月十一日，徽宗在延和殿会见了蔡京。延和殿在皇城内宫，由此可见徽宗对蔡京的期许以及这次会见的机密。二人应该谈了一些国家政策方向的大事，蔡京说："神宗一朝的历史受到元祐诋毁诽谤，绍圣拨乱反正，与现在的情形很像。应该参照绍圣政策，让史官总结绍圣为什么要更正元祐弊端，以昭示天下。"徽宗深以为然，坚定了大用蔡京的想法。

随着皇帝态度的转变，前段时间被打压的新党又开始活跃起来，纷纷上疏清算元祐政治。有奏章建议皇帝调查元符三年（1100）谁为司马光恢复了名誉，并讨论哲宗皇帝处罚司马光到底对不对。奏章要求欺君负国的大臣尽快离开执政岗位，悔过自新。

彼时元祐党领袖已经凋零殆尽，唯有苏辙还在世，所以苏辙又成为他们的攻击目标。其中一份奏章最能表达新党的意图："窃见元符之末、帘帷同听政之日，元祐大臣乘间用事，尽复绍圣间负罪责降之人；或尽复旧官，或超授职任，不问其得罪之因，惟务合党，扶同并论。赖陛下察见弊端，力持正道，保全神考法度，绍复祖宗基业，万世之治，自此而定。然前后得罪之人所授官职过当，与援引之奸不治，未厌公论云云。伏望圣慈令所属取上件合该行遣之人，或削夺官职，或旋行惩戒，各以类举，必当其罪，即号令简重，刑罚肃清。"即向太后听政的时候为那么多元祐党人平反，根本不去调查他们获罪的原因。所幸陛下现在主持正道，保全神宗皇帝的法度，继承祖宗的基业，希望对元祐党人平反不当的进行追究，或者削去他们的官职，或者重新加以惩戒。在新党的鼓噪下，徽宗迅速做出反应，五月二十一日下了一道诏书，对司马光、吕公著、文彦博、苏轼、苏辙、范纯仁、范纯礼、陈次升、陈瓘等已故或在任的五十多名元祐党人进行追削故官、降职贬谪，而后又拿出一个五十多人名单，诏令三省在档案中标记清楚，这些人不得在京任职。

次日，徽宗令曾布亲自草拟一份诏书，写道：

> 昔在元祐，权臣擅邦，倡率朋邪，诋诬先烈，善政良法，肆
> 为纷更。绍圣躬揽政机，灼见群慝，斥逐流窜，具正典刑。肆朕
> 缵承，与之洗涤，悉复收召，寘诸朝廷。而缔交合谋，弥复胶固，
> 惟以沮坏事功，报复仇怨，为事翕翕訿訿，必一变熙宁、元丰之
> 法度，为元祐之政而后已。凡所论列，深骇朕听，至其党与，则
> 迁叙不次，无复旧章。或縡冗散之中登殿阁而满方面，或既沮谢
> 之后还旧职而加横恩，玩法肆奸，鲜不类此。稍后屏远，姑务含
> 容。而言路交攻，义不可遏，乃择其尤者，第加裁削，以适厥中。
> 尚虑中外诖悮之人未免反侧，宜详示训谕，以慰安群情。应元祐
> 以来及元符末尝以朋比附党得罪者，除已施行外，自今以往，一
> 切释而不问，在言责者亦勿复辄言。

这份诏书可谓对徽宗执政前期即元符三年、建中靖国元年朝政的总结
和检讨，也是正式转为新法的宣言。第一长句抨击了元祐更化；第二长句
肯定了绍圣政治；第三、四、五、六长句叙述建中靖国年间意欲持平用中，
然而元祐党人得寸进尺、睚眦必报；第七、八长句写对元祐党人的处理；
第九、十句点明这份诏书的主旨，希望大家情绪稳定，以后不要再议论这
件事了。最后令御史台将这份诏书张贴在朝堂，让朝臣周知朝廷的主张。

徽宗既然打算重用蔡京，必须罢退韩忠彦、曾布。五月罢去韩忠彦左
相职务，改知大名府。韩忠彦推荐蔡京知大名府，不料两个人竟换了个位
子。闰六月罢曾布，出知润州。而蔡京则直上青云般地提升，五月任尚书
左丞，七月任右仆射兼中书侍郎，正式拜相。

拜相这天，徽宗召蔡京，赐座延和殿，说："昔日神宗皇帝创法立制，
哲宗皇帝继承他的事业，但两次遭到变更。国家大事还没有完成，朕想继

续父兄的志向，所以任命卿为宰相，卿打算怎么做呢?"蔡京叩首谢恩，表示要鞠躬尽瘁，死而后已。

大宋政治将掀开新的一页。

充盈国库

"朕闻治天下者以立政训迪为先，笃孝思者以继志述事为急。"在心仪的宰相到位之后，徽宗开始考虑如何绍述父兄之志，推进新一轮改革变法运动了。

首先是设置机构。熙宁初，宋神宗任用王安石推行变法，为了避开庞杂的官僚机构的掣肘，成立了一个叫制置三司条例司的机构，由王安石负责，主导变法事宜，直接向皇帝负责，不受三省、枢密院、三司约束。制置三司条例司存在了一年多，王安石大权独揽后归入中书省。徽宗便仿效制置三司条例司，设置讲议司，诏书中明确设置新机构的目的："遴简乃僚，共议因革，庶臻至治，以广贻谋。"意思是团结从精英到官员到平民的社会各界人士，集思广益，共议改革。诏书还明确，讲议司的负责人是宰臣蔡京。

同制置三司条例司一样，设置讲议司也是为了赋予主导者更大的权力，以便更好地推进改革。讲议司寄托了徽宗提振朝纲、一新政治的理想，当然也体现了蔡京的施政愿望。不过任何事物都有利弊两个方面，讲议司架空现有的行政机构，破坏既有的权力平衡，权力没有界限，不受监督，埋藏着很深的隐患。纵观徽宗一朝，蔡京一人独大，肇始于讲议司。

讲议司主管的是改革大事，而蔡京认为，"如宗室、冗官、国用、商旅、盐泽、赋调及尹牧事，皆政之大者"。所以讲议司下设了许多二级机构，充盈了许多人员，涉及政治、经济、文化、教育等诸多方面。提举官为蔡京，下面有详定官，负责审核改革建议和改革方案，首任详定官有户部尚书吴居厚、翰林学士张商英、刑部侍郎刘赓。详定官下面有参详官，负责改革建议和改革方案的整理和初步审定，首任参详官有起居舍人范致虚、太常少卿王汉之、仓部郎中黎珣、吏部员外郎叶棣。下面还有检讨官，负责调研和具体的文字工作。检讨官按领域细分，如蔡京所奏，有宗室检讨官、冗官检讨官等七种。据宋人曾敏行《独醒杂志》记载："蔡元长（蔡京字）为相日，置讲议司，官吏数百人，俸给优异，费用不赀。一日，集僚属会议，因留饮，命作蟹黄馒头，饮罢，吏略计其费，馒头一味，为钱一千三百余缗。"讲议司工作人员吃一次工作餐，其中仅馒头就花费了一千三百缗。缗是铜钱单位，即一贯，折合成银子相当于一两。由此可见朝廷对讲议司格外重视，花费不计其数。

讲议司成员由蔡京举荐，朝廷任命，其中大多蔡京亲近心腹之人，比如参详官范致虚与蔡京是老乡，蔡京在杭州居住时把范致虚当作京城的耳舌；还有位塞序辰后来也任详定官，一直帮助蔡京排挤政敌。还有一些人属于新党，但后来与蔡京政见不合而分道扬镳，如详定官张商英。当然不乏确实有才能而人尽其用者，如吴居厚一开始是地方官，因推行新法、政绩突出而擢升。他的特点是善于理财，神宗时朝廷大兴盐铁贸易，吴居厚精心筹划，竭尽心力，征得赋银数百万。

同制置三司条例司一样，讲议司寿命也不长，崇宁三年（1104）四月，蔡京上奏："伏奉手诏置讲议司，度今文字不多，理当归之省部，欲乞限一月结绝罢司；如有未了事件，乞送尚书省分隶施行。"那时，蔡京的权力已经相当巩固，不需要讲议司这块招牌了。

讲议司成立后，改革随即铺开。虽然讲议司下分若干检讨官，涉及多个领域，但总体来讲，蔡京主持的改革主要集中在经济、社会、教育、文化等几个方面。这几个方面是并行推进的，并无时间上的先后之分，为了叙述方便，本书按不同领域进行阐述。

古代经济活动相对单一，政府经费来源主要是农业税。汉武帝时期频繁发动对外战争，财政入不敷出，汉武帝便任用桑弘羊进行改革，目的是充盈国库。桑弘羊从民众必需的盐、铁、钱币入手，把过去由商人经销的盐、铁收归国有，政府直接经营并从中攫取利润；把过去郡国的铸钱权也收归朝廷，这样政府可以通过控制钱币的发行数量和铜钱的成色进一步稀释民间财富，让民众手中的钱流向国库。蔡京在经济领域的改革也集中在民众生活必需品上，主要有茶法、盐法、钱法。

北宋茶叶生产地集中在东南和西南，蔡京茶法改革主要针对东南。嘉祐年间，朝廷对东南茶叶实行通商法，茶农可自由种植茶叶，茶商可到茶园直接收购茶叶，政府对茶农和茶商双向征税。茶农交的相当于农业税，称为"茶租"；茶商交的属商业税。蔡京认为通商法使政府收入减少，茶利下降。崇宁元年（1102）十二月，他奏请徽宗废除通商法，实行禁榷法。

禁榷法的核心是实行政府干预，禁止茶叶私自买卖。政府在产茶的州县设立榷场，茶农生产的茶叶必须卖给官方的榷场，再由官方批发给茶商。为了保证对茶叶收购和批发的独占，政府对茶园严格监管，茶农姓名、茶叶种植面积都有详细的登记。到了崇宁三年（1104），又令茶农五家连保，对私自交易互相监督，发现而不告发，五户连坐。茶商买茶需先到政府办理一种叫"茶引"的许可证，茶引对买茶数量、销售地域都有明确的规定，虽然是私人商户卖茶，政府的影子却无处不在。

崇宁四年（1105），蔡京再次改革茶法，允许茶商进入茶园购茶，但需要预先购买茶引，政府通过茶引和茶税攫取利益。政和二年（1112）对茶引政策进一步完善，中央政府统一发放茶引，茶商什么时间购茶、到哪所茶园购茶，允许购买多少，茶的成色如何，到哪里销售，都有细致而严格的规定。

北宋的盐政一直是官买官卖，完全国有。同样在崇宁元年（1102），借鉴茶法，盐政实行钞盐法：政府发放盐类经营许可证，叫盐钞，商人凭借盐钞到产盐的州郡买盐，然后销往京城和其他地区。政和年间，蔡京又多次变革盐法，其政策几乎仿效茶法，所不同的是，盐类始终由政府垄断收购，然后再卖给商人，不允许商人直接到盐场买盐。

蔡京的聪明之处在于，前朝茶、盐要么官方全垄断，要么彻底市场化。

官方全垄断的弊端在于经济活力不足，传导到终端就是财政收入逐年减少。市场化激活了经济活力，但钱被商人赚去了，政府所得甚少。蔡京的茶法和盐法垄断关键环节，凭借茶引和盐钞去操控市场，既有限地保护了商人的权益，政府又从中抽取了巨额利润。当然，茶农和茶商、盐商承受着巨大的剥削，也潜伏着不小的社会隐患。

钱法改革启动于崇宁二年（1103）二月，一种是铸造面值更大的货币，叫"当十钱"。过去小面值钱币铸造一百枚文钱需用铜三斤十两，然后掺杂进铅和锡，总重五斤；当十钱每贯（一百枚价值十文的铜钱）重十四斤七两，其中用铜九斤七两二钱，用料不足过去的三倍，价值却是过去的十倍，铸造发行过程中使用的人力、火料、运输费用又大致相等，这样就为政府节省下不少开支，相当于从铸钱中攫取了可观的利润。

另外一种叫"夹锡钱"，即向铁钱中掺杂更便宜的锡，节省铸钱成本。蔡京给出的理由是：辽、西夏得到北宋铁钱后会熔化制造兵器，掺杂锡后变脆，就无法制造兵器了。当然这只是一种说辞，其真实目的还是为朝廷攫取利益。

钱币改革短时间内增加了国库收入，但很快造成全国范围内的通货膨胀，两种钱币的命运也大致相同，不久即被废弃。

无论如何，蔡京当政短时间内解决了财政困境，对于徽宗来说无疑是好消息。有一次徽宗私下会见蔡京，问及他作为宰相的施政方略，蔡京回答了四个字"丰、亨、豫、大"，"丰、亨"出自《易》中的丰卦，有王道昌盛、国富民丰的意思，"豫、大"出自豫卦，有警醒有为、化养天下的意思。或者通俗地来说，"丰亨豫大"就是有钱、富足、无为，徽宗很陶醉于"丰亨豫大"之中，因为这样就有更多的财富供皇帝挥霍了，从这一点上来讲，蔡京做到了。

造福民众

蔡京确实能力不俗，他上任不久就出台了几项措施，不但令徽宗和群臣刮目相看，而且在整个中国历史上也具有典型意义。

崇宁元年（1102）八月，蔡京上奏："以学校为今日先务，乞天下并置学养士，如允所请，乞先次施行。"把教育改革作为突破口。

蔡京向徽宗提出了十三点建议，其中大部分是扩大办学规模，包括各县、各州都应当开办学校。随着雕版印刷的普及，宋朝学校规模、学生数量都比汉唐有大幅提升。王安石将太学分为上舍、内舍和外舍三个等级，学生数量得到扩充。然而中央的太学规模有限，仍然不能满足需要，地方官办教育只能惠及大的州府。蔡京建议要求各州县都要开设官办学校，并仿照太学实行"三舍法"，实行分层级教学，建立升级降级制度，县学的优秀学生可以选升入州学。奏章还对地方办学的师资、土地、资金提出明确要求，确保地方教学有规模、有质量。徽宗批准了蔡京的建议，这项改革惠及全民特别是过去没钱上学的平民，是徽宗和蔡京做的一件大好事。

州县官学遍地开花，优秀的学子被推荐到京师的太学读书，太学容纳不下，徽宗便在汴京城南专门划出一块地皮，建太学分校，赐名辟雍。辟雍的设计师李诫也是端王府邸的设计者。

辟雍的建设增加了太学的接纳能力，学生人数扩充至三千八百人。政府对教育的投入也毫不吝啬，太学每年岁赐三万五千缗。若以全国计算，至崇宁三年（1104）官办学校人数达二十一万，办学经费每年高达三百四十万缗，消耗大米五十万石。

徽宗本人高度重视学校教育，崇宁三年（1104）十一月他了解到有些州县的读书人还无学可上，或者由于地理条件、家庭境况限制不能选择理想的学校，而有些学校"学宇卑陋，食饮疏薄"，便下诏书严令州县体察"朕教养待士之意"，分派提举学事官到全国各地进行督导。

这一月，辟雍建成，徽宗专门视察了太学和辟雍。徽宗给学官和学生送来了一份大礼：给学官升秩加薪，表现优秀的学生则可以免科举直接授予官职。徽宗对自己的书法非常自信，他亲笔书写了《赐辟雍诏书》，令工匠刻于石上，立于辟雍校园。这块碑文记述了崇宁元年（1102）徽宗重视教育、重视德行，崇尚推行熙宁、元丰"三舍法"，下诏建辟雍的情况。现在山东德州保存有《宋徽宗赐辟雍诏书碑》，可见当时这份诏书的石刻不仅仅立于辟雍，全国其他官学也勒石奉仰。

宋朝历代皇帝重视文教，宋真宗曾作《劝学诗》，"书中自有黄金屋"，"书中自有千钟粟"，"书中车马多如簇"，"书中自有颜如玉"；宋仁宗将官学办到州郡；宋神宗实行太学"三舍法"，宋朝文坛还掀起了轰轰烈烈的诗文革新运动，哲学思想界则有新儒学兴起。徽宗和蔡京积极办学，除了绍述祖宗、呼应文化兴盛的社会现象外，还有自己的考量，那就是通过教育加强对民众的思想控制，从而达到集权的目的。蔡京的十三条建议中提到教学内容：不得教学生非经、史、子、书文字。经指儒家经典著作，如《易》《国语》《大学》等；史指史书，如《左传》《史记》等；子指先秦诸子文章；书在这里指一些实用知识，如历法、医学、书法等，这些内容既是"文化课"，更是"政治课"，其用意十分明确。古人非常重视的诗赋内容在王安石变法中被剔除，官学也不再作为教授内容并明令禁止。崇宁五年（1106），徽宗还下诏对八类士子免试入学，"诸士有善父母为孝，善兄善弟为悌，善内亲为睦，善外亲为姻，信于朋友为任，仁于州里为恤，知君臣之义为忠，达义利之分为和。诸士有孝、悌、睦、姻、任、恤、忠、和八行见于事状著于乡里，邻保伍以行实申县，县令佐审察延入县学，考验不虚，保明申州如令"。同样，徽宗御笔书写诏书并令刻石立于中央和地方官办学校，这块碑文全国也有多处遗迹。孝、悌、忠、和、睦、姻、任、恤八行都是道德方面的要求，可见崇宁兴学含有教化风俗之意。

崇宁兴学是一次全民教育普及运动，其规模和范围大大超过了宋仁宗的庆历兴学和宋神宗的熙宁兴学。无论皇帝和执政者出发点如何，它对民众的文化关怀和整个社会的素质提升都有积极的推动作用，值得肯定。

崇宁新政除了办学，另一件大慰人心的事便是兴办社会福利，关爱底层民众。

汉文帝时，医生淳于意被人告发受贿，依法当施以肉刑，淳于意的女儿缇萦向文帝上书说，受过肉刑之后残疾的身体再也不能复原，即使悔过自新也无济于事，缇萦愿为官婢以赎父刑罪。缇萦的上书激发了文帝的悲悯之心，由是废除了肉刑。后人佩服缇萦的毅力和勇气，亦赞扬汉文帝的悲悯与大度，他们为平民阶层做了一件有意义的事，从此人们不再受肉刑之苦，也毋因肉刑而终身受人歧视。

统治者或雄才大略，或虚怀若谷，或克己复礼，或知人善任，人们敬之为"圣君""明君"，这样的皇帝在历史上不乏其人，但真正为最广大底层百姓着想、对弱势群体悲天悯人的却凤毛麟角。徽宗是历史上万人唾弃的昏君，蔡京是臭名昭著的奸相，但在崇宁年间，他们却关怀底层民众，发展福利事业，成为两千年皇权史上独树一帜的温煦风景。

古代朝廷厚待官员，官员退休后大都还享受一定待遇，何况他们在任上积攒的家底足够安度余生。一般家户有田地房产、儿女子嗣，养老不成问题。不过城市当中，难免有人鳏寡体弱，疾病残疾，无依无靠，他们难以凭借自己的力量养老，需要借助政府的帮助。宋朝初期在汴京建立了东、西两座福田院，收容安顿生活没有着落的老年人。宋仁宗嘉祐年间，又增设了南、北两座福田院。

徽宗刚刚即位时，知开封府吴居厚上奏，为了防止瘟疫蔓延，请建医院专门为穷人治病。崇宁元年（1102）八月，徽宗诏令："置安济坊，以处民之有疾病而无告者，置居养院，以处鳏寡孤独。"就是把福田院养老和治病两项职能分开，建居老院用于养老，建安济坊为穷人治病。最初因为京城已经有了福田院，居老院只在京城外的其他州郡设置，到了崇宁四年（1105），京城也分设居老院和安济坊。

徽宗一朝，居老院和安济坊的运行方式也不断与时俱进，大观元年

（1107），居老院收养的老人须五十岁以上，因收养人数过多，财政难以为继，到了宣和二年（1120），将年龄提高到六十岁。政和八年（1118）七月，徽宗诏令京城及各州县镇寨，寒冷的冬天如果有无衣赤裸，冻倒路边之人，也要送到居老院给予粮米和钱财救济，不管这些人是不是老人、有没有疾病。这样居老院又有了救助站的功能。

安济坊实际上就是养护一体的医院，坊内设立有厨房为他们煎药、做饭，病房则按病人病情轻重采取隔离治疗。

宋朝自然灾害频发，地震、洪灾过后尸横遍野，旱灾之后又饿殍满地，怎样处理这些无主尸骨是个问题。崇宁三年（1104），蔡京上疏建言请置漏泽园。漏泽园相当于公共墓地，主要安葬无人认领的尸体。漏泽园的管理非常严格，《宋会要辑稿》记述了其中的程序：官员应做好墓地规划，还要绘制出规划图。每块墓地大小八尺，方砖二口，刻上墓葬者的姓名、年龄和埋葬日期。以后如果子孙前来认领，官方验证无误后将棺椁给付。对于安葬标准，朝廷也提出具体要求：墓坑深度不得低于三尺，如果由于墓坑深度不够导致棺椁裸露地面，将追究相关人员的责任。

无论居老院、安济坊还是漏泽园，都是一笔不小的开支，需要地方政府全额负担。崇宁二年（1103），怀州请求用常平仓支付安济坊费用，以绝户的田产作为补充，得到徽宗的批准。常平仓相当于国家储备粮库，运用价格杠杆调剂市场上的粮食供应。熙宁年间实施青苗法后，常平仓成为国家财政的主要来源之一。

开拓疆土

旧党与新党互相对立是全方位的，包括内政，也包括对外关系。新党主张富国强兵，开疆拓土；旧党主张与邻友好，妥协退让。

仁宗之后，北宋的主要敌人是西夏，原属宋的羁縻地区，后来反叛建国，跟北宋摩擦不断。西夏在宋的西北，都城在现在的宁夏银川，当时叫兴庆府或者兴州。银川西南、现在的青海西宁一带，那时候叫青唐，青唐连同它南面的河湟地区，杂踞着吐蕃、羌人的势力，宋朝统称为西蕃。西蕃依附宋朝，但又朝三暮四，摇摆不定。徽宗即位之初对西蕃采取怀柔政策，加封青唐地区吐蕃首领，以期睦邻息兵、和平共处。然而这个地区的吐蕃人并不团结，他们内部盘根错节，动荡混乱，不久发生政变，宋朝封任的首领被驱逐，反宋势力占据了上风。

崇宁政策调整，新党执政，对西蕃不能坐视不管。徽宗和蔡京最初想用金钱收买西蕃将领归顺，但没有成功，便动了用兵的念头。徽宗问知枢密院蔡卞："鄯州（即青唐）、湟州（今青海省乐都县南）能够收复吗？"得到肯定的回答后，徽宗又咨询人选，蔡卞推荐了王厚。王厚是身经百战的老将，长期经略西北，在哲宗元符年间立有大功。

崇宁二年（1103）二月，徽宗便诏令王厚知河州，负责招纳青唐西蕃。宋朝为了把控军队，还要配备监军，负责传递朝廷信息，防范将领擅兵，一般由宦官担任。蔡京要回报童贯曾经的引荐之恩，便投桃报李，推荐童贯做了监军。

王厚对收复青唐作了精密部署，他兵分两路，主力由自己和童贯率领，另一路由岷州守将高永年率领，作为对敌人的牵制。

六月，王厚大军兵发熙州。童贯虽是宦官，但却有着强烈的博取功业之心，他的目标不仅是要做监军，而且要做将军！他主动请求自己带一路人马打头阵，主攻宋军的第一个目标——巴金城（今甘肃永靖县西南）。巴金城位于山冈之上，四面悬崖沟壑，深不可测，地势十分险要。因为是第一站，敌人猝不及防，童贯先锋赶到时巴金城居然城门大开，一切如常。这是稍纵即逝的攻城良机！偏将辛叔詹、安永国急于争功，拍马而上，守城敌兵见有宋军，也仓促出城迎战，双方相遇在城门口狭窄的桥梁上。宋军不善于山路腾挪，安永国竟被挤下堑沟，粉身而亡。宋军败退下来，童贯束手无策，只得向后面的王厚大军求援。王厚则回复天色已晚，原地休息，明天全力攻城。

第二天上午，王厚指挥攻城，他亲临阵前，指挥士兵用强弩压制敌军，然后令一偏将率军从侧翼包抄敌军。巴金城虽然易守难攻，无奈宋军强大，守敌人少兵寡，鏖战两个时辰，杀敌二百多人，其余敌众或投降，或溃散，至中午时分巴金城破。一战而捷，周围吐蕃部落闻风丧胆，纷纷归附。

之后王厚连克宁洮寨、乩当、朱黑城，高永年也占据了拶宗城，两军会合，准备攻打湟州。

将士们厉兵秣马，不料京师出现状况。因天气炎热干燥，宫中发生大火，徽宗担心这是上天的警示，不利兵戈，于是给监军童贯下了道密旨，让他回师息战。密旨传到前线，童贯与王厚正在阵前，他看后若无其事地将密旨插入靴子中，并不向将士们提及。王厚心中忐忑，询问详情，童贯只是淡淡地回答："皇上要我们奋勇杀敌，马到成功。"

眼看胜利唾手可得，也只有童贯敢拒不奉诏。

经过三天激战，六月二十四日，宋军占领湟州，收复边地一千五百余里，收复城寨十所，招纳吐蕃、羌人部落二十一个，纳户十余万。

徽宗像他的父祖辈一样，在整个战争期间不断通过诏令遥控指挥，比如要求王厚在进攻的同时不忘防守，派得力副将把守与西夏和青唐的边境，防范敌人乘虚偷袭。而王厚不辱使命，稳扎稳打，考虑到青唐敌军实力尚强，而新归附的吐蕃部落还有观望之心，便和童贯商量在湟州休息整顿。有人揣测圣意，劝王厚乘胜进军，否则担心朝廷加罪，王厚不以为然："忠臣只知体恤国家，不会顾虑那么多！"他下令在附近建造一处绥远关，作为巩固湟州的军事据点。徽宗也展现了对王厚的理解和信任，称赞王厚谋定有方，自己非常高兴，让他把有功的将士罗列上奏，朝廷会一一论功行赏。七月，徽宗御文德殿，为收复湟州接受百官朝贺，又专门给王厚写了一道"嘉奖令"，赐他衣带茶药，对将士们也多犒赏。当然，由于胜利，童贯隐匿诏令的事也不被追究，还擢升了王厚和童贯的职级。

过了新年，湟州又传来好消息，青唐藩篱重镇宗哥城（今青海西宁平安区）守将与宋军暗通款曲，等大军一到，愿意开门献城。另外廓州（今青海尖扎县北）等地蕃将也有投降意向，王厚认为继续攻打青唐的时机已到。徽宗令回汴京述职的童贯再次奔赴湟州，与王厚商议进兵事宜。

三月，王厚、童贯兵发熙州，这次的目标当然是青唐。有了去年的大胜，将士们都有轻敌情绪，童贯率先趋兵绥远关，想要一马当先，建立奇功。而王厚则不以为然，教训大家说敌人用兵诡诈，胜负难料，不可大意。先锋军中也有情报传来，敌军从青唐倾巢而出，枕戈待战，童贯这才没有轻举妄动。

宋军从绥远关出发，过渴驴岭、鹘子隘，沿湟水向前推进，青唐吐蕃六万大军则据守葛陂汤，等到两军相接，王厚查看了地形地势及敌军情况，与童贯商议："敌人以逸待劳，现在已经日上三竿，如果不能速战速决，我军恐怕将人饥马乏。"他建议中军变前军，突击向前。而童贯不同意，他希望能有更多敌军消息，做到知彼知己。犹豫不决中，宋军已全部集结。倒是敌军远远地看见王厚和童贯，主动奔袭而来。双方展开一场激战，宋军运气比较好，杀声震天之时，一阵狂风从东南刮来，敌军迎风而战，睁不开眼，宋军乘势奋击，大获全胜。这一战，杀敌四千三百多人，俘虏三千余人，一战定胜负，宋军顺利拿下鄯州、廓州，西蕃遂平。

这一次军事行动，攻取湟州、鄯州、廓州，将宋朝边境从兰州向西延伸到鄯州宣威城（即今湟源一带），开拓疆境三千余里。这三州正北及东南与西夏交界，向西过青海到龟兹国界（当时属西州回鹘），东南是宋朝的熙、河、兰、岷州。至此，宋朝疆域达到开国以来最大。

五月，徽宗将鄯州改名西宁州，派一名亲王祭祀宗庙，把收取三州这一好消息报告给祖宗。由于这场胜利，王厚、童贯和宰相蔡京都受到嘉奖，各有升迁，其中蔡京被授予"国公"的爵位。

大清洗

帝王之道，向来八面玲珑，面面俱到，既然决定走绍述路线，徽宗便下决心与持平用中政策进行割裂，在推行改革的同时，对元祐党人的打压、清洗毫不手软。

在蔡京任宰相之前，崇宁元年（1102）五月，徽宗就下诏追贬司马光等五十多名元祐党人。司马光、吕公著已经去世十多年了，长寿的文彦博也早已进入莹冢，然而每一次政治运动都要拿他们试刀，就是因为他们是元祐党人的旗帜，朝廷对待他们的态度成为政治路线的风向标。

八月二十四日，蔡京已经成为帝国唯一的宰相，正在紧锣密鼓地策划教育和科举改革，徽宗却见缝插针，再次下诏，明确司马光等二十一人的子弟不得在京为官，其中包括以诗文名世、去年刚刚在常州谢世的苏轼，也包括前不久被赶出京城的李清臣，以及曾力攻章惇，为徽宗清除异己立下功劳的邹浩。曾经的战友，如今的政敌，世易时移，年轻的徽宗完全可以凭自己的意志操纵朝政，以显示皇帝至高无上的威严。同月又降官二十七人，理由是改变神宗法度，其中包括他曾经非常欣赏的陈瓘等。

徽宗不满足于分散式的罗列罪臣名录，他打算系统地盘点一下总账。他将即位后群臣所上的奏疏全部交付蔡京，由蔡京安排他的长子蔡攸和门客叶梦得等人进行审查，列出等级，最好的为正上，其次正中，再次正下，对这些人给予正面评价；负面评价分为四级：邪上尤甚、邪上、邪中、邪下。给予正面评价的大臣有四十一人，给予负面评价的大臣竟多达五百四十二人。这份名单里有前文提到的如陈师锡、任伯雨，但不包括已经降职处理的官员如陈瓘、邹浩等，也不包括当时的执政如章惇、曾布等，因为他们会面临着更严峻的惩罚。

徽宗公布正邪七级名单是在九月十三日，几天之后，九月十七日，徽宗用他瘦劲而灵动的瘦金体书写了一份一百二十人的名单，命人刻在石碑上，立于端礼门外，并再次诏令这些人不得在京为官。北宋群臣早朝在文德殿，端礼门在文德殿正南，在进入文德殿的通道上。御书刻石端礼门，显然有警示群臣的作用。这一百二十人中既有元祐旧臣，又有元符末年的谏臣，其中曾任执政官的有文彦博、吕公著、司马光、李清臣、苏辙等人，曾任待制以上的官员有苏轼、丰稷、邹浩等，其余职位更低的如苏门弟子秦观、晁补之、黄庭坚及任伯雨、陈瓘等，还有内臣八人、武臣四人。这块刻石就是后世著名的元祐党人碑，这一百二十人是第一次入籍的元祐党人，不过这块石碑既然立在端礼门，那么只有上朝的高级官员才能目睹，其影响还不算太大。

到了十一月，对元符末年（1100）奏章被评为负面邪恶的五百四十二人进行了实质性处理。徽宗下诏，大意为邪上尤甚的三十九人因为得罪了宗庙，连朕也不敢宽宥，把他们贬谪到偏远地方吧。邪上有四十一人，处理轻一些，降级降官，贬到稍微偏远的地方。此外，他在诏书中还说，这样处理是为了警诫那些为臣不忠者。对旧党的处理连累了元祐皇后孟氏，当权者显然认为孟皇后与他们同气连枝，这位刚刚复位不久的皇后再次被剥夺封号，依旧到瑶华宫居住。

对反对派系统地、高强度地清算固然反映了徽宗的意志，但不可否认也体现了蔡京的策略，可以说蔡京在这场斗争中"功不可没"。蔡京四月十一日入对延和殿，五月份追贬元祐党旧人，这不是巧合。此时蔡京还未拜职，但徽宗已经对他十分赏识乃至于言听计从。此后君臣二人在政治上越来越合拍，这让徽宗感到愉悦，崇宁二年（1103）正月用蔡京为左仆射兼门下侍郎，成为首席宰相，也是唯一宰相。因为他的关系，他的弟弟蔡卞重新获得政治生命，知枢密院事。兄弟二人同时执掌政治、军事大权，在北宋历史上绝无仅有。

对于愈演愈烈的党争，主张绍述的新党中也有不同声音。起用为兵部尚书的刘拯冒险上言："汉、唐失政，皆自朋党始。今日指前日之人为党，焉知后日不以今日为党乎！大抵人之过恶自有公论，因其论之轻重，以正典刑，谁不悦服，何必悉拘于籍而禁锢之哉？"主张就事论事，不能靠"站队"分正邪。刘拯同情元祐党人的言论触碰了徽宗和蔡京的边界，一纸诏书将他贬出朝廷。

清算运动在持续发酵，崇宁二年（1103）三月禁止元祐党人子弟入京，不久也禁止元符末上书邪等人入京；本年新科放榜，陈瓘的外甥李阶为省试第一，有人提出异议："怎么能让党人子弟夺魁呢?"于是剥夺了李阶的状元出身；四月诏令司马光、吕公著等十人画像从景灵西宫哲宗殿销毁；八月，不久前晋职为尚书左丞的新党张商英，被查出在元祐中曾赞颂过司马光，被指反复无常，落职外放，名单也被列入元祐党籍；九月诏宗室不得与党籍家族通婚。

做完这些，执政者意犹未尽，有臣僚托言陈州人士反映说，朝廷虽将元祐党人名单下发，但地方上反映看不到皇帝的御笔亲书，颇为遗憾，希望各路、州、军都有石刻，以警示后世。于是御史台于崇宁二年（1103）九月抄录了第二份元祐党籍名单，这份名单比第一份略有精减，减去了内臣和武臣的名字，共九十八人。由于这次碑石立于各路州军监司长吏厅（即地方长官和通判的办公场所），遍布了全国各地，因此影响显著扩大。

崇宁初被清算的实际上包括两部分有重叠但不同类别的人，一是元祐党籍碑上的人员，一是元符末奏章邪等的人员。徽宗可能感到这两部分既然性质接近，不如并为一处。崇宁三年（1104）六月，他又下一道诏书："重定元祐、元符党人及上书邪等者，合为一籍，通三百九人，刻石于朝堂。"这次核定的人数是个总单，包括第一份元祐党籍人和元符末奏章邪中以上的大臣，还新增加了曾布、张商英等徽宗朝的执政官，另外新添了一栏"为臣不忠"，只有两个人，元丰朝的宰相王珪和绍圣朝的宰相章惇，此二人均不属于旧党，将他们入籍大概是因为哲宗新立时他们曾支持慈圣高太后听政。由此可见所谓"元祐党籍碑"，不仅仅指旧党、保守派，而是整个反对派的合集。

虽然诏书上说刻石于朝堂，但从史料记载和出土文物佐证，第三次刻石范围远大于第二次，碑文由徽宗亲笔书写，蔡京誊录并附有奏书，强调立碑的意义在于皇帝孝悌继述神宗、哲宗之志。

这次立碑的诏书中还强调"今后臣僚更不得弹劾奏陈"，意思是这些人已经定性，以后就不要弹劾他们了。显然，徽宗希望对政治运动进行一次全面的、彻底的总结，以结束无休无止的党争。此后他又专门下了一道诏书，表达平息党争之意：

　　朕嗣位之始，恭默未言，往岁奸朋，复相汲引，倡导邪说，实繁有徒。或据要路而务变更，或上封章而肆诋毁，同恶相济，非止一端，推原其心，岂胜诛殛！比诏编类，具列姓名，乃下从班，博尽众议，仍为三等，各竭所闻，庶几金同，罔有漏失。惟邪慝之复起，盖源流之相承。迹其从来，于元祐得罪宗庙，宁分等差？悉皆亲书，通为一籍，载刊诸石，寘在庙堂。为臣不忠，附见于末，所丽虽异，其罪惟均。朕方以仁恩遍覆天下，前既遣黜，弗忍再行，亦有可矜，出于籍外，自是厥后，已定不渝，并臣式孚，毋复辄论。其元符末奸党并通入元祐籍，更不分三等。应系籍奸党已责降人，并各依旧。除今来入籍人数外，馀并出籍，今后臣僚更不得弹劾奏陈。

　　这篇诏书说，朕刚即位的时候不了解情况，于是各种邪说嚣张盛行，有要求变更法度的，有肆意诋毁他人的，他们用心险恶，难道不应该诛杀吗？广泛听取大家的意见，将他们的姓名罗列出来，已经没有遗漏。朕亲笔书写，刻在石碑上，放置在庙堂里。朕以仁义恩德治理天下，这些人已经遭到贬黜，不忍再给予更严厉的处罚，大家就不要为他们上奏议论了。

　　至此对反对派的打压达到高峰。虽然承诺这项政策永久不变，但其核心还是不允许他们及其子弟入朝为官，其他处罚措施则一直在不断调整中，比如迁移、监管总体上在逐渐放松，因为这些人已经批臭批烂，四海之内都知道他们的恶行了，已经达到了巩固政权、推进新政的目的。事实上皇权社会里除了专制，没有什么是不能变更的；也正因为专制，所有的政策都不可能一成不变。比如，随着蔡京仕途的起起伏伏，张商英这样同属新党却不依附蔡京的籍人有机会起用，一度还出任大州的郡守直至宰相。

崇宁五年（1106）正月，有彗星出于西方，彗尾贯通整个天空，古人认为是不祥之兆，上天警示朝政有所缺失。于是徽宗下诏求直言，中书侍郎刘逵上疏劝徽宗宽宥元祐党人，纠正崇宁以来一些违背常理的做法。彼时恰逢蔡京罢相，徽宗便下诏销毁元祐党籍碑，大清洗运动才算告一段落。

对苏党的封杀和文化禁锢

从熙宁变法党争揭幕之后，新旧两党虽然交攻不已，但每次新党得势，打击旧党的首攻对象必是苏轼。

神宗元丰二年（1079），四十三岁的苏轼到湖州上任，按惯例向皇帝写谢表，谢表中有这样几句话："伏念臣性资顽鄙……知其愚不适时，难以追陪新进。察其老不生事，或能牧养小民。"大意是：我这人愚钝适应不了形势，不能与新提拔的人一起共事。年龄大了还容易生出事端，只能到地方上管理平民百姓。这里的"新进"指熙宁变法中得宠的新党人物。当时的言官抓住这几句话，指责苏轼妖言惑众，将苏轼羁押回京，囚禁在御史台。他们又从苏轼的诗文中寻找证据，给他扣上利用诗词攻击新政和诽谤朝廷的罪名，经过一百三十个日夜的审讯和折磨，苏轼被发落为黄州团练副使，不得签署公事。这就是北宋著名的文字狱——乌台诗案。

元祐年间，苏轼被起用，曾任中书舍人、翰林学士，为皇帝写诏书。到了绍圣元年（1094），新党攻击他写制词时诽谤、讥斥宋神宗，直接将他贬到岭南的惠州，三年后再贬海南岛的儋州。元祐重臣被贬岭南大都在绍圣四年（1097），只有苏轼，不仅贬得早，而且贬得远。

事实上苏轼并不算典型的元祐党人，而且早在元祐四年（1089）就被排挤出朝。那么为什么新党始终盯住苏轼不放，每次都以他试刀呢？

因为苏轼文章写得太好了！

朝臣们进行党争，其武器一般是奏章，通过奏章对皇帝施加影响从而达到本集团的政治目的。而苏轼作为大宋史上最有影响的文人，奏章、制词写得精彩，还经常通过诗词文章褒贬时政，诗词文章不仅在朝堂传诵，而且会传播到整个士大夫阶层以至于普通百姓，所以苏轼的影响遍及朝野。在朝堂，政敌们还能忍受，毕竟大家一个小圈子里，互相认识，是是非非各人有自己的判断，不容易被他人左右；朝堂之外的舆论不容易控制，更关乎一个集团和个人的形象，这是政敌们所不能容忍的，对于皇帝来说尤其如此。朝堂上皇帝一手遮天，无论奏章中语言多么尖刻，事实多么罔曲，最终总要由皇帝做出决断，而朝堂之外就力有不逮了。这是皇帝和朝臣们都讨厌苏轼的主要原因，也是历朝历代统治者对文字狱下手特别狠的症结所在。

除了文学上的因素，哲学上也不能忽视苏轼的影响。宋朝是儒学重新兴盛时期，到熙宁、元丰、元祐年间形成许多流派，熙宁间得势的是王安石的"新学"，王安石通过改革科举制度，将自己的哲学主张通过注释解读《诗》《尚书》《周官》进行传播，强制官办、私立学校作为教材。元祐时，这些教材被下令销毁。但旧党的新儒学思想难以统一，有司马光引领的朔学，张载引领的关学，程颢、程颐为代表的洛学以及苏轼为领袖的蜀学。这些学派哲学观、价值观不同，在朝中也不和睦，形成新的党派，如朔党、洛党、蜀党。

作为蜀党领袖，苏轼拥有大批学术上和文学上的拥趸，除了弟弟苏辙外，还有秦观、黄庭坚、晁补之、张耒等所谓的"苏门四学生"，他们在朝野也有一定的影响力。

既然有能力结党，执政者必然嫉恨、担心他们势力坐大，政治上一有风吹草动就拿他们开刀在所难免。正如王安石对神宗所说，苏轼"才亦高，但所学不正耳。陛下何不黜轼，岂以其才可惜乎？譬如调恶马，须减刍秣加鞭棰，使其帖服，乃可用。陛下不可不察也"。可见才高并且不帖服是苏轼招祸的主要原因。

崇宁法度一变，既然绍述神宗新法，学术上自然以王安石为正统，其他的都列入了歪理邪说予以禁止。崇宁元年（1102）十二月，徽宗下诏："诸邪说诐行，非先圣之书，并元祐学术政事，不得教授学生，犯者屏出。"明确提出禁止"元祐学术"，所谓元祐学术，就是元祐中盛行的朔学、洛学和蜀学。

这道禁令打击范围比较大，但只是在学校里禁止，并不涉及社会民众。次年三月，有人告发黄庭坚一篇文章涉嫌谤讪。这篇文章是黄庭坚为荆州承天寺撰写的碑文，碑文记述承天寺重建的过程。文中谈到民众常常遭受旱蝗水溢、疾病瘟疫的灾害，所以佛家以祸福理论劝导人们向善，这是佛家对社会教化的贡献。碑文刻石的时候，湖北转运判官陈举非常欣赏这篇文字，想要在文后占个位置，以托名不朽，被黄庭坚拒绝。陈举怀恨，便举报黄庭坚在文中幸灾乐祸。徽宗正要抓个文人典型，便将黄庭坚从官员队伍中除名，让地方上监督管制。四月便从苏门开始，明确要焚毁苏轼《东坡集》并《后集》的印版。《东坡集》和《东坡后集》是苏轼作品集，包括诗、词、散文、策论、书信等六十卷，几乎网罗了除奏章、制词之外的所有作品。这次被点名的只有苏轼，可见苏轼作品流传之广、影响之大。过了不到二十天，徽宗再次下诏焚毁一批作品，已不限于苏轼，包括苏轼的父亲苏洵、弟弟苏辙和苏门四学士黄庭坚、张耒、晁补之、秦观，同时诏令焚毁的还有关学弟子马涓的文集、哲宗老师范祖禹以及前朝大臣范镇等人的部分作品。又有臣僚攻击洛学代表人物、已经致仕的程颐"学术颇僻，素行谲怪，专以诡异聋瞽愚俗"，诏令将程颐除名，追毁进入仕途后的所有文章。

徽宗视苏轼为眼中钉，但好的作品总是能穿越历史和政治的淹塞流传下来，即使当时，苏轼及苏门作品可能从学校中下架，但一直未在民间销匿。苏轼的老乡唐庚因为受张商英举荐而失势，曾被贬到苏轼待过的惠州。唐庚诗词学习苏轼，时人称之为"小东坡"。更具讽刺意味的是，二十年后，蔡京的儿子蔡絛著了一本诗论《西清诗话》，采用辑录或笔记体来评论诗歌作品，记述诗人言行，阐述诗歌理论。《诗话》评价诗歌的依据就是苏轼、黄庭坚的创作和理论！比如《诗话》提出观点："作诗者陶冶物情，体会光景，必贵乎自得。"引用黄庭坚赞韩愈《宿滩》的诗句作为佐证。后来有人告发了此事，蔡絛被革去了官职。又如蔡京为左相时，赵挺之一度任右相，二人都是新党重臣。赵挺之的儿子赵明诚也很喜欢苏轼及弟子的诗词，只要碰到苏轼、黄庭坚的书籍，哪怕只有半部也要买下来收藏。

在封杀元祐学术的同时，徽宗也在竭力塑造"正面典型"，倡导"正能量"。这方面最好的素材莫过于变法领袖王安石。崇宁三年（1104）六月，徽宗下诏王安石德配孔庙。这是对儒学人士的最高褒奖，不仅如此，诏令还明确王安石在孔庙中的地位仅次于孟子，在学校则推广王安石的经义。为了防止元祐学术思想传入学校，徽宗命令所有教师无论官办还是民办，无论城市还是乡村，都要向州县有关部门报告他们的教学内容，有些地方还设置"敏感词"，反映元祐党人观点的如"休兵息民""节用丰财"，凡文章中出现这些字眼的学生一律不被上级学校录取。

禁止元祐学术，焚毁苏轼及其门生作品，对此后的政治风气、学术生态和文学创作影响都很大。徽宗朝少有敢言直谏之士，不能说与党禁和文禁无关。崇宁间，原本最应该直面朝政的台谏官不敢多说话，但又不能不完成皇帝交付的"进谏"任务，上班路上看见某座桥旧了，便上言请求修葺，提交一些诸如此类的小事、琐碎事，完全丧失了台谏的作用，其他官员更是噤若寒蝉，大家一心一意投机钻营、奢侈浮华，再没有人愿意忧国忧民、救时行道。

文学创作上陷入沉寂，即便个别文人还在浅吟低唱，也大多感慨个人遭遇的惆怅或者抒发羁旅行役的悲凉，或者表达固穷守节、隐逸遁世的愿望，或者沉溺音律协谐、语言工丽的诗文技巧，很少再有关心时事、体恤百姓的社会作品。

繁华如梦

第四章　推崇道教

道教的兴趣

　　道教是中国的本土教，以祈福、颐养、驱邪和长生不老而著称。道教奉春秋时老子（名李耳）为道祖，李是唐朝的国姓，所以道教在唐朝非常兴盛。宋随唐制，虽然儒学复兴，但皇家对道教依然兴趣不减，道观在全国比比皆是，景灵宫皇帝塑像就是为了方便道士为皇家祈福，对皇后和妃嫔的一种处罚就是让她们出宫修道，如仁宗的郭皇后、哲宗的孟皇后等。

　　不过，道教整体在逐渐衰落中，宋徽宗之前，崇奉道教的要数宋真宗，他利用道教制造各种"天书""祥瑞"，并且修建道观、东封西祀，在全国掀起了一股崇道狂热。宋真宗崩逝后，听政的章献太后采取一些措施有意为道教降温，社会才恢复常态。

　　宋徽宗是真宗之后又一位热衷于道教的皇帝。据说，徽宗在端王邸，有一次道士郭天信对他说："王当有天下。"徽宗即位后感到道教太神验了。还有一次，徽宗梦见道教中的神仙太上老君如人间君王一样端坐在大殿之上，两旁仪卫肃然。老君对端王说："上天注定你将振兴我们道教。"不久举行冬祀，于前一天先告知于太庙，晚上就宿在太庙之中。一名叫王老志的随行道士神秘地问徽宗："前一阵子陛下是不是梦见被太上老君召见了？

当时臣就在您旁边呀。"徽宗大吃一惊，对梦中的情形开始有些相信了。黎明坐车辘出了开封城的南熏门，朝霞刚刚泛出红晕，忽见天空中隐隐约约亦有礼仪侍卫在行走，仪卫前列有宽衣大袍之人，从容不拘，意态洒脱。王老志向徽宗禀告："这是难得一见的天神啊！"天神稍纵即逝，周围的人都认为是王老志行道作法，让皇帝亲眼看见天神风范。从此，徽宗对道教深信不疑。

这种说法类似于荒诞，不过历史上有作为或者曾经有作为的君主大都对道教表现出不同寻常的兴趣。秦始皇让方士为他寻找成为神仙的方子，汉武帝做梦都想长生不老，虽然当时还没有道教，但这些神仙方术就是道教的前身。唐一代太宗、穆宗、武宗都是因为食用过量丹药生病而亡，唐玄宗曾三次给老子加尊号。皇帝是天子，道教中的神仙来自天上，二者具有天然的相近性，皇帝喜欢道教似乎天经地义，要么追求长生不老，要么政治需要。

徽宗崇尚道教二者兼而有之，又或者就是纯粹的爱好。崇宁一朝共历五载，在这五年里，盐铁领域在政府指导下的市场改革让财政更加充盈，教育和福利的推广让社会更加稳定，对元祐党人的打压让朝政取得暂时的平静，西北的军事胜利增加了对西夏的话语权。1107年，徽宗改年号为大观，取盛大壮观的意思，此时徽宗感到百废俱兴，终于可以畅快地舒一口气，充分地享受帝王生活了。崇奉道教大概是他志得意满时的精神追求吧。

早在崇宁年间，徽宗身边就有两位道士值得关注。

一位叫刘混康，是道教上清派的传人，上清派道宗活动在江宁的茅山一带，所以又称茅山宗。哲宗时，孟皇后一时不慎，误吞一根针卡在了喉咙里，御医们束手无策，便请刘混康进宫作法。刘混康施与符咒，孟皇后竟顺利地将针吐了出来。哲宗对刘混康大为感激，在茅山为道教建造了许多宫殿，还将其宫殿赐名为元符观。这件事给徽宗留下深刻印象，他即位后特意召见了刘混康，当时他还没有儿子，刘混康认为宫城西北角地势过低影响了生育。徽宗便命人加高，不久后宫果然接二连三生育不息。徽宗对刘混康非常崇敬，多次把他请入京师促膝长谈，虚心请教道教知识，赐给他名号、田产、财物、官位等。徽宗还亲自为他刻印、抄经、写诗，抄写的经书有《度人经》《清静经》《六甲神符经》等。《度人经》据说能消除天灾，保镇帝王，惠度兆民，还能让人长生不老;《清静经》讲究澄心祛欲，参悟大道;《六甲神符经》今人已经无法确定其内容。从这些经书中似乎可以窥视到徽宗对于道教的兴趣所在，包括个人养生和政治上辅助治国。经历过前期的"励精图治"，徽宗逐渐对朝政有所懈怠，更愿意从繁杂琐碎的事务中抽身出来，把治国安民寄托于天帝和神仙的庇佑之中。

另一位著名的道士叫虞仙姑。这位女道士最善于解读道教经典《大洞法箓》。《大洞法箓》是一本研究符箓的书，据说能断凶吉、消灾祸，《大洞法箓》有一编专门传授炼丹的方法，炼丹以治病，炼丹以养生，虞仙姑谙悟道术，传说她已八十多岁高龄但身体形态还如妙龄少女一般，让徽宗羡慕不已。或许是心有所系，人有的时候就恍恍惚惚，一次徽宗诵读《大洞经》时，一抬头便看见有仙人在身边侍立。

徽宗有时会与道士们谈论国家大事。比如他咨询虞仙姑怎样才能让天下太平，虞仙姑回答说："应当用贤人。"这种说法与儒家相同，关键是善恶贤愚并不容易区分，要不然宋神宗之后也不会有旧党与新党斗得死去活来。而虞仙姑直截了当指出："范纯粹是贤人。"范纯粹是范纯仁的胞弟，自然属于旧党，徽宗感到很尴尬。后来徽宗与蔡京谈起这件事，蔡京判断一定有元祐党人在背后指使，极力主张放逐虞仙姑。为了改善蔡京和虞仙姑的关系，徽宗诏虞仙姑造访蔡京，给二人单独增进了解的机会。吃饭期间，虞仙姑指着蔡京家里的一只大猫说："相公知道这是什么吗？这是章惇呀!"虞仙姑的言外之意是把蔡京比作章惇。

由于虞仙姑参与党争过深，大观年间便失去了宠信，而徽宗崇奉道教却仅仅只是开始。

帝国的祥瑞

"楚王好细腰，宫中多饿死。"皇帝流露出些许倾向性苗头都逃不过谀臣的眼睛，皇帝好道教，下面必有好事之徒奉承迎合。

蔡京是谀臣，但十分聪明，他知道怎样同徽宗打交道，怎样才能够既让徽宗接受他的建议，又能感觉舒舒服服。大观二年（1108）正月，新年刚过，蔡京上书向徽宗禀奏朝廷近期出现的一连串奇异景象：侍郎厅降下了甘露，秘阁的槐树长出了连理枝，新扩建的延福宫里的竹子开出了紫色黄蕊的花朵。这些都是道教所谓的祥瑞，是上天对皇帝治理朝政的嘉奖，是国泰民安、国祚绵长的象征。徽宗大喜，也御笔写出了自己亲眼所见的祥瑞：昨日三万余只仙鹤盘旋于云霄之上。仔细想一下，以汴京的面积，三万只白鹤云集飞翔，一定遮蔽了整个天空，日光恐怕也难透过白鹤翅膀的缝隙。但徽宗君臣言者凿凿，听者信之不疑。蔡京回应说：臣也看到数万只仙鹤了，不仅仅如此，还有更多的好消息呢，建州（今福建建瓯市）这个地方竹子开花，竟结出了稻穗，把这些稻穗运到城市集中起来有数十万石；穰县（今河南邓州市）生长出了瑞谷；安化县发现了许多灵芝；汝州有一百二十多座巨大的玛瑙；其他的甘露、仙鹤、芍药牡丹、祥云等总共有五千多种。

君臣对祥瑞如痴如狂，下面的民众也投其所好，今天张三献了嘉禾，明日李四诈称黄牛生出了麒麟，一时间沸沸扬扬，热闹非凡，而徽宗以为这些都是道教神仙所赐。

有了祥瑞的铺垫，徽宗对道教终于一发不可收。

魏晋之后，中国社会在意识形态方面，儒释道并重，但大多数时候佛家最尊，这从"南朝四百八十寺，多少楼台烟雨中"可窥视一二。晚唐时期，皇帝唐宪宗要迎佛骨入宫供养，弘扬儒学的韩愈上书谏迎佛骨，险些被处死。这种状况到宋朝才有所改观，在范仲淹、欧阳修等人的不懈努力下，儒学逐渐占据了主导地位，而道、佛地位相当。徽宗崇尚道教后，御批明确道士的地位在和尚之上，女冠在尼姑之上，相当于从法令上提升了道教的地位。

佛教、道教都主张清净无为，主张超能力者庇护民众，所以民间对道教、佛教往往共享祭拜，有些佛寺中立有道徒的塑像，一般为侍从身份，徽宗诏令对这些塑像进行清理，道像一律归还给道观，无法迁移的则予以拆除。徽宗还制定颁布了《金赞灵宝道场仪范》，共四百二十六部，作为天下道观必须遵守的律令，要求凡是有道观的地方都要依法奉行。在农业社会，道士、和尚不种田、不经商，不劳而获，政府都会想方设法限制他们的人数，对道士、和尚发放身份凭证——度牒，有了度牒才能出家，而度牒的发放是严格控制的。为了振兴道教，徽宗将每年道士的出家名额增加了四十名，扩大了道教队伍。同时，徽宗极力缩减僧尼数量，大观四年（1110）下诏三年内停止发放僧尼度牒。

大观四年（1110），天空中出现彗星，被视为不祥，因此次年改年号为政和。政和者，取庶政惟和之义，即政务和顺。由大观的盛大壮观到政和的庶政惟和，年号变得低调了，但徽宗崇奉道教的举动却愈发张扬。

政和二年（1112），徽宗再次"尊道抑佛"，诏令佛教做佛事，举办各种祈祷活动，不得把道教神位交杂其中，否则按违规论处；主办方发现后没有及时制止、举报，与僧尼同罪。徽宗努力将道教与佛教界限厘清，想要通过这种方式人为地制造三六九等，将道教置于佛教之上。

政和二年的一场大戏发生在十月。一位叫谭稹的宦官经营河东边事，到晋州（今山西临汾）的时候，从民间得到一个奇异的物件，长一尺有余，宽只有一寸，厚二三分，其材质既像石头又不是石头，既像金属又不是金属，整体上红褐色，两端却是白色。中间有纹路，却是古篆籀文，没有人能读出写的是什么。其上端两旁尖锐，状若云雾。谭稹不知道这是什么宝贝，便将它带到京城献给了徽宗。徽宗也不认识，让宰执、翰林学士这些有学问的人一起鉴定，蔡京端详良久，说："这正是上古的玄圭。"

玄圭是上古定制的玉器，君主用来赏赐给有特殊功绩的大臣。传说大禹治水，功德著于四海，帝尧便赏赐他一枚玄圭，这是古书上唯一关于玄圭的记载。因为帝尧疆域内有十二个州，有十二座山，制定有十二种标识，因此玄圭长十二寸。蔡京考证说：古玄圭上尖下方，上半部有云雨一样的文字，下半部没有任何雕琢装饰，外表黑色，内质红色，中间有个小孔，温润光亮，与普通的玉大为不同。这些特征与谭稹发现的物件刚好吻合，所以这个物件就是上古的玄圭。紧接着，一位大臣又认出玄圭上面的云雨文字是"天正尧瑞"四字，晋州乃帝尧的都城，所以才会在晋州发现玄圭。

尧、舜、禹是中国传说中上古的圣主贤帝，他们治下被认为是历史上最富裕、最开明、最公平、最安定的时期，比肩尧舜是后世任何一个君主都梦寐以求的高度，得其一二便可藐视汉唐诸帝。自帝尧赐大禹玄圭之后，代表着功勋与荣耀的玄圭便从人们的视野中消失了，所以玄圭不仅是祥瑞之物，而且是圣物。蔡京等宰执恭维说：玄圭上面行云布雨，代表天成；下方宁静无物，代表地平，这就是天地之道啊！"陛下堪比上古明君帝尧，亲亲仁人，任贤使能，百姓昭明，万邦协和，与天同功，所以上天才授予至宝。臣等有幸遇到尧舜一样的明君，与万邦黎献舞手蹈足，欢欣鼓舞。"

自从信奉道教以来，祥瑞不断，而玄圭无疑是最大的祥瑞，徽宗的喜悦无法形容。大庆殿是皇宫正殿，只有重大庆典活动才会使用，徽宗在这里举行了一个盛大的"受圭"仪式，并大赦天下，让四海臣民都知道现在正处于上古以来最好的尧天舜日。在蔡京等人的建议下，徽宗还令宰臣、亲王将这一好消息奏告天地、宗庙，俨然成为一件可以昭彰当世、彪炳千秋的丰功伟业。

徽宗对道教如痴如醉，仅仅信奉还不能表达自己的虔诚，政和七年（1117）四月，他册封自己为"教主道君皇帝"，皇帝是人间的最高统治者，道君是道教中的高位仙官，比如太上老君，教主则是道教领袖。他为此还御笔进行了解释和说明：他是昊天上帝之子，目睹中华大地被佛教作乱，怜惜百姓，便向上帝请求降到人间匡扶正道。换言之，他是人、神、教三者合一的主宰者。

徽宗给自己加上这样的封号并非无中生有，因为有道士告诉他，他原本就是上帝长子，分管上天九霄之一，既然如此，当然要体现在名号上。

道士林灵素

徽宗政和的年号用了将近八年，政和八年（1118）十一月改年号为重和，后来发现重和年号契丹人曾经用过，所以次年二月即又改元为宣和。重和只用了三个月，并且重和元年即政和八年，重合二年即宣和元年，所以后人大多不再提重和的年号，而直接以宣和继承政和。

政和、宣和年间，徽宗崇尚道教达到高潮，水涨船高，这时道士的地位不亚于官员，一些得宠的道士甚至比宰执更有发言权。

徽宗最宠信的道士莫过于林灵素。

林灵素原名林灵噩，年轻时入佛门，在寺院做一名童子，但他忍受不了佛门的清规戒律，酗酒成性。有一次他上街打酒，忘记值班，久久不归。寺院的僧人发现后要杖责他，林灵素干脆自己掌掴自己，把左脸打得深陷下去，如死人的骨头一般。林灵素对僧人说："你要还不放过我，我就打自己的右脸。"僧人惊愕，没再追究，不过林灵素怀怨，便弃佛事道。

林灵素入道虽晚，但他师父亡故后留下一本道学秘籍，林灵素由此学会了一些法术，施展法术时能驱役雷电，追摄邪魔，给人治病能立竿见影。这些当然都是妄说，古人却深信不疑。据说他师父留下的秘籍叫《神霄天坛玉书》，林灵素将他发扬光大，开山立派，这一流派便叫神霄派。

政和五年（1115）的一天，宋徽宗晚上做梦，梦见道教神仙东华帝君召唤同游神霄宫。过去徽宗从来不知道神霄是什么，醒来后感到陌生而神秘，便令专门管理道教的机构道录院寻访收集有关神霄的资料。这时恰好林灵素混迹于京城，有人告知道录院，道录院将他引荐与徽宗。徽宗第一次见到林灵素便感到似曾相识，跟梦中的某个人物神似，于是赐名灵素，加法号金门羽客，后又改通真达灵元妙先生，还专门赐给他一枚金牌，凭这枚金牌可以在任何时间出入皇宫。

徽宗会见过许多道士，为何独与林灵素一见如故？除了林灵素的神霄功、神霄派与徽宗梦境恰好一致外，另一个重要原因是林灵素胆子大、会忽悠，在皇帝面前不露怯，让徽宗对他的"法术"信以为真而神醉心往。

林灵素告诉宋徽宗：天有九霄相当于世间九州，最为尊贵的是神霄。神霄王在神霄玉清府中，叫长生大帝君，是上帝的长子；他还有个弟弟具体管理着神霄，叫青华帝君；他们手下有八百多神仙官员。林灵素说，陛下就是那长生大帝君，自己是一名辅佐陛下的仙吏叫诸慧，八百多仙官一一对应着朝中大臣，如宰相蔡京是左元仙伯，其他也各有名位。而徽宗的宠妃刘氏在天上也找到了位子，是九华玉真安妃。

徽宗做梦都想成为神仙，林灵素的说法满足了自己潜伏内心的愿望，自然十分高兴。林灵素还巧妙地讨好了蔡京等权臣，使他在朝廷能左右逢源。再者，过去儒道两教的理论都是君权神授，现在按林灵素的说法，天上一套班子，人间一套班子，都是一一对应的，朝廷君臣的位置是神仙政权在凡间的映射，比君权神授更进了一步。过去说道教诸神甚至道士庇护皇帝和政权，现在皇帝即是神仙，道士只是皇帝手下的小吏。对权力的神化有利于政局稳定，徽宗何乐而不为呢？

为了宣传和强化林灵素的理论，徽宗下令在皇宫西北晨辉门和开封内城景龙门（北门）之间，造一座上清宝箓宫，里面供奉长生大帝君和青华帝君。政和六年（1116）二月上清宝箓宫建成，十月又将长生大帝君像迁往大臣们经常往来的天章阁供奉。

上清宝箓宫是座庞大的建筑群，其宫从内城跨越到外城，东西与半个皇宫等长，宫下壕沟水流，宫内山抱水环，馆舍台阁体现了徽宗一贯的审美风格，以素淡为主，不绘五彩，有自然之胜。其树木山石皆取自江南，耗费民力万余名，十分奢侈。不但如此，徽宗还下诏让各地比照上清宝箓宫建造神霄小殿，各地选择一座宫观作为神霄小殿，一些小地方没有道观的，或将佛教寺院改造成小殿，或另外新造，各地掀起了一场轰轰烈烈的造神运动，全国建造神霄小殿四百余座，持续时间长达七八年。

徽宗造神，就要抬高林灵素和他的神霄派的地位。政和七年（1117）正月，徽宗将天下道教分成五派——天尊教、全真教、神仙教、正一教、道家教，而林灵素一教居于五派之上。徽宗安排林灵素于每月初七讲经布道，宰执、百官、亲王都要去听讲，由宦官和道士导引端坐台下，徽宗则在讲台一侧拉个帷幕，甘当配角。这一年还在上清宝箓宫举办"千道大会"，林灵素升座讲道，全国各地两千多名道士赴京城参加大会，盛况空前。徽宗有时也会亲自到宝箓宫讲学，宣和元年（1119）十月讲解《玉清神霄秘箓》，受教者达八百多人。

林灵素在京城收徒两万余人，出入前呼后拥，敢与诸王争道，俨然如宰相一般，即便对王公妃嫔也"礼当不拜，长揖而坐"，人们称他和蔡京是"道家两府"，并列为徽宗的两位宠臣。

林灵素做和尚时受了不少气，如今便想方设法蛊惑徽宗羞辱、排挤佛教。佛教因是外来宗教，徽宗称它为"金狄之教"，限制佛教的发展。政和七年（1117），下诏允许和尚改修道士，凡是归心道门的，赐度牒和代表高贵的紫衣；政和八年（1118），命佛经中有诋毁或排斥道教、儒学文字的一律销毁，共焚烧佛教书籍六千余卷。

宣和元年（1119），诏令僧尼不得穿佛家衣服，一律改穿道装，责令各州县监督，一个季度完成易服；将寺院改成宫观，菩萨、罗汉塑像也要穿戴道服冠簪；还把佛祖、菩萨分封一个道家的仙号，如来佛封为大觉金仙，文殊菩萨封为安惠文静大士，徽宗似乎要通过这种方式消灭佛教，或者表明佛教在道教的领导之下，算是道教的一个分支。

佛教传入中国已经有一千年历史，信徒众多，这些信徒中不乏王公显宦、达官贵人，也有普通百姓，徽宗和林灵素的灭佛运动遭受的阻力可想而知。宣和二年（1120），徽宗不得不下令恢复寺院的名称。而林灵素虽然极其聪明，但犯了众怒，最终也难逃害人终被反噬的命运。

南宋人曾敏行在笔记《独醒杂志》中记载，徽宗有一次驾幸上清宝箓宫，林灵素向徽宗提交一份奏疏，伏拜在地很长时间不起身，信徒们莫名其妙，又不敢近前提醒，直到徽宗催促几次才起身。徽宗不知道林灵素葫芦里卖的什么药，询问缘故，林灵素神秘地回答："臣上奏疏时，见到前面有奎星官正在奏事，只好等候。"徽宗问奎星官是什么神，林灵素对道："奎星是主管文章的星宿，在本朝就是苏轼呀。"徽宗素不喜苏轼，下令焚毁所有苏轼著作，林灵素变相地要为苏轼平反，为自己埋下了祸根。

宣和元年（1119），有不愿改僧为道的和尚买通下人，在林灵素的住处写下一句诗"世间宜假不宜真"，落款托言吕洞宾。这句诗揭露林灵素的道术是"假把戏"。他们还将诗句印成册子，雇人沿街散发，造成了极坏的影响。徽宗担心酿成群体性事件，令开封府弹压。同年三月，汴京大水围城，徽宗想让道士利用道术退水，便把这一任务交给了林灵素。林灵素带领几个弟子在城墙上巡视时，数千名正在抢险的民工挥舞着棍棒向他们袭击，林灵素幸亏反应敏捷才侥幸得脱。这两件事让徽宗意识到，林灵素改僧为道走得太远太急，已经影响到了社会稳定，由是产生了弃用林灵素的念头。

宣和元年的大水，林灵素的法术终究没有用武之地，当徽宗质问他为何不能退水时，林灵素狡辩道："臣非不能治水，一来涨水是天意，二来这次大水是冲着太子来的，让太子去祭拜才能消退。"徽宗诏令太子登城，赐御香，行四拜大礼。到了夜间，大水果然退去。但这件事林灵素又得罪了太子，不久，太子在徽宗前进谗言，说林灵素在路上与太子相遇却不知避让，骄横无礼。徽宗大怒，是年十一月将林灵素遣返回温州老家。次年，林灵素卒。

政教融合

崇道抑佛运动引起了社会混乱，这是徽宗始料未及的。但他对道教的热爱不止与佛教争锋，作为最高统治者，任何喜好都有可能超出个人范畴而成为政治的一部分。政和、宣和年间，道教像儒学一样，已经植入帝国的政体之中，宋朝正成为一个政教合一的国家。

宋朝一直有官员领宫观的传统，比如王安石罢相闲居后任集禧观使；在王安石之前，神宗曾打算将这一官职授予前宰相富弼，被婉辞。这些宫观官只是一份闲差，并不需要实际上班，神宗专门用于安置变法的反对派，或者由于种种原因弃置不用的资深官员。为了体现对道观的重视，徽宗将这一传统发挥到极致，将朝廷重臣都加以宫观官职，政和六年（1116）安置宫观官近百人，并且明诏"更不立额"，不再限制名额。换言之，只要有宫观，不管在京城还是州县，都可以安排宫观官。次年，将蔡京、郑居中、童贯等宰相级的官员加上了神霄宫使的职衔。知枢密院事、门下侍郎、中书侍郎、尚书左丞、翰林大学士等则充任副使。政和八年（1118），各地的神霄小殿也安排了宫使，由地方官兼任。

这样行政职务与道教宫观职务就重和起来，政教合一走出了第一步。

政和八年（1118）八月，徽宗连下几道旨意进一步推动政教融合。他亲笔书写手诏，要求将《史记·老子传》列于诸传之首，别为一帙；东汉人班固的《汉书》最后一篇是《古今人表》，将古代人物分为九品，其中老子被列入第三品"上智"，这引起了徽宗的不满，他要求将老子列入第一品"上圣"，废除旧本，改印新本；他还亲自注释老子的《道德经》，下令将《御注道德经》刻石于各大道观，以供学习研读。

徽宗又御笔下诏说："道无乎不在，在儒以治国，在士以修身，未始有异，殊途同归，前圣后圣，若合符节。由汉以来，析而异之，黄、老之学，遂与尧、舜、周、孔之道不同，故世流于末俗，不见大全，道由是以隐千有余岁矣。朕作新之，究其本始，使黄帝、老子、尧、舜、周、孔之教偕行于今日。"大意是，道无所不在，与儒家本为一体，到了汉朝才强行分开，黄、老之学变成了世流末俗，儒家却高人一等。朕现在要让黄帝、老子与孔教并行。

徽宗采取一些措施，如将《黄帝内经》《道德经》《庄子》《列子》等道教经典列入太学和州县学校必学科目；在太学、辟雍各置《黄帝内经》《道德经》《庄子》《列子》博士二人，教授道经；凡有志学习道教的人必须进入学校学习，一并学习儒家经典，优秀的道士可以从州学升入太学继续深造，在太学可以像其他学生一样由辟雍升入上舍，学习优等者直接授予官品。

徽宗在诏书中表明这样做的目的是让道教与儒学"合为一道"，让道教经义成为人们的行为规范。这些措施对年轻学生起到了明显的导向作用，陈州在籍学生九十一人，一半学生愿意弃儒从道，改学道学，其中包括宋中期大儒宋祁的孙子。知州把这种变化作为政绩上奏报告给徽宗，说明自己劝诱有方。

宣和元年（1119）十一月，徽宗在道士中推出职官制度，将道士依据官员职衔分等定级。道官最高定为太虚大夫，最低为金坛郎，共二十六等，与文臣官阶一一对应；道职有侍晨对应皇帝近臣中的待制，受经等同修撰，从冲和殿侍晨至凝神殿校经，共十一等。道官为官阶，表级别，一般会按资排辈；道职表职务，不拘一格，应授则授，例如林灵素就被授予最高职务冲和殿侍晨。

道官、道职虽然没有薪俸，不配备侍从人员，但他的政治待遇与政界官员并无区别，如到达一定级别，会荫及祖上，追封父母，惠泽子孙；居住、婚姻、宴请、墓葬规格也相应提高，道士事实上已经成为政治官员的一部分。

为了在政治上和社会上普及道教，徽宗积极收集、整理、编校、重新刊印了大量的道教书籍。他多次下诏在全国范围内寻访道书，一开始这些书由翰林院下面的书艺局进行修订编纂，后来书籍太多，干脆设立了一个经局负责这项工作。政和年间，编成《万寿道藏》，计五千四百八十一卷，专门送到福建闽县请专家镂版，然后再运回汴京印刷，这是中国第一部雕版刊行的道藏。徽宗还令道录院编写道教纪志，赐名《道史》，分道史和仙史两部分，其是我国第一部专业的道教人物传记。

徽宗崇道，与他热爱书画艺术一样，反映了经过崇宁的良好开局，政治进入平稳期，社会延续繁荣期，君臣有时间、有精力关注文化和精神生活，但另一方面，也反映了徽宗在这一时期对政事的倦怠，不是以积极的态度去思考、去解决政治社会中的问题和困难，而是企图利用宗教加强意识形态建设，加强高度集权和个人崇拜，以图一劳永逸地巩固皇权统治。大宋社稷在浑浑噩噩中摇荡下坠，而徽宗本人却几乎一点儿也没有察觉。

第五章　文化情结

音　乐

在中国古代社会，音乐是最具政治属性的艺术形式，孔子拿它与"礼"相提并论，用"礼崩乐坏"去描述社会改变和道德沉沦。

音乐何以具有这么大的魅力？又何以具有与众不同的特殊地位？

中国传统文化滥觞于周，儒家文化即脱胎于周礼。在周代，音乐是分等级的，祭祀是最庄严、最隆重、最盛大的场合。演奏的音乐叫作"颂"；天子朝会和宫廷宴享时也要演奏音乐，称为"雅"。根据不同场合、不同等级人群进行分类，是周代音乐的典型特征，天子宴享时演奏的音乐，诸侯不能用，诸侯享用的音乐，大夫不能用。在乐器规模上也有严格的尊卑区别。《周礼·春官》记载，天子用乐可以四面摆上乐架；诸侯次之，只能三面摆上乐架；大夫用乐则只能摆两面；士只能在一面悬挂乐器。配乐舞蹈也有规定：天子八佾，即用八行八列的方队，六十四人；诸侯六佾，即用六行六列的方队，三十六人；大夫四佾，用十六人舞蹈；士二佾，只能用四人舞蹈。

所以，音乐是等级的象征，有特定的标准，如果超越了这个标准，就违背了礼制，属僭越，是大不道。春秋时天子不振，诸侯僭越的事情很多，这就是孔子所说的"礼崩乐坏"。有一次孔子看见大夫季子在家里享用八佾的舞蹈，大为恼火道："是可忍也，孰不可忍也！"

秦汉之后，历代王朝几乎都曾为恢复周代的音乐制度而努力过，然而年代久远，资料缺乏，都没有取得满意的效果。也正因为如此，历朝历代又不甘心，不断斧正前代音乐，收集、整理、研究、完善新的朝廷用乐制度。宋代推行文治，文治最崇尚的是夏、商、周三代之治，所以对朝廷使用音乐即雅乐的改革一直不遗余力。

最初，宋宫中所用雅乐沿袭五代，五代是又一个礼崩乐坏的乱世，其雅乐自然不尽如人意，"上谓其声高，近于哀思"，宋太祖觉得声调与宫中气氛不和，下令调低一个声调，这样听起来和谐多了。学士窦俨潜心雅乐改革，制定了新的文德之舞和武功之舞，丰富了宴享音乐。

其后，真宗、仁宗、神宗、哲宗每一朝代都不断地推陈出新，校正音律，制作乐器，核调律尺，取得了很多成效，也引起了很多争议。大臣们各有自己的看法，互不相让，难以信服。

宋徽宗在音乐上的造诣虽然没有书法、绘画那样有名，但仍然算是大家。北京故宫博物院收藏着一幅《听琴图》，是一幅徽宗画、画徽宗的人物肖像图。画面上四个人坐在一棵松树下，中间正面之人可谓"男一号"，黄冠缁衣道士打扮，正在全神贯注地抚琴，这个人正是以教主道君皇帝自居的宋徽宗。从《听琴图》可以看出，徽宗对音乐不仅仅是喜好，而且造诣颇深。徽宗在宫中设置有琴院，专门收藏历代名琴绝品，号称"万琴堂"。北宋亡后一张"春雷"琴流落燕京，名声尤为显赫。

徽宗还专门组织技工设计制造新琴，最著名的是"宣和式"，项腰处两凹中凸，从琴额开始曲线内收，额侧微敛，整体渊雅淑质，纤致清丽，造型浑融统一，清迥之姿尽显。

精通音乐的徽宗自然不愿在雅乐上墨守成规，他主持了对雅乐的空前改革并且取得了成功。

宋徽宗制定新乐从崇宁二年（1103）九月开始。徽宗说："政治最需要首先考虑的是什么？礼乐呀！应该让讲议司详细考察历代礼乐沿革，结合当下的情况，建立规范的礼乐留给后世。"到了崇宁三年（1104）正月，一位叫魏汉律的方士进入了宋徽宗的视野。他当时已经九十多岁，自称师从唐朝仙人李良，从他那里学习过古代音乐知识。唐朝灭亡于公元906年，与崇宁三年间隔将近二百年，不知魏汉律如何能师从李良。不过宋徽宗相信道教能够让人长生不老，对魏汉律的说法深信不疑。魏汉律告诉徽宗说："臣精通历法，能够调和天地，驱役鬼神，这些都不算什么，臣最擅长的还是音乐。"

音乐演奏包括很多方面，譬如音准、乐器、乐曲。中国古代音乐分宫、商、角、徵、羽五个音阶，一个八度又分为十二个音律，从低到高依次为黄钟、大吕、太簇、夹钟、姑洗、仲吕、蕤宾、林钟、夷则、南吕、无射、应钟。演奏音乐首先要定音准，定出五音十二律这样的基准音，而定音准又离不开乐器，音准和乐器相辅相成。传说上古伏羲做音乐时，用一寸长的植物管茎制成乐器定音准，然后谱出《扶桑》的乐曲；女娲用二寸长的苇管制成乐器定基准，然后谱出《光乐》的乐曲；黄帝以三寸的管茎制成乐器定基准，然后谱出《大卷》的乐曲。魏汉律认为三寸管乐器最为准确，三三而九，是后世五音十二律的圭臬。可惜到了虞舜的时候，洪水暴发将基准乐器冲走淹没，黄帝之法失传了。大禹重新校正音准，以声为律，以身为度，以他自己的声音作为音律的标准，以自己的身体作为长度的标准。他用左手中指的三个关节为三寸，称作君指，仿照黄帝制造出三寸管器，裁定五音中的"宫"这个音阶；又用第四指三节三寸为臣指，裁定五音中"商"这个音阶；用第五指三节三寸为物指，裁定出"羽"这个音阶；第二指为民指，裁定"角"；大拇指为事指，裁定"徵"。魏汉律认为，民和事靠君臣管理，靠物颐养，所以居于从属地位，君指、臣指、物指即中指、无名指、小拇指是最重要的三根手指，根据大禹的经验，这三指合起来为九寸，就可以定下五音十二律了。

大禹三指定音律的办法在秦末战火中也失传了，后世的汉儒们理解不了先贤的原理，他们用盛黍米的容器去定音律，所以导致了误差。隋唐之后又用水尺，也不是古法。所以魏汉律上书请求皇帝恢复三指法。

事实上，每个人的三根手指长度是不一样的，所以三指法听起来很荒谬，应归入玄学一类。而且其操作起来也面临着一个问题：谁的手指为标准？不过在当时这不是问题，徽宗是教主道君皇帝，自然非他莫属。魏汉律请求测量徽宗手指长度，一位宦官提醒徽宗："皇帝的手指怎么能轻易让别人摸来摸去？"徽宗想想也有道理，帝王应该保持应有的神秘感，于是自己比画了一下手指的长度，说个数字交付给了魏汉律。

崇宁四年（1105）八月，新乐成，徽宗下令将新铸的乐器陈列于崇政殿进行试听。乐队先演奏旧乐，演奏到中途，徽宗就颇不耐烦地挥手制止了，评价说："旧乐如泣声。"像是有人在哭。对于宫廷音乐，"如泣声"自然不是好的评价。接着演奏新乐，徽宗脸上由衷地流露出欢乐的笑容。

宋朝规矩，不是重大庆典皇帝不会轻易驾御大庆殿。这次为了庆祝新乐成功，徽宗破例在大庆殿接受群臣朝贺，并当场正式完整地演奏了一遍新乐。新乐奏响，数只白鹤从东北而来，在大殿上空飞翔徘徊。白鹤集于庭乃吉祥之兆，徽宗欣然曰："这真是百年一遇的喜庆！"他亲自为新乐赐名"大晟乐"，晟者，光明炽盛也。"昔尧有《大章》，舜有《大韶》，三代之王，亦各异名。今追千载而成一代之制，宜赐名曰《大晟》。"徽宗在诏书中解释了取名的动机和构想，也彰显了徽宗内心膨胀的虚荣和野心。

过去礼、乐都由太常寺掌管，大晟乐大获成功，徽宗新成立一个机构掌管新乐，名字就叫大晟府。汉代有乐府专掌音乐，隋唐有太乐署，至此宋朝也有了专门的掌管音乐的机构。不过大晟府寿命不长，到宣和二年（1120），因府内添置冗滥被裁撤。

大晟乐比之旧乐，制乐方法更加符合"古制"，乐律更加和谐统一，宫廷雅乐演奏的乐器种类大幅增加，演出的形式更加丰富多样。徽宗欣赏大晟乐，一个重要原因是演奏时盛大恢宏，能够展现帝国繁荣富庶的气象。当帝王不再愿为政务琐事操心时，唯有铺排奢靡能够给他带来虚幻的成就感。

大晟乐虽然修成于崇宁四年（1105），但正式应用到祭祀、朝会已经在大观年间了。大观三年（1109）五月，诏令学校今后只用雅乐，不得用"郑卫之音"，不得演"俳优之戏"。政和三年（1113）五月，宴享也换成了新乐。政和四年（1114）三月徽宗还专门到太学和辟雍检阅了学生学习雅乐的情况。

大观四年（1110）八月，徽宗亲自写了一篇《大晟乐记》，记述自己创立大晟乐的丰功伟绩。他又让太中大夫刘昺编修了一本《乐书》，提出"八论"，详细阐述了音乐的由来，乐律的定制，雅乐的特点，音乐与时间，音乐与器具，音乐与环境，等等。《乐书》是一本关于乐理的专著，虽然出自刘昺，但体现了徽宗本人对音乐的思考。

政和年间，徽宗还将大晟乐赐予高丽国，包括曲谱、乐器、仪物、服饰、演奏方法等。

器　物

对于历史，人们喜欢宏大的叙事方式而忽略其细微之处。比如祭祀，人们大多关注仪仗、站位、程式及祭拜方式，很少有人去细心留意祭祀的器物。实际上，古人对器物的重视超出了今人的想象，比如后世出土的众多青铜器，大多是祭祀的礼器。专家考证，重八百三十二点八四千克的殷商青铜器后母戊大方鼎就是商王祖庚或祖甲为祭祀母亲而铸。

"国之大事，在祀与戎。"宋朝推崇周礼，对祭祀十分重视，朝臣经常为祭祀礼仪问题争论不休，其祭祀所用器物也不能不考究。就在重定音律的同时，魏汉律请求先铸九鼎。因为和定音律出自同一份劄子，也有学者认为这里的鼎是定音器。不过中国古代最早的鼎是炊器，用来盛肉和炖肉，并没有用作定音的记载。青铜器时代，铸造鼎并不容易，特别是比较大的鼎更是稀世珍宝，如殷商后母戊鼎高一百三十三厘米，西周淳化大鼎高一百二十二厘米。另外肉也很昂贵，普通老百姓吃不起，所以王室、贵族去世后会把鼎作为陪葬品和祭祀品，这样鼎就由炊器变成了礼器。

因为难得，所以珍贵，又因为鼎是吃饭的器具，民以食为天，所以鼎的地位很高，后来又演变为权力的象征。相传大禹将天下分为九州，令九州贡献青铜，铸造出九只鼎，用它来象征国家权力和国家统一。九鼎从夏传到周，秦灭东周，九鼎不知所终。

宋朝不算一个大一统的朝代，北方辽国和西北夏国都占有中原王朝固有领土；宋朝也不算一个武力鼎盛的朝代，甚至屡败于辽、夏。不过这并不妨碍宋徽宗"纸上强国"的愿望，他欣然同意魏汉律所请，并视之为盛世。

魏汉律花费了一年的时间铸造出九鼎，徽宗下令在城南的中太一宫中建造九座宫殿以安放九鼎，取名九成宫。徽宗还分别给九鼎赐名，九成宫中央一座大鼎为帝鼎，黄色，上面覆盖黄布，地面铺饰黄色砖石；其他八鼎分别取名宝鼎、牡鼎、苍鼎、冈鼎、彤鼎、阜鼎、晶鼎、魁鼎，按照不同方位，参照五行学说覆盖不同颜色的布帛，铺设不同颜色的砖石。

徽宗亲自作《御制九鼎记》以纪念这一盛事。通过这篇文章我们得知，帝鼎耗铜二十二万斤，表面还镀了一层黄金。鼎身绘有日月星辰云霞、宗庙朝廷臣民、山川原野河流，以及蟠龙、神人的图案，不仅是器物，而且是精美绝伦的工艺品。帝鼎铸好后，有群鹤来仪，翔舞其上，屋上还发现了甘露。

青铜器是红铜与其他化学元素的合金，其出土时染上铜锈，呈青色故而得名。因冶炼技术的原因，青铜器在商周两代非常盛行。宋人喜欢这些古物，对于许多学者来说，收藏、研究古物不仅是一种爱好，更是一门学问。欧阳修曾收集金石拓片上千件；元祐年间，宰相吕大防的弟弟吕大临有《考古图》一书，著录当时宫廷和私家收藏的古代铜器、玉器；画家李公麟除了收藏书画，兼及铜、玉等古器物，平日购求古器物，即使花费千金也在所不惜。据说李公麟也有《考古图》《古器图》，只是这些著述现在已经看不到了。

北宋金石学在徽宗朝达到鼎盛，王国维在《宋代之金石学》中说"至徽宗即位，始大事搜集"，指的是徽宗热爱古器物，令人收集收藏的盛况。徽宗收集古器物至少从大观年间已经开始，不过大规模收集则在政和年间。大观二年（1108）十一月，徽宗根据议礼局所请，要求州县长官访查士大夫或民间古礼器，画成图形送交议礼局。政和三年（1113）十月再下手诏："先王制器，必尚其象，然后可以格神明，通天地，去古云远，久失其传。裒集三代盘、匜、罍、鼎，可以稽考取法，以作郊庙禋祀之器，焕然大备，无愧于古，可载之祀仪。"他认为可以从上古三代古器中探究天地神明的奥妙，可以找寻到已经湮没的古礼制。

徽宗收集古器物的成果体现在《宣和博古图》一书中。这本书由徽宗敕令编著，是古器物名录，著录了徽宗宫中收藏的青铜器共二十类八百三十九件，其藏品晚至宣和五年（1123）之后，而以政和年间最多。按蔡絛《铁围山丛谈》的说法，徽宗前期人们收集青铜器"时所重者，三代之器而已"，秦汉以后的器物不是很有特色的一般不予收藏。到了宣和年间才兼收并蓄。宣和元年（1119）三月，安州孝感农民在耕田时出土了三个方鼎、两个圆鼎和一个瓯，进献给朝廷，谓之"安州六器"。《宋史·徽宗纪》记载了这件事，《宣和博古图》也有收录，可见各地进献的古器都被徽宗收藏了起来。这六件宝器当时人鉴定为商代文物，到了南宋，学者薛尚功考证其为周初器物。

这么多古器物需要找个地方存放，为了能够时时观瞻，徽宗把它们放置在宫中的宣和殿。宣和殿建于哲宗朝，大观二年（1108）重新修葺。后来徽宗用宣和为年号，将宣和殿改为保和殿。蔡絛认为《宣和博古图》一书得名于收藏地点宣和殿，其实成书之时宣和殿已经改名，不可能沿用旧殿名称，这里的"宣和"应当指成书时间即徽宗宣和年间。

宣和殿藏品丰富，超过了任何一位私人收藏家。皇宫大内外人不得随意出入，能够进入宣和殿一睹宝器风采的人寥寥无几。有一次书法家米芾因为有机会进入宣和殿一饱眼福，人们都认为他无上光荣。

即便蔡京这样的权相也不常踏足宣和殿。《宣和遗事》记载宣和二年（1120）九月徽宗在宣和（保和）殿宴请蔡京父子：

> 至保和，屋三楹，时落成于八月，而高竹崇桧，已森阴蓊郁。中楹置御榻，东西二间，列宝玩与古鼎、彝、玉芝……上御步前行，至稽古阁，有宣王石鼓；历邃古、尚古、鉴古、作古、访古、博古、秘古诸阁，上亲指示，为言其概。

徽宗亲自为蔡京父子解说，显示出徽宗对这些古器的历史、特点非常熟悉，也说明蔡京父子并没有太多机会观赏藏品。

徽宗喜欢前代的古物，也喜欢宋朝当代的器物，当代器物中成就最高的莫过于瓷器。

徽宗之前，宫廷中大多采用定窑白瓷，光洁如玉，宝莹射目。然而徽宗的审美与父祖不同，他觉得白瓷过于张扬，遂令汝窑烧制青瓷。青瓷静谧淡雅，含蓄内敛，这才是徽宗最喜爱的颜色。南宋人叶寘在《坦斋笔衡》中记述："本朝以定州白磁器有芒，不堪用，遂命汝州造青窑器，故河北唐、邓、耀州悉有之，汝窑为魁。"

关于徽宗喜欢青瓷，有一则流传很广的传说。一天，徽宗头卧瓷枕午后小憩，瓷枕冰凉宜人，徽宗便入游仙梦。恍惚中他走出福宁殿，见秋雨初霁，日破云霭，天空泛出浓郁而迷人的青蓝色。徽宗蓦然心动：这不正是自己寻觅的颜色吗？醒来后，他唤过内侍，即兴吟道："雨过天青云破处，这般颜色做将来。"这就是汝窑青瓷的来历。

其实这是个误传。"雨过天青云破处"的记载最早见于明万历年间的《五杂俎》，不过故事的主角是五代时期后周世宗柴荣，后人可能因为徽宗喜欢青色便将它安在了这位艺术家皇帝头上。徽宗尚青大概与道教有关，道士的熏香、服饰都是青色，青便成了道教的代表色，身为道教教主的宋徽宗尚青就不难理解。

现存的宋朝瓷器中，汝窑瓷十分名贵，2012 年 4 月 4 日中国香港特区苏富比一场中国瓷器及工艺品"天青宝色——日本珍藏北宋汝瓷"拍卖会上，一只汝窑天青釉葵花洗拍出 2.786 亿元的天价。比汝窑瓷更名贵的是官窑瓷。《坦斋笔衡》曾记载："政和间京师自置窑烧造，名曰官窑。"也许汝窑（位于汝州）稍远，也许徽宗对汝瓷还有稍许不满，所以诏令在开封附近新建窑厂，取名官窑。官窑存在不过十数年而已，靖康间淹没在金人的炮火之中，所以瓷器存件极少，极其珍贵。清高宗乾隆曾写诗吟咏："李唐越器久称无，赵宋官窑珍以孤。"

瓷器在宫廷中应用十分广泛，有些被制成祭祀的礼器，有些专门供观赏，更多的是日常生活用品，如插花的花瓶、吃饭的瓷碗、睡觉的瓷枕、斗茶的茶具、熏香的香炉、书画的笔洗，不一而足。徽宗日日与这些精美的瓷器为伴，形影不离，他的才情造就了瓷器的盛世，瓷器的精致滋润了他的才情。

礼　仪

中国是礼仪之邦，礼仪源远流长，古代人们认为最好的治世是夏商周上古三代，其最大的特征是礼治天下。

汉代刘邦出身低微，得天下后朝廷杂乱无序，刘邦也感觉不到做皇帝的威仪。这时一位名叫叔孙通的儒生站出来说："打天下时我们派不上大用，坐天下还得靠儒生。我来帮助陛下制定礼仪吧！"所以盛世治礼，礼仪是盛世的标志。

宋徽宗深刻地认识到这一点，说"王者政治之端，咸以礼乐为急"。崇宁二年（1103）九月，他就下诏寻求礼乐改革。

在徽宗之前，宋朝朝廷已经有比较成熟的礼仪了。之所以要改革，是因为徽宗和大臣们意识到，本朝建立以来的礼仪是在唐朝的基础上修订的，宋朝儒家复兴，他们心中的理想是超迈汉唐、追述三代！如言官方轸曾议论蔡京说："京凡妄作，必持两说劫持人主，一曰'此三代之法也'，一曰'熙丰遗意，未及施行'。"虽然是弹劾书，但从反面说明宋人法追三代的情结。

崇宁元年（1102）正月，徽宗认为前代的礼仪不够合理、不够详备，下诏在尚书省设立议礼局。顾名思义，议礼局的主要职责是"详议官具礼本末，议定请旨"，即检讨旧礼制，制定新礼制，最后交由皇帝审核拍板。由这个职责可以看出，徽宗本人非常重视议礼工作，每一个项目都会亲自参与。

第二年议礼就有了新进展，对外颁布号称徽宗皇帝亲自编撰的《御制冠礼沿革》，共十一卷。这十一卷不可能全部由徽宗执笔，但一定经过了徽宗的修正、润色，因此才冠以御制字样。徽宗把这本书作为议礼局编写礼仪的范本以供参考，要求在这个基础上"其余五礼，可依此编次"，强调制定礼仪的原则是"稽古之制，适今之宜，而不失先王之意斯可矣"，就是既要尽可能沿用古制，又要结合当下实际。

改革礼仪制度的首要任务是修订"五礼"。"五礼"即五种礼仪：吉礼、嘉礼、宾礼、军礼、凶礼。

"五礼之序，以吉礼为首，主邦国神祇祭祀之事。"祭天祭地祭神祭祖宗，是最不能马虎的事。单这祭祀天地，又分春祭、夏祭、秋祭、冬祭。春祭在正月上辛日即上旬的天干辛日，祈求一年丰收，称祭谷或祭年；孟夏雩祭，祈求风调雨顺；季秋大享明堂，把丰收的果实敬献给上天和祖宗；冬至在圜丘祭祀昊天上帝。这是大祀。其他小祀更是名目繁多，令人眼花缭乱，即便大儒礼官也常常为此争论不休。

嘉礼指册封、宣敕、婚姻、冠礼、巡幸、飨宴、庆贺之礼。凡日常生活中的高兴事都属于嘉礼。订婚、结婚自不必说，皇子公主们加个封号、妃嫔进个位次都有一定的礼节，属于嘉礼。

朝会、接受朝贺、接受朝贡、宴请使节、臣子上书这些朝堂上的事，大多宾客主次，其中规矩仪式也很多，统称宾礼。

军礼包括出征时祭祀天地、祈求胜利，接受敌军投降，交换俘虏，战场上擂鼓鸣金等。

凶礼即丧葬之礼。陈瓘弹劾章惇让哲宗灵柩野外过夜，对皇帝不敬，就是滥用了凶礼的讲究。

议礼局的研究对象就是这五礼，梳理的重点是周代礼法以及离宋朝最近的唐开元礼仪。大观四年（1110），他们向徽宗展示了工作成果——二百三十一卷的《大观礼书·吉礼》，另外还对祭服绘制了图册。这样内容烦琐细微的一本书，徽宗亲自审定，并提出了修改意见。比如徽宗认为，虽有天帝一说，但天和帝实在不属一体，天是昊天，帝是感生帝，不可把二者混为一谈。人们祭祀天是为了祈求昊天福佑苍生社稷，祭祀帝则是为了求取某个具体事项，所以祭祀天的时候不能顺带祈求帝，祈求帝的时候也不能祭祀天，二者不能合祀。徽宗还引用《周官》，考证古代都是分序而祀，亲自对《礼书》进行了修改。徽宗共修改七处，从分祀还是合祀这样宏观的礼制，到音乐的演奏顺序这样微观的仪式，每一处都能讲出道理。可见徽宗对礼仪确实进行了深入的研究，并不是把工作交给礼官走个过场。

由于徽宗审核得极细，议礼局感受到了压力，遇到难以裁决的事便及时奏请徽宗进行定夺。有些礼仪不太容易归类，比如王侯之间没有从属关系，他们见面，可以按飨宴、庆贺归入嘉礼，也可以按主客归入宾礼。还有些涉及皇帝过去的诏令，议礼局不敢造次，也有请示。还有些人物身份定位问题，比如孔子在世时官职不高，应属于读书人行列，或者儒家创始人，但唐代将他追谥为王，画像上的服饰均按王爵装扮，戴九旒的帽子，穿九种图案的衣服；崇宁四年（1105）八月又诏令改为十二旒的帽子，祭祀孔子的规格如何界定？这些情况相当复杂，议礼局向徽宗一一说明并请圣裁，徽宗也耐心地予以回复，对他们进行指导。

政和元年（1111）三月，议礼局终于修成了其他四礼，将书进献给徽宗，后来因为对耕藉礼有争议，徽宗令他们继续讨论修订。四月新书正式颁行，这就是《政和五礼新仪》。

《政和五礼新仪》开篇是宋徽宗所作的序，序文阐述了礼仪对社会秩序的重要意义，介绍了编写这本书的初衷：昔日神宗追慕三代之治，让官员们就祭祀礼仪进行辩论，但没有被整理出来。徽宗希望继承先父遗志，成立议礼局考证辨析，编写新书。一些学者考证序文写于政和三年（1113）四月，但序文的落款是"政和新元三月"，"新元"理解成刚改元比较贴切，所以这篇序文应该作于政和元年三月，即议礼局刚完成全书献于徽宗的时候。

序文之后，详尽地记录了关于编撰新书的书信往来，其中大部分为议礼局上奏的劄子以及徽宗的批复，从批复中可以看出这本书不折不扣地体现了徽宗的意图，徽宗对这本书倾注了不少心血。

《五礼新仪》的第一部分是《御制冠礼》，这毫不奇怪，因为出自徽宗的御笔，又是全书写作的典范，理应放在前面。

全书二百二十卷，在清朝时编入《四库全书》，因此基本上完整地保存了下来。五礼中，吉礼最重要也最烦琐，篇幅最多，用了一百一十一卷，是全书的一半；嘉礼次之，四十二卷；宾礼二十一卷；凶礼十四卷；军礼八卷。编排顺序却是吉礼、宾礼、军礼、嘉礼、凶礼。

《五礼新仪》颁布后成为朝廷的礼仪标准，但却未能普及士大夫和平民阶层。政和六年（1116），太府丞王鼎在一份奏章中提出新礼只是摆在有关部门的案头，普通老百姓并不知晓。于是宋徽宗将新礼颁行全国，令每个州县选派两名礼生到中央学习新礼仪，学成后回去教给本州县百姓。开封府还编写了一份面向大众的通行本，以便识字不多的普通人家学习。不过，宋朝距离西周已经两千年了，礼仪的变迁有其自己的规律，一下子恢复到周礼，民间自然不太适应。况且那些烦琐的礼仪不用说老百姓，即使地方官也一头雾水，一直到政和八年（1118），地方上执行新礼情况仍不理想。

徽宗对推行新礼下了很大力气，派各路监司考察新礼，挑选出典型案例进行分析，并视执行情况给予奖惩。开封府推行新礼效果最为明显，徽宗向全国介绍了他们的经验。开封府的经验主要是培训了一支专业的礼仪队伍。民间冠礼、婚姻多用俚儒媒妁及阴阳卜祝等人，开封府官方将他们登记造册，让他们到府衙接受礼生指导，保证他们通晓新礼。队伍建立起来后，凡不在名册的人一律不准主持礼仪，在册的人主持婚冠丧葬不得沿用旧礼，否则进行严厉处罚。还有一些州县的经验也值得推广。比如，将新礼内容抄在乡村的墙壁上以扩大传播等。

尽管政令严格，而民间执行起来并不情愿，或者虽愿意执行但客观条件限制无法执行到位，比如老百姓房屋简陋，没有堂、寝、陛、户这样的区别，新礼就无法实行，为了逃避惩罚，只好贿赂礼生。由于新礼不符合民间的实际情况，实际上并没有完全推开。宣和元年（1119），徽宗诏令停止在民间强制执行。

官　制

政事之原，莫大于官制。在宋徽宗看来，官制也是一种文化。

宋承唐制，但又做了不少改动以加强中央集权，官制极为复杂。宋神宗元丰年间对官僚体系进行改革，主要理顺了文官制度。比如，德高望重的宰相在致仕或赋闲之后，会给一个加官表示恩隆，有"三师""三公"之谓。"三师"是太师、太傅、太保，"三公"是太尉、司徒、司空。"三师""三公"没有具体的职责，只是享受一个更高的待遇。

政和二年（1112），宋徽宗终于有空闲来思考官制这些事情了。礼仪、音乐既然主张回归周代，官制也应当体现传统文化思维。当然时过境迁，实职官制不能因袭上古，只好在虚职上做一些文章。徽宗认为周代三公指太师、太傅、太保，没有三师的称呼，所以当下也不应当有；并且周代的三公是实职，所以应该由在任宰相兼领。与蔡京等辅臣商议后，九月徽宗下诏，改"三师"为"三公"即太师、太傅、太保，原有的"三公"太尉、司徒、司空废止，但另外设立了少师、少傅、少保，古制中名叫"三孤"，徽宗嫌名字不雅，改名"三少"。三公授予现任首相，三少授予次相。

三师三公由闲职特授时，被授予三公的大臣屈指可数。宋朝名臣王旦加过太傅，吕夷简加过太尉，富弼加过司空、司徒，曾公亮加过司空，曹佾加过司徒，王安石加过司空，文彦博加过司徒、太保、太尉，最后以太师致仕。太师是三师三公中最为尊崇的，有宋以来加过太师的只有赵普、文彦博。政和改制变为现任兼领，这项待遇一下子泛滥起来，到宣和末年，被授予三公的有十八人，包括蔡京、童贯等，被授予三少的更是不可胜数了。

帝国最重要的朝官便是宰相了，宰相佐天子，总百官，平庶政，事无不统。通常情况下宰相不止一人，宋朝前期统称同中书门下平章事，元丰改制后称左仆射兼门下侍郎和右仆射兼中书侍郎。

仆射的意思是主管，秦汉时指某个部门的副职，如尚书省仆射职务次于尚书令，其他机构也有这一职务，级别可高可低。魏晋之后，其他部门废除了仆射这一官职，只在尚书省予以保留，仆射便专指尚书仆射。彼时尚书令是事实上的宰相，所以仆射也就是副宰相。隋唐为了削弱宰相职权，常常设置两个宰相，便将尚书令虚位，直接任用仆射为相，首相称左仆射，次相称右仆射。

平章事这一称呼起源于唐代，字面意思是与中书、门下协商处理政务。唐朝初期，宰相之外，皇帝会安排其他一些高官参与朝廷机密，称为同中书门下平章事。唐朝后期，左仆射、右仆射的相权也被削弱，逐渐排除在核心权力之外，取而代之的是皇帝临时指派的参与机密的人员即平章事。到了五代，同中书门下平章事成为真宰相的正式称呼。

无论左右仆射还是同中书门下平章事，他们的历史都不长。最古老的宰相是西周的太宰，后来有了三公，太宰的地位才有所下降，排在三公之后。宋徽宗既然追崇周制，索性将左右仆射也改名为太宰、少宰。太宰仍兼门下侍郎，少宰仍兼中书侍郎。

元丰改制主要针对的是文官，武官序列还没来得及改。徽宗既要绍述父兄之制，便要完成父兄未竟的事业。徽宗说，名不正则言不顺，言不顺则事不成，同样在政和二年（1112）九月，一并出台了新的武官官制。

比起文官，宋朝的武官体系更加复杂。这里的武官不同于职业军人，指的是政府中武官序列，称武选官。他们不是文官，也不是军职，类似于杂官，并且属寄禄官，并不任实职。

武选官又分为正任官、横行官、诸司正使、诸司副使、小使臣等几个等级。

正任官原有节度使、节度观察留后（政和七年改为承宣使）、观察使、防御使、团练使、刺史等六阶，不变；横行官原有内客省使、延福宫使、景福殿使等十二阶，改名为通侍大夫、正侍大夫、中侍大夫等，同样十二阶；诸司使原有皇城使、宫苑使、左右骐骥使、内藏库使等诸多品阶，合并归纳为武功大夫、武德大夫、武显大夫等八阶，都带有一个武字；诸司副使合并归纳为武功郎、武德郎、武显郎等八阶，与诸司使一一对应，即"大夫"为正职，"郎"为副职；小使臣原有内殿承制、内殿崇班、东西头供奉官等品阶，改制后为敦武郎、修武郎、从义郎、秉义郎等十二阶。

政和六年（1116），对武选官又有新的调整，将三公中汰选下来的太尉作为武选官官阶之首，横行官以下官阶又增设如宣正大夫、履正大夫、协忠大夫等，武选官官阶共五十二阶。

在政和二年（1112）九月的官制改革中，内侍省、两省杂员、大将、卫官也确定了新阶，还对地方官进行了梳理和规范。

大宋建国一百五十年后，官阶官职混乱的状况才得以消除。更重要的是，礼、乐、官都直接追述周制，这一点超越了汉唐，说明大宋文化鼎盛，非前朝可比。作为文化修为丰厚的皇帝，徽宗感到这是一项可以垂示万世的成就。

政和三年（1113），徽宗意犹未尽，又对外命妇的封号进行了变革。所谓外命妇，指的是除了宫中皇后、妃嫔之外的其他有身份、有地位、有封号的女性。外命妇分为两类，一类是皇族繁衍的女人，如皇帝的姐妹、女儿、侄女等，一类是贵族的母亲、妻子即诰命夫人。是年闰四月，朝廷公布了外命妇封号变革方案，把"公主"这个称谓改为"帝姬"。

徽宗在诏书中对这一改动做了解释：周朝称呼女性，往往把姓氏放在后面，比如庄姜，就是嫁给卫庄公的姜姓女子。周天子姓姬，天子称王，他家的女儿便称"王姬"。天子嫁女要请同姓诸侯国君主婚，所以也用公主去称呼天子的女儿。公主作为正式的称呼是战国的事情了，之后一直延续，从未改变。现在既然追述周制，便想恢复周朝对公主的正式称呼——王姬，然而现在的天子不称王，称帝，所以做了变通，将公主改为帝姬。

皇家繁衍的女子不仅仅只有公主，还有类似人员，她们身份不同，称谓也有细微的区分。皇帝的女儿称公主，皇帝的妹妹称长公主，皇帝的姑姑称大长公主，所以皇帝女儿只要寿命够长，一般会经历从公主到长公主再到大长公主的过程。还有皇帝兄弟、叔伯的女儿不能称公主，只能称郡主；如果血缘再远一些，就称县主。新称谓、新封号启用后，公主变成了帝姬，长公主变成了长帝姬，大长公主变成了大长帝姬，郡主称宗姬，县主称族姬。

据蔡絛《铁围山丛谈》记载，公主改帝姬并非一帆风顺，是徽宗乾纲独断的结果。周天子姬姓，所以女儿称"王姬"。而宋朝国姓赵在上古时出自嬴姓，如果比照王姬的称呼，按道理应该叫"帝嬴"，但徽宗觉得这两个字不好听，不是美字，便以不合时宜为由予以拒绝。徽宗执意用"帝姬"，解释说："姬虽周姓，后世亦以为妇人之美称，盖不独为姓也，在我而已。"姬已经变成女人的通称词，姓氏的含义淡化了，无妨。可蔡京不愿意了，"鲁公于榻前忽力争，上愕然，询其所以。鲁公谓：'臣乃姬姓也，惧有嫌，使小人得以议耳。'上笑而不从，乃降手诏。"蔡京封鲁国公，后人以鲁公称之。蔡姓因为出自姬姓，蔡京要避嫌，徽宗不予理睬，坚持下诏使用了"帝姬"这个称谓。

关于诰命夫人，原分四等：国夫人、郡夫人、郡君、县君。诏令将郡君又细分为四等，县君细分为三等。母以子贵，妻以夫贵，丈夫等级越高，诰命夫人等级也越高。丈夫封国公的，母、妻可封国夫人；执政即可封郡夫人；尚书可封淑人，侍郎可封硕人；等等。

帝姬的称谓到南宋即废止，在中国历史上只存在了短短的十多年，不过字字带血，因为靖康之难，这些女子被掳到异国，她们有一个共同的标签——帝姬。

第六章 艺术与技术

医 学

中国古代没有严格的自然科学，医学与其说是生理学，不如说是哲学。传统医学脱胎于《易》和阴阳五行学说，《易》和阴阳五行是关于物质起源和运行的学说，有自然科学，更多的却是哲学。因为这个缘故，医学在宋代史料之渊薮《宋会要辑稿》中被归入《崇儒》卷中。

将医学纳入儒学体系，为医学在宋代发展提供了强劲的行政支持，宋代是中国传统医学发展的黄金时期。

现在很多人印象中，翰林院是文人精英荟萃的地方，而文人就是吟诗作赋写文章。其实宋代前期的翰林院聚集了不少技术官员，以备宫中和朝中使用，医官就是其中一种。医官院是翰林院下属机构，职责是管理医官以服务皇家。医官院的负责人称使、副使，后来叫提举、勾当，下面有直院、翰林医官、翰林医学、翰林祗候、翰林医人等不同等级的医疗官员和医疗人才，这就是所谓的"太医"。

太医虽然有职务高低之分，但并没有一套有序的管理制度，升迁贬黜全凭皇帝后妃好恶。而且在官职序列中，为医官留出的专位很少，医官职级只等同于军器库使、权易使等，相当于现今的职称序列没有专门的医疗技术职称。从这里可以看出，朝廷虽然离不开医官，但并没有真正重视起来。

到了徽宗时代，情况大为改观。前面说过，中国传统医学脱胎于《易》和五行学说，《易》和五行学说是中国哲学的源头，无论儒学还是道学都非常重视这些知识，所以古代的读书人大多是半个医生。而爱好文艺的宋徽宗比其他读书人更有慧根，对医学非常精通。其本人爱好医学，自然对医官高看一等。政和二年（1112）九月改革武官官阶时，在内侍省特意增加了医官官阶，共十四阶，有和安大夫、成和大夫、成全大夫、保和大夫、翰林良医七阶和对应的郎官七阶。医官官阶的制定，把医生地位提高到一个前所未有的高度，后世称地位较高的医生为大夫，称地位较低的医生为郎中，或许起源于此。

除了翰林院的医官院，太常寺内部还设有太医署。太医署一般认为是教学部门，犹如医学院。但实际上太医署还肩负着对全国医生的管理和考评。宋太祖乾德元年（963）闰十二月，"命太常寺考翰林医官医术，黜其不精者凡二十二人"，具体负责考核的只能是太医署。

大约宋仁宗庆历年间，太医署改名太医局；宋神宗熙宁九年（1076），太医局脱离太常寺的领导，独立办公，同时将教学功能剥离，太医局不再直接进行教学，此后的医学教学由国子监承担，融入儒学之中，没有单设医学一科。

崇宁二年（1103）九月，讲议司进言，请单独设置医学，教育培养医术精湛的医生，宋徽宗采纳了这个建议。新办医学叫太医学，隶属于国家最高学政机构国子监，与太学地位相当。其管理也仿效太学，分外舍、内舍、上舍三舍，外舍成绩优异者升入内舍，内舍成绩优异者升入上舍，类似现在的小学、中学、大学。上舍毕业者即可授予官阶。太医学实行分科教学，开设三科，分别是大小方脉科、针科和疡科。教师定额十二名，学生定额为上舍生四十人、内舍生六十人、外舍生二百人。

学校新办，学生不多，宋徽宗鼓励儒学生改学医学，特别鼓励州县学校推荐精通医学的学生直接入太医学学习。当然，为了保证学生质量，进入太医学要经过严格考试，一般会有三场考试。崇宁四年（1105），学生基本满额了，对州县不再单独录取。太医院定期组织医术考试，各州县学生与京城学生一视同仁。

徽宗试图致力于将医疗资源普及州县，除了太医学录取州县学生外，政和元年（1111）在大州、节度州置医学博士、助教各一人，小州置博士一人，目的是充实各州的教学力量。另外各州府还安置专职医生七至十一人不等，这些医生对于治病虽然杯水车薪，但他们的传播带动作用不可小觑。他们可以边治病边带学生，还可以传授常用的防疫知识。政和五年（1115）还制定了各州县兴办医学的办法，给各州县医学学生晋升到太医学分解了名额，将地方上培养的医生授予医学博士的荣誉称号，这些措施促进了地方医疗事业的发展。

虽然徽宗本人比较重视医学，但医学在当时属于"伎术"，整体上仍然受人鄙视，不能与其他艺术和技术形式相比。崇宁五年（1106）正月，徽宗诏令停止已经开办的医学和书、画、算学，不久又恢复了其他三门学科，独独医学等到大观元年（1107）二月才恢复。此后时兴时废，到宣和二年（1120）国家进入多事之秋，完全停止了医学。

徽宗重视医学，缘于他本人精通医术。我们虽然没有找到他为人治病的记载——当然像他这样的身份也不可能轻易给人治病，即便有一两例也不可能记入史册中——但他有一部经典的医学著作流传下来，书名叫《圣济经》。

《圣济经》成书于政和年间，宋徽宗在另一本医书《圣济总录》的序言中写道："万机之余，著书四十二章，发明《内经》之妙，曰《圣济经》。"从这句话中可以得知，《圣济经》果真出自宋徽宗之手，而不是组织编写或请人代笔。这句话还揭示了《圣济经》的内容，是诠释《黄帝内经》的著作。所以《圣济经》偏重于理论，关注治病施药的思想、宗旨和道理，而不是具体的治疗和药剂。

《圣济经》十卷四十二章，论述了阴阳五行、天人相应、孕育胎教、察色诊脉、脏腑经络、病因病机、五运六气、食疗养生、药性治法等诸多方面的理论问题，它不是对《黄帝内经》简单的整理和注释，而是融合了作者自己的思想和认识，是《黄帝内经》之后不可多得的纯理论性医学著作，清代著名藏书家陆心源称赞它："文浅而意深，言近而旨远。"

政和八年（1118）五月，宋徽宗将《圣济经》颁布于全国各级学校，作为医学生的教科书，并作为医学校考试命题的依据；九月，《圣济经》与《黄帝内经》《道德经》共同作为医博士的考试用书。

《圣济总录》是宋徽宗组织编写的一本医书，共二百卷。与《圣济经》不同的是，《圣济总录》收录了具体的治病方法，偏重于实践性。正像《圣济总录》序言中所写："《经》所言者道也，医得之而穷神；《总录》所载者具也，医用之而已病。"《圣济经》用来领会医学精神，《圣济总录》用来治疗疾病。

《圣济经》和《圣济总录》对明清医学影响极大，它体现了宋徽宗时代的医学发展，也见证了宋徽宗本人的医学水平。

书　法

南宋人赵溍《养疴漫笔》是一本笔记小书，记录说宋神宗有一次视察秘书省，见墙壁上悬挂着一幅南唐后主李煜的画像，其人物俨雅，风流倜傥，不禁感叹再三。他晚上睡觉时梦见李后主前来拜访，二人相谈甚欢。醒后有内侍来报，皇十一子出生，便是宋徽宗赵佶。这个记载荒诞不经，恐怕来源于民间传说，不过宋徽宗与李后主确有许多相似的地方，都是亡国之君，都文采风流，主要成就都在诗书画上。

李煜最为人津津乐道的是那首《虞美人》（春花秋月何时了？），宋徽宗北狩期间也有许多伤心感怀之作，读来令人悲怆不已。李煜善书画，曾有一部书法论著《书述》传世，总结了拨镫法"擪、押、钩、揭、抵、拒、导、送"的八种技艺。宋初人陶谷《清异录》说李后主善书，自创书体"金错刀"和"撮襟书"，南宋人陆游在《入蜀记》中记载曾目睹李后主撮襟书的石刻。绘画上，李后主擅长画竹石、飞鸟，远远超出一般画家。画竹学柳公权，自竹根至竹梢一一勾勒而成，谓之"铁钩锁"。

如果说李后主诗词上更有建树，那么宋徽宗在书画方面表现更为出色。

徽宗书法以瘦金体而闻名，瘦金体正如名字一样，既瘦且劲，其特点是瘦直挺拔，外形最引人注目的地方是横画和捺画收笔带钩，竖画收笔带点，撇如匕首，捺如切刀，竖钩细长。瘦金体是徽宗原创，在他之前从来没有见过如此个性的书法。当时和后世的书法家对瘦金体非常推崇，南宋人楼钥称赞说"笔力超迈，高掩前古，自出机杼，……虽曰出于薛稷，而楷法精妙，何止青出蓝而已"。明人陶宗仪《书史会要》说徽宗于"万机之余，翰墨不倦，行、草、正书，笔势劲逸。初学薛稷，变其法度，自号瘦金书。要是意度天成，非可以陈迹求也"。

蔡絛在《铁围山丛谈》中认为宋徽宗书画受吴元瑜、赵令穰、黄庭坚影响，楼钥和陶宗仪都认定瘦金书源自薛稷。薛稷是唐朝人，册封晋国公，与褚遂良、欧阳询、虞世南并称"初唐四大书法家"。薛稷还有位从兄弟薛曜，二薛书法风格相似，都用笔细劲，结体疏朗，笔画无论横竖撇捺粗细均匀，不像褚遂良细的很细、粗的很粗，变化多端。这些方面与宋徽宗瘦金体的笔意更加接近，所以大多数书论者认为薛稷、薛曜都是瘦金体之祖。

关于瘦金体也有不同的声音，认为过于刻板，有美术字倾向。宋朝也是宋体字的萌芽期，瘦金体比较适应雕刻要求，从字形来看对宋体字有启迪作用。以现在的目光来看，瘦金体更接近于硬笔书法，笔意外显而内涵略显不足。

很多人根据"字如其人"的理论，试图从瘦金体中找到帝王气象或者亡国的征兆。然而什么是帝王气象？气势磅礴、挥洒自如还是不拘一格？这些从宋徽宗的楷书中都找不到。相反瘦金体章法严谨，笔画锐利，杂有精致隽秀之意态，像一位心思细腻、谨言慎行而决绝果断的官员。亡国征兆又是什么？如章惇所说"端王轻佻"还是懒散、软弱、忸怩作态？从瘦金体里也读不到这样的风格。

也许就艺术说艺术更能体验出艺术的韵味。宋徽宗存世的瘦金书作品有《楷书千字文》《大观圣作之碑》《神霄玉清万寿宫诏》《秾芳诗帖》《牡丹诗帖》等多幅作品。

千字文创作于南北朝梁朝，是一千个不重复汉字组成的韵文，是古代儿童识字的启蒙读物，也是练习书法的绝佳文章。欧阳询、颜真卿、怀素、赵孟頫、文徵明等书法大家都有千字文传世。宋徽宗的《楷书千字文》三米多长，字大寸许，落款有"崇宁甲申岁宣和殿书赐童贯"字样。崇宁甲申岁是崇宁三年（1104），这一年童贯跟随王厚征伐西北，大战葛陂汤，收复湟州、鄯州、廓州，立下赫赫战功，宋徽宗诏童贯为景福殿使，遥领襄州观察使，五月将这一军事捷报奏告太庙、社稷、诸陵。《楷书千字文》应该作于这一时期，是年宋徽宗二十三岁。从这幅字可以看出，宋徽宗年轻时的瘦金书更清逸、更灵动。这幅作品为朱丝界栏，素笺本，现藏于上海博物馆。

《大观圣作之碑》作于大观元年（1107）九月，为资政殿学士兼侍读郑居中奏请御笔所书，目的是落实在崇宁五年（1106）提出的"孝、悌、忠、和、睦、姻、任、恤"八行教育方针，提倡办学、弘扬儒学。次年刻石立于中央和地方官办学校。目前全国发现多块石刻，以西安碑林、河北赵县和河南新乡的最为有名。比之《楷书千字文》，《大观圣作之碑》瘦金书更纤细、更优美，也更有骨力。

《秾芳诗帖》是宋徽宗的书法代表作，目前收藏于台北"故宫博物院"。书帖内容是一首八句四十字诗：秾芳依翠萼，焕烂一庭中。零露沾如醉，残霞照似融。丹青难下笔，造化独留功。舞蝶迷香径，翩翩逐晚风。诗句描写的是盛春百花盛开的情形，有远景残霞，也有近景蝴蝶，诗虽然不算上乘之作，但蝴蝶翩舞宛在眼前。这幅书帖每列两字，共二十列，长二百六十三厘米，字高十二厘米，在宋徽宗楷书里算比较大的字了。这幅字瘦硬中见丰腴，更豪气，更劲健，帖后没有落款，无法断定书写的准确日期，不过从风格来说，一定晚于《大观圣作之碑》。

这幅帖后面有南明人陈邦彦的跋："宣和书画，超轶千古。此卷以画法作书，脱去笔墨畦径，行间如幽兰丛竹，泠泠作风雨声，真神品也。"对宋徽宗的书法评价可谓中肯。

除了楷书，宋徽宗的草书水平也不俗。清末溥仪皇帝逊位后，赏赐给弟弟溥杰一幅宋徽宗的《草书千字文》，让他带出宫去，现收藏于辽宁省博物馆。这幅字写在长为十一点七二米的描金云龙底纹白麻纸上，笔跃气振，汪洋恣肆，如春水浩荡，是宋徽宗存世不多的狂草佳作。这幅长卷作于宣和五年（1123），落款"宣和壬寅御书"，还有"天下一人"的签押，钤印"御书之印""五福五代堂古稀天子宝印"。那一年宋徽宗四十二岁，风华正茂，不过在位日久，已自称古稀天子了。

宋徽宗传世草书作品还有《绛霄紫庭帖》《草书纨扇》《临唐怀素圣母帖》以及行草《蔡行敕卷》。

宋徽宗对自己的瘦金体相当自负，几乎到了随处题写的地步。《秾芳诗帖》《牡丹诗帖》等大多数诗帖没有落款，可见是平日里随性所书。他经常御笔手写诏书，这是他的先祖们所没有的。宋朝制度，朝廷大事先由臣子提议或宰执商议，提交皇帝，然后由翰林院拟旨，如果翰林院认为圣旨不当，还可以封还词头，拒绝拟旨，这样互相牵制，避免权力的随意性。徽宗御笔手诏，宰执、三省形同虚设，朝政大权掌握在皇帝和少数大臣手中，权力制衡机制遭到破坏。在重臣的鼓动下，他动辄作书勒石，立于全国各地，兴学办校如此，打击元祐党人如此，推崇道教也是如此。他还经常兴之所至，将书法作品赏赐给大臣近侍，《楷书千字文》便是明证。宣和四年（1122）的一天，宋徽宗驾御新修建的秘书省，拿出一篋自己的书画作品赏赐给在座的大臣，公宰亲王、使相从官每人一幅，或御画，或行草书，让蔡攸分发，群臣争相索要挑拣，以至于顾不上斯文，拉断了衣带，扯坏了帽子。看着乱哄哄的场面，宋徽宗不但不气恼，反而飘然得意，开怀大笑。

古代铸造钱币，上面都要刻上帝王年号和"通宝""元宝"字样，一般由当时的顶级书法家书写。徽宗时期发行的钱币多而杂，建中靖国年号只用了一年，就有建国通宝、靖国通宝、靖国元宝、圣宋通宝、圣宋元宝等多种钱币，崇宁、大观、政和、宣和年间也都有钱币发行。这些钱币上的铸字楷、行、隶、篆各体均有，其中至少崇宁通宝、大观通宝、宣和元宝为宋徽宗所书，前两者为地道的瘦金体，书体文字疏密得当、体态舒展；宣和元宝则是隶书，隐隐约约杂糅了楷书意味。

宋徽宗的书法取得这样高的成就，与家族遗传和当时的人文环境密不可分。宋朝本来就是文化昌盛的朝代，朝廷以文取士，满朝文武都是能诗能书之人。据《书史会要》，徽宗之前的宋朝皇帝几乎个个都是一等一的书法家：宋太祖一介武夫，却有书诗数幅传世；宋太宗垂意翰墨，行草可逼盛唐；宋真宗善书，甚得晋人风度；宋仁宗特别喜欢一种叫飞白的技法，书体遒劲，算得上精品；宋英宗也善书；宋神宗尤其擅长笔札；宋哲宗翰墨亦佳。有这样的先祖先辈，宋徽宗集书法之大成也不奇怪了。

宋徽宗身边重臣近侍不乏书法大家，他最信任的宰执蔡京的书法在宋代首屈一指，《书史会要》不吝笔墨称赞他："博通经史，挥洒篇翰，手不停辍，性尤嗜书……久之深得王羲之笔意，自名一家。评者谓其字严而不拘，逸而不外，规矩正书如冠剑大人议于庙堂之上，行书如贵胄公子意气赫奕光彩射人，大字冠绝古今鲜有俦匹，襄书为本朝第一而京可与方驾。"文中的"襄"指蔡襄，宋仁宗朝名臣，是蔡京的同乡族兄。书论者认为北宋书法成就最高的是"宋四家"：苏轼、黄庭坚、米芾，这第四有人说是蔡襄，有人说就是蔡京。

蔡京存世书法作品很多，全国各地《大观圣作之碑》的碑额即蔡京所书。

蔡卞、章惇、陈瓘、邹浩、张商英、宰相赵挺之、提举大晟府周邦彦，这些宋徽宗时代的名臣都在书法史上有一席之地。

这是一个书法名家荟萃的时代，宋徽宗尤其耀眼夺目。

绘　画

艺术界有句术语叫"书画同源"，说的意思是书法和绘画相辅相成，有成就的书法家绘画不会太差，反之亦然。比如宋徽宗同时代的米芾是宋代书法四大家之一，他的绘画水平在当时也首屈一指。苏轼号称行书第二，他的《枯木怪石图》被誉为文人画的典范，2018年被拍出四亿港元的天价。

中国画和中国书法都使用同一种工具——毛笔，笔意相通、技法相仿是二者密不可分的基础。事实上，书法家不能绘画的已经寥寥可数，画家没有书法功底的更是少之又少。中国画讲究留白，留出大片的空白一般要题上诗词句子，这样一幅画才完美，所以书画同源、书画一家并非臆度。

徽宗也不例外。尽管由于瘦金体具有原创性而声名鹊远，但就徽宗本人来说，可能更愿意被说成是画家，他曾在一次宴会上对宰臣说："朕万机余暇，别无他好，惟好画耳。"他对绘画的重视程度超过了书法。

中国画从技法上讲分为两大类：工笔画和写意画。工笔画崇尚写实，求形似，讲究工整细致；写意画主张神似，用简练的笔法描绘景物。目前存世标明宋徽宗的画作将近二十幅，都是工笔画。

从表现内容上分，中国画又分为山水、人物、花鸟、树木等，宋徽宗艺术成就最高的是花鸟画。

政和二年（1112）正月十六，宣德门祥云缭绕，不知从哪个方向飞来一群白鹤，在宫殿上空盘旋鸣叫，翅膀翕动云翳，声音清脆悦耳。这难得一见的盛大景观惊动了京都人，大家驻足仰视，赞叹不绝。其中两只仙鹤竟落在宫殿房顶的鸱吻之上，亭亭玉立，如悠然自得的闲客；其余翱翔鸣跃，摇翅和鸣，它们组建成了一个欢乐和睦的大家庭。仙鹤经时不散，好久才迤逦向西北飞去。这是祥瑞吉兆，徽宗激动之余，欣然命笔，将目睹情景绘于绢素，并题诗一首。这幅图画便是徽宗著名代表作之一《瑞鹤图》。

《瑞鹤图》长一百三十八点二厘米，高五十一厘米，图画下部是宫殿的屋檐，上面大部是靛蓝的天空。图上画有二十只仙鹤，其中两只立于鸱吻之上，其余十八只在天空振翅飞翔，姿态各异而飘逸灵秀。这幅画注重细节，仙鹤的头、颈、足、尾无不栩栩如生。白色的羽毛，红色的头顶，黑色的颈、足，色泽鲜亮而和谐。尤其为人称道的是翅膀的尾边，于毫厘之间精细刻画，在蓝色背景下白色之羽微微泛出黑光，好像清晰却又显得模糊，边界在似有似无之间，鸟禽翅膀边缘的羽毛被刻画得惟妙惟肖。《瑞鹤图》透着神性的光辉与君主的华贵，与徽宗的气质十分协调。

徽宗花鸟画为人称道的还有《芙蓉锦鸡图》，画的内容为一枝芙蓉花和飞上枝头的锦鸡，以及一对翩翩起舞的彩蝶，画图色彩艳丽、典雅高贵。

另外，徽宗还作有人物画《听琴图》，画自己在松下抚琴，两位大臣凝思倾听，松树苍虬如龙，凌霄花缠绕于青松之上，香炉青烟袅袅，似与琴声缠绕，意境、氛围、气韵在细腻的笔调间完全被调动出来。此时无声胜有声，从画中仿佛听到了如丝如诉的琴音。

徽宗对山水画也有涉猎，如《溪山秋色图》，现收藏在台北"故宫博物院"，主要为画山画树画水画云雾，实景占画卷不到一半，设色又浅淡，给人以空灵静谧之感。受道教影响，徽宗的山水画透露着仙境缥缈的神秘。

徽宗每一幅画卷上几乎都有一个相同的签押，是他自己设计的一个签名，像"天"字，又像"开"字，还像"一、下"二字。关于这个签押的含义，古人并没有太过在意，比如大篇幅介绍徽宗绘画成就的《画继》没有提到，专门记录宋帝十五押的南宋人周密笔记中也没有解读，对此感兴趣的是现代人。有人说徽宗签押是"天水"二字的简写，因为天水郡是赵姓的郡望，人们往往称宋朝为天水一朝；大多数人认同是"天下一人"的组合，表现了帝王的自负和忘乎所以；但也有人持不同意见，认为徽宗并没有蔑视秦皇汉武的雄心大志，何况他只是宋朝第九位皇帝，不至于狂妄到凌驾于先祖列宗之上，太平天子比较符合徽宗的心理预期和帝王意识，这个签押的正确含义应该是"一天下，开太平"。

签押是一件十分私密的事情，这个像"天"、像"下"、像"开"的字符，是徽宗内心密码，也许只有徽宗自己能够说得清楚。

徽宗的画作都有签押，但有签押的不一定出自他手。《铁围山丛谈》披露："独丹青以上皇自擅其神逸，故凡名手多入内供奉，代御染写，是以无闻焉尔。"因为徽宗喜欢丹青，他在宫廷中豢养了许多画家，因为养在深宫，这些画家一生寂寂无名。那么这些画家的作品哪里去了？毫无疑问，最终都署上了赵佶的名字。元人汤垕在《画鉴》中揣测："余度其万几之余，安得工暇至于此，要是当时画院诸人仿效其作，特题印之耳。"徽宗时编撰的《宣和睿览册》收录徽宗画作一万五千幅，即便徽宗是个懒政的皇帝，也无法完成这么多精美的工笔画，所以汤垕的揣测很有道理。

宋初沿袭前朝，在翰林院设图画院，专门用于皇家和宫廷绘画。宋中期之后，画院也兼及教学，培养人才。宋初画院只有二十多人，徽宗对画院格外重视，画院的规模不断扩大，仅画院官员就等级分明，有图画院待诏、图画院祗候、翰林奉诏、翰林画史、图画院艺学、图画院学正等，画家的政治待遇也高于其他同类官员。据南宋人邓椿《画继》记载："凡以艺进者，虽服绯紫，不得佩鱼，政、宣间独许书画院出职人佩鱼，此异数也。"宋代三品以上高官佩有装饰着鱼的图案的肩袋，称鱼袋，低品级官员只有皇帝特批才能享受这样的待遇，书画院官员级别不够三品，却能佩鱼，是"异数"，属于不正常现象，但足以证明徽宗对画师的优待。如果接受皇帝召见，或者侍立朝班，所有与艺术有关的机构，画院站在首位，其次书院，再次才是琴、棋、玉等其他机构。

徽宗对画家恩宠，甚至到了纵容的地步。米芾是位有个性的书法家、画家，为人洒脱，性格不拘，有"米颠"之称。一次，徽宗在瑶林殿挂了一块二丈长的绢，准备最好的玛瑙砚、李廷珪墨、牙管笔、金砚匣、玉镇纸、水滴，召米芾在绢上草书两首诗。徽宗在帘后观看，让内侍赏赐米芾酒果。米芾把袍袖向上撸起，上下飞舞书写大字，跳跃便捷，落笔如云，龙蛇飞动。写完后，他大声喊道："陛下，奇绝！"徽宗大喜，将笔墨砚匣一套书画用品全部赏赐给了米芾。一天，米芾在崇政殿奏事，手里拿着笏子，徽宗赐他座，米芾看了看大殿的两边侧堂，请求说："皇帝叫内侍拿个痰盂来。"这让人想起唐朝诗人李白令内侍高力士脱靴的故事。于是阁门弹劾米芾扰乱朝堂秩序，徽宗笑了笑："俊人不可以礼法拘。"

为了保证图画院能源源不断地补充高水平画师，崇宁二年（1103）朝廷开设画学，同时开设的还有医学、书学和算学，画学有佛道、山水、人物、鸟兽、花竹、屋木六个专业，学习优异者可以进入翰林图画院，直接做官，这在中国历史上是个创举。当然，从画学进入画院是有难度的，考试极其严格，试题也与其他艺工不同。譬如一次出题为"踏花归来马蹄香"，从题目看，这幅画有马，有花，画这些有形的事物对于有几年功底的画家来说不是难事，但诗句句眼在"香"字，如何巧妙地表现出无形的香才是破题的关键。大多数考生画出花团锦簇，然后就不知所措了，稍微灵透一点儿的，在马蹄上附着一些花瓣，以体现踏花归来、马蹄带香的意境。独独一位考生画几只蝴蝶追逐在马后，不见花却自带香味，可谓别出心裁，被选中。还有这样一道题："竹锁桥边卖酒家"。普通破题无非竹子、酒家、小桥、流水，有些考生在酒家门前画上人物以显得生动。画家李唐却不落俗套，画上青青翠竹、潺潺流水、横斜小桥，然后在翠竹梢上挑起一张酒幡。没有任何建筑、人物，但观者自然知道翠竹深处就是酒家。李唐的妙处在于将"锁"字表现得准确而含蓄，以第一名的成绩被录入翰林图画院。这样的题目并不仅仅考画工，还有些像抖机灵和脑筋急转弯。不过画家仅有勤奋是不行的，还要看天分，能够准确破题的考生天分一定不错。

像科举一样，徽宗会安排专门人员主考图画院，这些题目并非直接来自徽宗，但一定得到了徽宗的首肯，体现了徽宗的意志。

画院、书院那么多"伎术"人员，他们的专职不仅仅是绘画、书法，还要从事一些相关的工作。徽宗交代他们的一项任务就是收集古今有名的绘画作品和书法作品，到宣和年间，宫廷收藏各时代二百三十一位画家六千三百九十六件名画，收藏一百九十七位书法家一千二百一十四件书帖，徽宗敕令将这些作品的目录清册编撰成书，就是传世的《宣和画谱》和《宣和书谱》。《宣和画谱》和《宣和书谱》虽是目录清册，但归纳时分门别类。比如，《画谱》分为十门：道释门、人物门、宫室门、番族门、龙鱼门、山水门、畜兽门、花鸟门、墨竹门、蔬果门，并且有画家小传、画作介绍，所以又有画史和谱系的作用。《书谱》与《画谱》大致相同，它们在中国绘画史和书法史上具有重要价值。

茶　事

茶是中国一种古老的饮料，起源于何时已经无法考证，但有一点可以肯定，至唐宋才兴盛起来。蔡絛在《铁围山丛谈》中断言："茶之尚，盖自唐人始，至本朝为盛，而本朝又至祐陵时益穷极新出，无以复加矣！"永祐陵是徽宗的寝陵，后人常以祐陵代指徽宗。

唐人开始把饮茶作为时尚，中唐时期，陆羽著写《茶经》，可谓关于茶的百科全书。《茶经》分十章，涉及茶的起源、形状、功用、名称、品质以及采茶制茶的用具，提到饮茶时水的品质、温度，但这不算严格意义上的茶艺。这表明，茶艺至少到宋代才逐渐成熟。

《茶经》第一句："茶者，南方之嘉木也。"后面在第八部分写到产茶地，除了太行山之南，其他七个全在传统意义上的中国南方。到了宋代，福建、江浙一带茶叶产量和质量超过了其他地区，这里的茶叶通过运河源源不断被运到汴京，成为皇室贡品和士大夫闲暇时的奢侈品。最受皇家欢迎的茶是福建的团饼茶。

茶业的繁荣带动了茶艺的发展，汴京有钱且有闲的官僚、富商不断研究烹茶、饮茶的方法和技巧，茶被打上文化和艺术的标签，文人雅士趋之若鹜。作为领风气之先的艺术家，徽宗也是茶艺的集大成者。

大观元年（1107），百废俱兴，海内晏然，徽宗欣然编纂了一本关于茶的专论，叫《大观茶论》，大约两千八百字，除序论外，有二十章篇目，分别是地产、天时、采择、蒸压、制造、鉴辨、白茶、罗碾、盏、筅、瓶、杓、水、点、味、香、色、藏焙、品名和外焙。

徽宗在序论中写道：

　　至若茶之为物，擅瓯闽之秀气，钟山川之灵禀，祛襟涤滞，致清导和，则非庸人孺子可得而知矣。中澹闲洁，韵高致静，非遑遽之时可得而好尚矣。

翻译成白话文就是：

茶凝聚了瓯闽的秀气，集中了山川的灵气，饮茶可以开阔胸襟、清除郁闷，使人精神清爽、心境平和，这种妙处不是凡夫俗子能够体会的。茶中自有淡泊清洁、高雅宁静的情趣，这不是心烦意乱时能够消受的。

这段序论中，徽宗对品茶评价甚高，把它当作"祛襟涤滞，致清导和"的高雅之事，甚至"熏陶德化，雅尚相推"，与高尚的道德品质和优雅的社会风气相提并论。在统治者眼里，没有孤立的艺术，艺术都是社会风气的反映；而茶道是一种精神，一种纯净高雅的精神。

接下来他说得更为透彻：

　　且物之兴废，固自有时，然亦系乎时之污隆。时或遑遽，人怀劳悴，则向所谓常须而日用，犹且汲汲营求，惟恐不获，饮茶何暇议哉！世既累洽，人恬物熙，则常须而日用者，固久厌饫狼籍。而天下之士，励志清白，兢为闲暇修索之玩，莫不碎玉锵金，啜英咀华。较箧笥之精，争鉴裁之别，虽下士于此时，不以蓄茶为羞，可谓盛世之情尚也。

翻译过来就是：

事物的兴盛或者衰败固然取决于时运，但也和社会形势的变换有关。

如果人心惊恐不安，百姓劳烦忧虑，为日常生活而疲于奔命，唯恐衣食无着，哪还有闲心考虑饮茶这样的事呢？现在长时间太平相承，人民安适，物质充裕，日常所用丰盛得可以随处丢弃。而天下的读书人向往清静高雅，追求闲暇清寂的生活，无不醉心于金石古玩、饮茶品茗。人们争相比较茶箧包装的精巧，争相品评判别茶品的高下。即使才德卑贱之人，也不会以收藏茶叶为羞耻，可以称得上是盛世的情趣和时尚啊！

徽宗在崇宁年间政绩不菲，大观之后逐渐懒政，兴趣转移到茶艺、音乐、书法、绘画、古器和花石上，这段文字为探究他的思想转变提供了依据，这也是我们长篇累牍引用原文的原因。徽宗汲汲于太平盛世，他醉心于艺术，除了爱好，还有就是借此显示自己治国有道，天下太平，百姓安康！

《大观茶论》接下来的二十篇，地产、天时、采择是种茶环节；蒸压、制造、藏焙、外焙是加工环节；鉴辨、白茶是选茶环节；罗碾、盏、筅、瓶、杓、水介绍茶艺工具和介质；点是茶艺的核心，全称是点茶；味、香、色是品鉴茶汤；品名写茶的种类。

其中最精彩的是点茶。宋代流行的点茶方法大致是，先将团茶饼在微火上稍作炙烤，去除水分，在木质茶臼里捣碎并碾成粉末状，再放到茶碗中。然后以沸水冲点，并用茶筅用力搅拌至出现泡沫，称之为"运筅"或"击拂"，使茶叶与水充分交融成乳状。注水和击拂同时进行，一连串的动作一气呵成，讲究技艺娴熟，恰到好处。点茶讲究力道的大小、力道和工具运用的和谐。徽宗对手指、腕力的描述尤为精彩，整个过程点茶的乐趣、生活的情趣跃然而出：开水从茶上面倒下去，绕着茶面注入细线一样的一圈。注水要快，这样茶叶漂浮在水面上静止不动，同时用力击拂，茶的色泽渐渐地舒展开来，茶面上就泛起泡沫，就是汤花，像错落有致的珠玉一样。

以徽宗的身份，不可能亲自去种茶、采茶、加工茶，即便饮茶也有专人侍候，但我们不能因此断定徽宗不会点茶，不能断定这篇《大观茶论》

是否出自他人代笔。宋代的茶艺集中在点茶环节，点茶犹如抚琴、绘画是时尚，许多有身份有地位的士大夫、学者都会自己动手点茶。苏轼在一首诗里描述禅师点茶的情节，说"先生有意续茶经，会使老谦名不朽"，老谦是对这位禅师的戏称，禅师仅凭点茶就会名垂千古，这样的雅事皇帝怎能不亲力亲为呢？

其实史料中不乏关于徽宗点茶的记载。蔡京在《延福宫曲宴记》就写道："宣和二年（1120）十二月癸巳，召宰执亲王等曲宴于延福宫……上命近侍取茶具，亲手注汤击拂，少顷白乳浮盏面，如疏星淡月，顾诸臣曰：此自布茶。饮毕皆顿首谢。"徽宗在宴请群臣时当众表演点茶技艺，看来确实没少在茶文化上下功夫。

徽宗在一些书画中也会涉及茶艺，现收藏于台北"故宫博物院"的《文会图》即描绘茶酒合宴中文人会集的盛大场面。图画主体部分是一个巨大的黑漆食案，九位雅士围桌而坐，每个人面前都摆放着茶盏和酒杯，茶盏在左，酒杯在右。此外还有插花和瓜果。他们似乎在攀谈着感兴趣的话题，其中一个人正拱手请教，另外两个人比画着手势。还有一位绿衣男子呈立身欲坐之态，抑或刚刚离席返回，九位雅士一旁还有四位童子正在端盏换茶。食案后方有一石几，上面置瑶琴一张、香炉一尊、琴谱数页，分明有人抚琴而歌，不知是不是那位绿衣男子。食案左侧，竹边树下两位文士语言寒暄，拱手行礼。

图画正近处是备茶场景，有茶炉、茶几、茶桌，茶几上面放着酒樽、菜肴、汤瓶等。茶炉上正煨火煮水，汤瓶前放有茶箧、水瓮；茶几旁一位童子手持茶匙正从茶罐里舀取茶末放入茶盏，意在点茶。这分明就是一幅茶事图，用图画的形式表现宋朝的品茶盛事，而绘画之人正是徽宗。

图画右上方有一则徽宗亲笔题诗：儒林华国古今同，吟咏挥毫醉醒中。多士作新知入彀，画图犹喜见文雄。当年唐太宗看见新晋进士鱼贯而出，高兴地说：天下英雄入我彀中矣！徽宗自诩唐太宗，不过他网罗的不是英雄，而是儒林文雄！

第七章　锦绣汴京

清明上河

中国城市的出现可以追溯至公元前 2800 年的龙山时代，在唐代之前，中国的城市属于"行政性城市"，主要行使管理职能，为它周围的农村和农业服务。

北宋的汴京应该说是中国第一座商贸城市。

汴河将汴京与富庶的江南连为一体，江南的财富通过汴河源源不断地流入汴京；蔡河、五丈河又将汴京与北方各地贯通起来，江南财富便通过汴京流散到全国各地。汴京是当时无可争议的全国商业中心，并以此辐射构建了全国庞大的商业网络。在此基础上，汴京的手工业得到充分发展，大众文化和大众娱乐在城市涌现，市民阶层逐步形成，展现了与传统城市不一样的个性。

《清明上河图》是一幅长五百二十八点七厘米、宽二十四点八厘米的绢画，现收藏于北京故宫博物院。它以艺术的形式再现了徽宗年间的汴京城市图像。

《清明上河图》大约创作于政和年间，为张择端所绘，历史上没有留下他的太多相关资料，只知道他是山东人，曾在翰林院供职。相传这幅画的名字为徽宗所取，张择端将画献与徽宗，徽宗用瘦金体在画端写下"清明上河图"几个大字，可惜题字今已不存。

《清明上河图》令人惊叹的地方在于，这一块绢布上绘有六百八十四个人物、九十五匹牲畜、一百二十二座房屋、二十九艘船艇、十五辆车、二十多家店铺及八顶轿，还有河道、城门、树林、远近山，而这些元素并不孤立，它们有机贯通在一起，组成了一幅政和年间的汴京社会风俗图。

《清明上河图》上画的河流是汴河，占整幅画面的三分之一空间。汴河是一条人工运河，是隋唐大运河的一段，从汴京经应天府（今河南商丘）南下连通泗水，直达江南，也是汴京乃至全国漕运最繁忙的河流。《清明上河图》名字中的"上河"指的就是汴河，清明指描绘的时节是清明节，清明的另一层含义指天下太平、政治开明，徽宗题写画名时大抵自诩于此。

《清明上河图》中可以看到汴河漕运、客运的胜景。画上共绘制了漕船、客船、一般货船、游船、客货船及做散活的杂船共六种船只，漕船是专门调运粮食的官船，汴河常年有六千艘漕船往来于江淮与汴京之间，每艘漕船有员工二十多人，可载运粮食三百石，每三十艘船为一纲；游船是外地游客或京城官宦雅士观光消遣乘坐。这六种船只上涉及的人物就有船主、船员、商人、旅客、搬运工人、杂工，他们构成了汴京繁荣的基础，撑起了汴京的产业支柱。

庞大的漕船进入汴京市区，带来的一个问题是如何与路网互不影响。如果河桥太低，或者桥墩间距太窄，都会造成船桥相撞。为了解决这一难题，山东一名退休狱吏设计出木制"飞桥"的方案，在开封内外城修建了三座虹桥。虹桥跨距二十多米，宽八米，无立柱，以巨木凌空架设，向上高高拱起，大小船只可以畅通无阻，即便无法通过城门的船只也可以通过虹桥。中国香港特区城市学研究者薛凤旋教授认为，这是九百年前建桥史上的伟大发明。

虹桥是《清明上河图》整幅画作的核心，也是市井图的高潮。桥下百舸争流，桥上行人如织，小商小贩罗列两行，把城市的繁华和繁忙表现得淋漓尽致。行人有骑马的，有坐轿的，有步行的，还有挑担的，各种身份、各种行业的人在桥上相遇，和睦通行，毫无违逆感——也只有在商业社会才会出现这样融合共生的场景。

虹桥旁边有一家规模宏大的酒楼，门前用竹竿搭建起门楼，围上彩帛，名叫"彩楼欢门"，是当时酒店流行的装饰，起到引人瞩目的广告效应。酒楼还悬挂着巨型灯箱广告，上面写着"十千""脚店"字样。"十千"出自唐代诗人王维"新丰美酒斗十千"，作为酒的代称；"脚店"指招揽客人的小店，这样规模的酒楼在汴京还只是小店。宋朝的脚店享受官方背景的酒类特供，酒店打出脚店招牌说明店里的酒是正品。《清明上河图》上有大大小小酒店、茶店、饮食店近四十家，占画面房屋的三分之一，民以食为天，古代饮食业几乎撑起服务业的半边天。

宋朝酿酒业发达，酒的品种琳琅满目，能叫上名字的就有二百八十多种，南宋人周密在《武林旧事》中专门辟出一章《诸色酒名》，罗列了五十四种酒的名称。政府为了谋取利润，加强酒业控制，对外垄断酿酒的必需材料——酒曲。大的酒店、酒坊用官方酒曲酿酒，然后批发给脚店，有酿酒权的店叫正店，汴京有正店七十二家，《清明上河图》中最大的酒店孙羊店就是七十二家正店之一，主楼三层，还有多幢楼宇和不少厢房。酒店栅栏门里插着四盏栀子花，暗示酒店里有异性陪酒陪唱，这在宋朝是常见的现象，因为可以增加酒的销量从而增加税收，官方对此采取了鼓励的态度。画上显示，酒楼里每个窗户都有人影，显然生意不错。

除了酒楼，还有不少小吃店为出苦力的工人提供服务，这样的小店在路边比比皆是。比如桥头一家面馆，几个短衣打扮的食客围在桌前吃饭，中间一只大汤锅用于下面，非常符合底层人的饮食习惯。码头旁有卖馒头的流动商贩，搬运工人忙忙碌碌，三两个馒头可能就是他们的午餐了。

汴京的商业不止吃喝，《清明上河图》上挂店幡的还有售卖香料、布匹锦缎、木桶、煤炭、鲜肉、纸扎等的店铺和旅舍、医馆、诊所。

宋朝的香料主要以沉香和檀木为主，它们来自遥远的印度，是北宋主要外贸商品之一。宋朝上层痴迷香料，认为熏香有益于身心舒展，益于凝神静气，益于修行悟道，把"焚香"列为文人四雅之一。在他们心中，焚香是一件很庄重的事情，焚香前要先洗手，然后收神凝气，不能说话，颇有仪式感。徽宗皇帝对焚香也很内行，《听琴图》中间显眼的位置，放着一个类似花架一样的方形高案，上面有一只熏炉，可见宋人抚琴时也是要焚香的。

汴京能撩动市民和游客心思的还是热闹非凡的娱乐，这些场所叫瓦子或者瓦舍，意指其聚散自由，如堆积的砖瓦。瓦子是指一个以娱乐为主要内容的露天集市，并不特指某个舞台。唱戏的封闭舞台叫勾栏，勾栏是瓦子的核心，当然一个瓦子里不一定只有一个勾栏。

徽宗时汴京共有六个瓦子，分布在不同地段，其中最有名的桑家瓦子里有五十个勾栏，规模非常大。《清明上河图》画的并不是汴京最繁华的御街附近，而是城门内外，所以图上没有瓦子这样大规模的娱乐场所。但图中有说书、占卜、卖药的摊档，这些都是瓦子里包含的项目。

说书是照着话本讲故事，这是北宋新兴起的行当，流传下来的话本有《京本通俗小说》《三国志平话》《大唐三藏取经诗话》《宣和遗事》等，它们有的在宋朝成书，有的在元朝成书，但底本形成都在两宋之间。今天我们看到的"三言二拍"，说的大多是宋朝故事。又比如《京本通俗小说》中有一篇《志诚张主管》，故事地点就发生在汴京，明代小说《金瓶梅》借用了它的部分情节；《三国演义》脱胎于《三国志平话》，《西游记》脱胎于《大唐三藏取经诗话》，而《宣和遗事》是《水浒传》的蓝本。

《清明上河图》给人印象最深的是无处不在的小商小贩和个体户。除了上面提到的商铺从业者外，图画中还有卖肉、挑水、修车、理发修面、卖水果、卖饮料以及挑担沿街的卖货郎。在画中一眼水井旁，三个壮年在挑水，他们衣着打扮相同，动作熟练，疑似专门的从业人员，当时的汴京或许已经有了专业的"挑水服务公司"或者"家政服务公司"。这样精细的分工在宋朝之前是不可想象的。

商业如此发达，街上行人摩肩接踵，难免出现人车、人畜争道的现象，这对城市管理者是个考验。开封府直接管理城市的工商秩序，维护治安，府衙指派五百名兵士负责街道的清洁、维护和交通指挥，做出许多明确的规定。譬如，市民如果将垃圾倾倒于街道，杖六十；再如商户不得在户外搭建临时建筑，不得妨碍车马过往；等等。从《清明上河图》上还可以看到，街道两旁有排水沟，水沟两旁栽种树木以培土固岸。北宋时汴京多洪涝，排水沟是排雨排涝的设施。

从某种意义上讲，徽宗时代的汴京已经具备很多现代城市的功能。这不是徽宗一朝的功绩，但徽宗继承了父祖的遗产并将他们保留下来甚至有所发展，延续了大宋的繁华盛世。当时没有人能够想到，这盛世如此虚幻，就如黄粱一梦，醒来时已一片狼藉。

东京梦华

《清明上河图》描绘的只是汴京一角，要想了解汴京的全貌，非《东京梦华录》莫属。

《东京梦华录》是宋人孟元老的一本散记。孟元老史书不载，生平事迹已不可考，只是从这本书的蛛丝马迹中可以得知，他的父亲是位官僚，崇宁二年（1103）他跟随父亲到了汴京，靖康二年（1127）躲避战火到了江南，经常回忆起汴京昔日富足奢华的生活，因此写了这本《东京梦华录》。由此可知，《东京梦华录》中描述的场景，正是徽宗一朝崇宁、大观、政和、宣和年间的汴京。

《东京梦华录》在序言中极言汴京的繁华祥和：

> 太平日久，人物繁阜。垂髫之童，但习鼓舞；斑白之老，不识干戈。时节相次，各有观赏。灯宵月夕，雪际花时，乞巧登高，教池游苑。举目则青楼画阁，绣户珠帘。雕车竞驻于天街，宝马

争驰于御路，金翠耀目，罗绮飘香。新声巧笑于柳陌花衢，按管调弦于茶坊酒肆。八荒争凑，万国咸通。集四海之珍奇，皆归市易；会寰区之异味，悉在庖厨。花光满路，何限春游；箫鼓喧空，几家夜宴。伎巧则惊人耳目，侈奢则长人精神。

大致意思是：天下太平很长时间了，人口繁盛，物品充沛。尚未束发的小孩只知道学习玩耍；两鬓斑白的老人没经历过战争。每年随着时节变换，有各自值得观赏的好景。华灯齐放的夜晚，月色皎洁的黄昏，大雪飞舞的时候，鲜花盛开的季节，七夕乞巧，重阳登高，金明池禁军操练，琼林苑皇帝游幸。抬头看到青楼画阁，锦绣的门户，串珠的窗帘。华丽的车子一辆挨着一辆停靠在大街旁，名贵的宝马像竞赛似的驰骋于御街上，镶金叠翠的物品闪耀着眼目，丝绸绫罗的衣服散发着芳香。柳街花巷回荡着新谱的歌声和美人的欢笑，茶坊酒肆飘扬出吹奏箫管和调弄琴弦的音乐声。四面八方的人们聚集在这里，世界各国的使者往来于京城。四海的珍宝奇玩在市场上进行交易；天下的美馔佳肴在宴席上供人品尝。明媚的阳光铺满道路，人们争相游赏春景；喧嚣的音乐响彻长空，多少豪门正在夜宴。奇技巧术的表演使人耳目一新，奢侈享受的生活让人心情放荡。

这段文字堪比柳永的《望海潮·东南形胜》，当然此时的汴京比杭州靡丽百倍。

每年春天徽宗都要亲自参加金明池琼林苑游赏活动。京城西城墙新郑门外有一座人工湖，叫金明池，东西长一千二百四十米，南北宽一千二百三十米，原是皇家操练水军的地方，战事结束后变成一处御用园林，成为皇家宴游场所。不过，北宋皇帝习惯与民同乐，每年三月初一起向民众开放，在池上举办大型水上竞技活动，士大夫和百姓都可以来此观看，对官员也不禁止，御史台还专门出榜明示，来这里游玩的官员不得进行弹劾。金明池水上活动一直持续到四月初八，京城民众云集这里，犹如盛大的节日。

民众最期待的节目，除了水戏，还有皇帝御驾巡幸。过去只有池的南北两岸有零零星星的建筑，皇上临水观看，需要用彩色布幔围成幕帐，与民众隔开。政和年间，徽宗诏令在南岸建一座土木大殿，名字就叫临水殿，殿基前台呈半岛状突入池中，这是皇帝观赏水戏的场所。临水殿向北往池中心走，是一座拱桥，桥由三个拱门相连，中央高高隆起，状如飞虹，名曰仙桥，朱漆栏杆，分外醒目，所以又称骆驼虹（红）。桥的尽处，金明池水中央有五座殿，周围用石头砌成，里面有专供皇上使用的幔帐，还有红漆镶金的龙床、云水戏龙的屏风等。殿的回廊上有商贩出售商品，有艺人进行各种表演，十分热闹。

金明池南岸还有一个醒目的建筑——宝津楼，楼上有一处阔大的观景台，宽一百多丈，可以从这里鸟瞰仙桥和五殿。宝津楼南有宴殿，西有射殿，附近有柳树园子，里面是击球的地方。

徽宗几乎每年都要驾临金明池，通常在三月二十日左右。这一天，担任守卫的禁军与往日装扮不同，他们头戴簪花，身披锦绣，穿着捻金线的衫袍，勒着金带彩帛，手持金枪，腰佩镶有珠宝的良弓宝剑，举着龙凤绣旗，骑着红缨锦辔的健驹，万马奔腾，锣鼓喧天，好不热闹。

徽宗车驾首先落地临水殿，赐宴群臣，君臣边宴饮边观赏表演，仪卫队则一排两行站立在殿前搭建的水棚上，担任护卫任务。临水殿前，四条披着锦绣彩缎的大船一字形排开，船上禁军开始表演百戏，有大旗舞狮豹、长刀对藤牌、神鬼杂剧等。旁边两条小船上是伴奏的乐队，另外一只小船在表演"水傀儡"，又有两条船表演"水秋千"。

水戏表演完毕，便是最精彩的争标赛：二十只小龙船，每条船上红衣军士五十多人，船头一名军士舞动彩旗进行指挥，这是禁军的参赛船只；又有虎船十只，同样一人站在船头指挥，其余人划动船桨，这是百姓和差役参赛的船只；还有两条飞鱼形状的船只，上面五十多人穿着杂彩戏服，有人敲打着锣鼓铙铎；又有两条鳅鱼状的小船，用一整块木料制成，每船只能容纳一人划桨。先是小龙船分列两队，排列在水棚前，单等水棚上有士兵挥动红旗发出号令，两队船便争先恐后向池中心的五殿划去。五殿的水域插着一长竿，竿上有旗标，称为标竿，两队先抢到标竿者为胜。这时围观的百姓齐声欢呼，手舞足蹈。小龙船比赛过后，虎船比赛，后面依次飞鱼船、鳅鱼船比赛，金明池水戏达到高潮。张择端另有一幅《金明池争标图》，画的就是徽宗观看金明池争标、龙舟争流的场景。

金明池始建于宋太宗时期，太宗、真宗、仁宗都有游幸金明池观赏水戏的仪式，神宗留心国事、边事，不常游幸金明池，哲宗时干脆废弃了这项与民同乐的活动。徽宗喜爱文艺和游戏，再次兴起游幸金明池的高潮，他自己作诗记述此事：

> 十里香街沸管弦，
> 金明回驭夕阳天。
> 风轻芝盖摇霞浪，
> 袅袅龙盘七宝鞭。

争标赛结束后，徽宗离开临水殿，驾临金明池南面对门的琼林苑。琼林苑以植物为主，有假山、池塘和亭台楼阁。北宋制度，科举殿试后，皇帝举行进士及第庆典，赐宴琼林苑，大臣们在宴席上作诗祝贺。平常年份中，这里只能观花游赏，政和年间，徽宗觉得单调，在苑的东南角修建了一座高台，取名华觜冈，高数十丈，从这里不仅可以观望整个园林，而且能够眺望半个汴京城。

从琼林苑出来，徽宗登上金明池与琼林苑相交处的宝津楼。宝津楼宴殿照例歌舞酒宴，诸军在楼下献演，与金明池不同，这里演出的百戏都是陆上项目。先是击鼓说唱颂辞；其次表演狮豹舞、爬竿、翻筋斗等杂耍；再后表演哑剧、口吐烟火、钟馗舞、刀枪格斗等，名目繁多，花样百出，大都类似后来的杂技；继而表演骑术，技巧动作令人眼花缭乱；最为精彩的是女兵表演，来自宫中的一百多名容貌俊秀的女子骑在马上，装扮成男子模样，头裹短巾，身着窄袍红绿相间的膝裤束带，她们随着音乐和指挥一齐翻身下马，一手拿着弓箭，一手揽着马缰，向着徽宗跪拜行礼，高呼万岁。接着开始表演，分分合合变换阵形，然后分成两个阵营，或挽弓劲射，或持枪在马上交锋，个个姿态绰约、英姿飒爽、香风袭人。

楼下表演完毕，徽宗和群臣也都酒足饭饱，接下来到射殿进行射箭游戏。徽宗虽长在大内，却也能弯弓射箭，他亲自搭箭、引弓、瞄准，只听一声镝鸣，箭正中靶心。围观的群臣、卫士欢呼跳跃，齐声祝贺。

闹腾了差不多一整天，徽宗困乏，也该回銮了。百司仪卫，全都赐予簪花，以示恩典。徽宗骑的一匹马叫"小乌"，这一天小乌忽然来了脾气，驮着徽宗怎么都不愿迈开脚步。后来左右说："小乌还没有得到恩典呢。"徽宗便敕令小乌为龙骧将军，小乌果然欢快地上路了。

圣驾回宫，游人也纷纷散回城里。女子们骑着马，披着凉衫，将平日里遮面的盖头取下系在帽子上，吊在颈后。子弟们便轻衫小帽尾随其后，他们大声吆喝着，像比赛一样纵马飞奔。士人家的小姐则乘坐小轿，头上插花，轿帘也不放下，任凭路人观看。

皇帝与民同乐，民众兴高采烈，整个京城洋溢在太平盛世的欢乐海洋中。

节　庆

北宋太平日久，物阜民丰，官方和老百姓便格外重视节日和娱乐活动。

当时重要的节日有元旦（春节）、立春、元宵、春社、清明、四月初八、端午、六月初六、六月二十四、七夕、中元、秋社、中秋、重阳、十月初一、冬至等。其中四月初八是佛的生日，六月初六、六月二十四是民间所敬神的生日。徽宗抑佛尊道，佛的生日朝廷不拜，神的生日却要举行一些仪式庆祝。在清明节、中元节、十月初一时，朝廷和民间都要举行一系列祭祀活动。立春、春社、秋社是农时节，立春前后朝廷要举行籍田礼，皇帝找一块儿田地亲自示范耕种，以表示对农耕的重视；春社约在春分前后，主要用来祭祀土地神；秋社约在秋分前后，酬谢土地神。在民间，春社、秋社都是有影响的节日，也是狂欢的节日，而官方参与程度并不深。七夕又名"乞巧节"，是女孩子的节日，富贵家庭在庭园搭建一座彩楼，称作"乞巧楼"。女孩子焚香拜月、望月穿针，都是满满的祝福。冬至对于朝廷来说是大祭，冬至前三日皇帝就要夜宿大庆殿，次日五更起身，戴通天冠，着红色龙袍，手持玄圭，乘坐玉辂，经景灵宫前往太庙进献祭祀。再次日出南熏门，举行盛大的郊祭。其他如元旦、元宵、端午、中秋、重阳与现今并没有太大区别。其中最盛大的莫过于元宵节了。

元宵庆典早在冬至就开始。开封府在皇宫宣德楼前搭建彩棚，其形状高耸，故曰山棚。各种民间表演渐渐汇聚山棚前，有奇术异能、歌舞百戏、击丸蹴鞠、踏索上竿。徽宗朝比较有名的民间节目有赵野人倒吃冷淘、张九哥吞铁剑、李外宁药法傀儡、小健儿吐五色水、孙四烧炼药方、王十二作剧术等；还有杂剧、弹琴、箫管、吹笛，乐声嘈杂十余里外都能听到。到了正月初七，宫前张灯结彩，金碧辉煌，山棚上画着各种神仙故事，山棚前横列着三座彩门。大观年间，开封府尹宋乔年在彩门上用榜书金字写道"大观与民同乐万寿"，以后承袭下来，比如宣和年间便写"宣和与民同乐"。

引人瞩目的是宣德楼上摆放了天子的御座，两旁垛楼上各悬挂着一丈长的灯球，球中燃烧着巨型蜡烛，皇家显然要营造彻夜狂欢的氛围。楼下用枋木搭成一座露台，栏杆上结着彩带，禁卫排列两旁，幞头上插着簪花，以增加喜庆。

唐朝元宵节朝廷放假三天，宋朝延长到五天，从正月十四到十八，天子与群臣的主要任务就是庆典、玩乐。

有一种说法，说元宵节起源于道教，因此正月十四、十五，徽宗要到五岳观、上清宫进香，宴请群臣，正月十六登宣德楼观灯。用完早膳，徽宗便登上城楼，等音乐响起，卷起御座前的帘子，走出黄盖，亲自向百姓祝贺元宵。京城百姓大多早早赶到楼下，为一睹龙颜。之后徽宗回坐黄盖中，他头戴小帽，身穿红袍，面前单独放着一张桌子，两旁侍卫贴身站立，黄盖帘外有人撑伞掌扇。宣德楼左边垛楼是亲王们搭建的彩棚帷幕，右面是以蔡京为首的执政大臣搭建的彩棚帷幕，帷幕内各家私储的歌舞伎们竞相演奏新潮的乐曲，颇有对台打擂一较高下的意思。徽宗不时地给垛楼内赏赐物件，有一年甚至用金子做成弹丸，他喜爱哪边的节目便射向这边的垛楼，蔡京的垛楼得到金弹丸达百颗之多。

乐声鼎沸中进入夜色黄昏，华灯宝烛一齐点燃，顿时灯火通明，月色、花色、灯光、烛光交织在一起，比白昼多了一些朦胧，多了一些神秘，如同摇曳在薄雾之中，洋溢着融融的祥和气氛。

到了三更时分，宣德楼上小红纱灯沿着滑索拉到半空，徽宗便要回宫了。楼下百姓逐渐散去，未尽兴的转场到大相国寺继续狂欢。

宣和六年（1124），北方战事正紧，徽宗却没有忘记元宵庆典。这一年正月十四，他便登上宣德楼，看到人山人海的场景，高兴得命人从楼上向百姓撒钱，百姓纷纷哄抢，徽宗看得哈哈大笑。第二天他又命人向看灯的百姓赐酒，无论富贵贫贱、老少尊卑，只要到宣德门下，人人可得一杯。晁冲之有词描写宣德门元宵节盛况：

帽落宫花，衣惹御香，凤辇晚来初过。鹤降诏飞，龙擎烛戏，端门万枝灯火。　　满城车马，对明月、有谁闲坐。任狂游，更许傍禁街，不扃金锁。

端门就是宣德门，禁街指宣德门前的御街；扃，关门落锁。真是万家灯火，满城狂欢。

除了传统节日，宋朝还有一个特殊的节日，那就是在位皇帝的生日，每一位皇帝会选择不同吉祥词作为节日名称，宋太祖叫长春节，太宗叫寿宁节，真宗叫承天节，仁宗叫乾元节，英宗叫寿圣节，神宗叫同天节，哲宗叫兴龙节，徽宗叫天宁节，徽宗的儿子钦宗叫乾龙节。

徽宗天宁节在十月初十这一天，节前一个月，教坊就开始排练节目，检阅歌舞伎。十月初八到初十,百官陆陆续续到大相国寺拜佛敬神吃斋,举行盛大的祝寿仪式。崇宁二年(1103),徽宗下令各州县也要为皇帝寿诞举行庆祝仪式,并专门修建天宁观作为祝寿场所,由知州率领幕僚到天宁观祭拜进香。天宁观当日要举行道教法事,祈祷圣上万寿无疆。十月初十中午时分,仪式结束,相国寺的朝廷百官出寺院直接到尚书省都厅吃宴,这是徽宗钦赐的宴席,却不能算是寿宴,真正的寿宴要等到十月十二。

十月十二这天,宰执、亲王、宗室、百官进入皇宫集英殿为徽宗祝寿,还有专程前来的外国使节。众人尚未落座,艺人们模仿百鸟的叫声,一时间鸾凤翔集,上下和鸣。在奏乐声中,各人按官职、爵位高低依次落座,每人前面的桌几上摆放着馓子、油饼、枣塔以及水果,只有辽国使者被高看一眼,桌上还有猪、羊、鸡、鹅、兔等熟食。此外还有葱、韭、蒜、醋等调料,以及汤食。这些都是看盘,事先摆上去,而后随着酒宴进度会不断添加酒菜。

徽宗天宁节饮酒最为讲究,一共要饮九巡,每巡皇帝先饮,然后宰臣,再后百官。教坊的乐队在彩棚里,依据饮酒的轮次演奏不同的乐曲。

第一巡,皇上饮酒时,一名歌手在音乐的伴奏下演唱中音歌曲;下面宰臣饮,乐部音乐;百官饮时,起舞。

第二巡,同第一巡大致一样,只不过宰臣饮时的音乐更为舒缓。

第三巡,军士和男女艺人表演百戏。

第四巡,先是舞蹈,而后表演滑稽节目,而后念颂词颂诗。

第五巡,皇上饮酒时,琵琶独奏;宰臣饮时,击打方响(古代一种击打乐器);百官饮,舞蹈。表演完毕,有儿童上台念诵颂词并舞蹈。

第六巡,皇上饮酒时,笙独奏;宰臣饮,慢曲;百官饮,舞蹈。而后进行筑球比赛。

第七巡,皇上饮酒时,慢曲;宰臣饮,慢曲;百官饮,舞蹈。表演完毕,女童进行舞蹈表演。

第八巡,皇上饮酒时,一名歌手唱《踏歌》;宰臣饮,慢曲;百官饮,舞蹈。

第九巡，皇上饮酒时，慢曲；宰臣饮，慢曲；百官饮，舞蹈。而后由禁军进行相扑表演。

第三巡过后会添加下酒肉，先是咸豉爆肉、双下驼峰角子，而后槵炙子骨头、索粉、白肉胡饼……其中很多稀奇古怪的菜名，现在已弄不清食材和做法。最后一道是水饭，大概相当于现在的粥。

徽宗喜爱欢乐祥和的气氛，不愿放过每一个快乐的时光。他经常宴请大臣，几乎每次宴请都要安排节目。蔡京曾为一次宴会留下文字，写道：政和五年四月徽宗在宣和殿宴请辅臣，先在崇政殿观看皇家子弟五百人骑马射箭表演，然后赐座，让宫女在殿下鸣鼓击柝、跃马飞射、剪柳枝、射绣球、击丸、据鞍开神臂弓，妙绝无伦。由此可见，徽宗在宫里专门培养了一支女子表演队，她们可能与金明池表演的宫女是同一支队伍。徽宗感慨道："虽然不是女子应该做的事，但女子能够做到，天下还有什么不能教的？"一旁的卫士皆有愧色，而蔡京等奉迎说："士能挽强，女能骑射。安不忘危，天下幸甚！"

徽宗明知耽乐误国的道理，但深陷其中不能自拔。身边的一帮臣子大多劝他及时行乐，蔡京长子蔡攸鼓动他："所谓人主，当以四海为家，太平为娱，岁月能几何，岂徒自劳苦！"有时他也自我宽慰："先王为天下欢乐，也为天下忧虑。如今西北臣服，幸亏天下无事，朕才得以游戏宴乐啊。"臣下恭维说："圣人才能做到先天下之忧而忧，后天下之乐而乐。"意思是您像圣人一样后天下之乐而乐。徽宗转过头问蔡京："卿怎么看？"蔡京附和说："这是最快乐的事！"徽宗高兴地说："太对了！"

放纵自有放纵的借口，奢靡总有奢靡的理由。

女　人

每一位皇帝都有数量庞大的后宫佳丽，徽宗也不例外。

后宫就像朝廷一样，也讲尊卑贵贱，也有严格的等级制度。皇帝的妻妾分成若干个等级，享受不一样的尊崇和物质待遇。

宋朝后宫的等级如金字塔一般，越往下越庞大。

皇后一人；

妃四人，从上向下依次为贵妃、淑妃、德妃、贤妃；

嫔十七人，从上向下依次为太仪、贵仪、淑仪、淑容、顺仪、顺容、婉仪、婉容、昭仪、昭容、昭媛、修仪、修容、修媛、充仪、充容、充媛；

婕妤若干；

美人若干；

才人若干；

贵人若干。

贵人以上算皇帝的正式妻妾，当然皇帝可以随时临幸宫中的女人，有些没有正式后宫封号，可以先晋一个命妇的封号，可以理解为皇帝妻妾的预备队。比如，真宗的宫女李氏生下仁宗后晋为崇阳县君，后来又生下一个女儿，才晋封为才人。

一个皇帝只能有一位在世的皇后。还在端邸的时候，徽宗娶了王氏为妻，登基后就将王氏册封为皇后。王皇后出身小官僚之家，地位不算显赫，也不太会媚迎男人，因此并不受宠。皇后是后宫的大管家，然而王皇后并不能震慑后宫，反而被宦官诬陷有不可告人之事，徽宗将王皇后拘禁调查，最终证明是场冤案。所幸王皇后侍奉徽宗比较早，得以给他生下一儿一女，儿子就是钦宗赵桓，女儿封崇国公主。大观二年（1108），王皇后崩逝，年方二十五岁，谥静和。这个谥号极其普通，从中也可以看出徽宗对她不咸不淡。高宗时改谥显恭。

徽宗刚即位时，向太后将身边的两位侍女赐给徽宗，显恭王皇后就是从这个时候失宠的。这两位侍女分别姓郑和王，刚到徽宗身边时仅得到郡君的封号。建中靖国元年（1101）二人得封美人，她们的晋升不仅因为得宠，主要是为徽宗生下了儿女。郑氏生下了第二位皇子和五个帝姬，不幸的是儿子出生不久就夭折了；王氏育有五个儿子、三个帝姬，在徽宗所有妃子中生育数最高。虽然王氏更能生育，但她晋封美人比郑氏晚了两个月，此后封号始终在郑氏之后，在新皇后竞争中处于劣势。大观四年（1110）郑氏晋为皇后。

郑皇后出身卑微，不是一个奢华的人，政和元年（1111）举行皇后册封礼时，有关部门研制了新的冠服，郑皇后觉得冠珠过多浪费国用，执意使用过去的标准。郑皇后生性端谨，她的侄儿滥用职权，收受贿赂，郑皇后向徽宗建言让御史弹劾他。郑皇后还是一个大度的人，刘贵妃薨逝，徽宗伤心不已，想要追封她为皇后，郑皇后顺应徽宗，表请对刘贵妃施以褒崇之礼，令徽宗十分感动。徽宗一生为郑皇后写了许多诗词，被天下人传唱。北宋灭亡后，郑皇后随徽宗到了北国，五年后崩逝，谥显肃。

王氏虽逊于郑皇后，但最终也被封为妃的最高位——贵妃。她生育的五个儿子中，赵楷是徽宗的第三子，在存活的弟兄中仅小于太子赵桓。赵楷非常有个性，政和八年（1118），他混入科举队伍参加考试，居然得了个状元。这样富有才情的儿子理所当然受到徽宗的宠爱，所以朝中一度盛传赵楷与赵桓争夺皇位，但传闻终究是传闻，徽宗从没有在公开或私下场所里表态打算传位于赵楷。王贵妃的另一个儿子赵枢封肃王，靖康元年（1126）金军第一次围汴京时，赵枢被质押在金营，后被金军带到北方，再也没有回到中原，成为第一个被掳走的皇子。

后宫妃嫔以能给皇帝生育为尊，这样意味着自己能够得到较为尊崇且稳固的地位。尤其在宋朝，皇帝子嗣不蕃，仁宗因为没有儿子又迟迟不愿收养以至于在朝中掀起旷日持久的波澜。然而徽宗却不存在这样的问题，他在位期间生下来六十五个子女，其中三十一个儿子、三十四个女儿。三十一个儿子中有六个早夭，比较宋朝其他皇帝，这个夭亡率是极低的。

刘贵妃大概是徽宗一生最为宠爱的女人。贵妃在徽宗即位当年入宫，入宫即大幸，育有三男三女。政和三年（1113），刘贵妃年方二十七岁，身体不适，意识到自己将不久于人世，指着庭园里亲手种植的芭蕉树，伤感地说："我见不到它长大了。"左右侍者告知徽宗，徽宗以为贵妃只是小恙，没有在意，等他慢吞吞赶到贵妃寝宫，贵妃已经咽下了最后一口气。为了弥补内心的遗憾，徽宗追封刘贵妃为皇后，谥号明达懿文，后世称为明达皇后。皇帝在皇后在世的情况下封另一个女人为皇后，徽宗之前只有仁宗这样做过。

徽宗对明达皇后的思念并没有随着时间的流逝而淡漠。《铁围山丛谈》记载，明达去世三四年后，徽宗依然伤心不已。蔡絛上奏，他询问过道士王老志，说明达皇后是上真紫虚元君，并数次在他们之间传递讯息。道士林灵素认可了王老志的说法，设坛用飞符召唤明达皇后。他向徽宗报告说，明达皇后正在参加西王母的宴会，马上就会赶过来与徽宗会面。据说徽宗真的见到了明达皇后，她看起来相貌并无变化，二人聊了很久明达皇后才重新飞回天上。

这当然只是传奇！听起来更像另一对情侣的故事——唐玄宗和杨贵妃。唐人陈鸿《长恨传》：唐玄宗从西蜀回来后，被尊为太上皇，居住在兴庆宫，仍然念念不忘杨贵妃。有位道士自言能召唤亡魂。唐玄宗大喜，令他寻找杨贵妃。道士在东方仙山上找到了杨贵妃，原来贵妃乃天宫仙人。杨贵妃虽然没有随道士到凡间与唐玄宗直接对话，不过问了许多别后情况，并让道士代向玄宗道谢。

实际上，在帝王中，如果说徽宗与南唐后主李煜的遭遇相仿，毋宁说他与唐玄宗的人生更为近似。唐玄宗开创了开元盛世，宋徽宗也有大观年间励志振兴的努力；天宝年间国库丰盈、四海晏然，唐玄宗因此怠政，政和、宣和年间大宋繁华，徽宗因此变得奢靡；二人都抑佛崇道；二人都重视文化且擅长艺术；二人都子女蕃盛；二人都是情种；二人在位后期都经历了猝不及防的战争并因此使帝国衰败，国祚虽得以延续但残破不全、苟延残喘。

徽宗宠爱的还有另外一个刘贵妃。她很小就进入宫中，因为与明达皇后同姓，尽管二人年岁相仿，仍然被收为养女。小刘妃育有三男一女，在明达皇后死后被册为贵妃。小刘妃擅长打扮，她穿戴的服饰能很快传遍京城，成为富家女效仿的时尚。常到宫中走动的道士林灵素见小刘妃十分惊艳，对徽宗说她是天上的玉真安妃下凡，还画了画像供在神霄帝君的一侧，此后宫中都称她为安妃，徽宗专门建玉真轩为安妃居处。安妃的美貌让胭脂堆里的徽宗也骄傲不已，甚至不顾体统向臣下夸耀。宣和元年（1119），他在宫中保和新殿设宴，赴宴的有蔡京、王黼、童贯等。酒过五巡，徽宗兴致正高，吟诗道："雅燕酒酣添逸兴，玉真轩内见安妃。"诏蔡京补齐下句，蔡京对曰："保和新殿丽秋晖，诏许尘凡到绮闱。"大家以为能够见到安妃，内心雀跃。谁知徽宗将他们领到玉真轩妆阁，只看到了安妃的画像。蔡京颇有遗憾，吟诗谢奏："玉真轩槛暖如春，即见丹青未见人。月里姮娥终有恨，鉴中姑射未应真。"徽宗大度地笑了笑："卿是姻家，自应相见。"徽宗第五女茂德帝姬嫁给了蔡京的儿子蔡鞗，所以徽宗称蔡京为姻家。蔡京如愿以偿见到安妃，徽宗还命安妃为蔡京劝酒，蔡京专门作文记述了此事。安妃薨逝于宣和三年（1121），三十四岁，也赠为皇后，谥明达近比。这个谥号的意思是安妃与明达皇后相近，徽宗还把她们的墓葬在了一起。安妃去世时，徽宗亲自前往吊唁，流下了眼泪，但一位姓崔的妃子却没有伤心的表情，徽宗一怒之下废崔妃为庶人。徽宗还找理由处罚了与安妃有关的御医和内侍。

还有一位妃子不能不提，就是韦贤妃。她本来是众多妃子中不太起眼的一个，不过她为徽宗生了第九子，就是后来的宋高宗赵构。母以子贵，韦贤妃被高宗封为皇太后，死后谥显仁。

徽宗后宫中人数众多，她们大部分在靖康二年（1127）成为金人的俘虏，从而为后人提供了准确的数字，留下了她们的名字。此时徽宗有一后、四妃、三十一嫔、四十一宠婢、六十七婢。这些不包括已经故去的后妃。

在徽宗众多的后宫女人中，王贵妃给他生了八个子女，还有些人生育七个、六个，说明徽宗对她们至少宠幸了十数年，并且喜新不厌旧。此外，还有关于宋徽宗与李师师的爱情故事，最早记录的是元代修订的宋话本《大宋宣和遗事》，以小说的形式讲徽宗朝皇帝、官僚、草寇的故事。书中记述，徽宗深居九重，反不如小民快乐，所以微服出行，去观赏京都市井风景，结果遇见李师师，自此不能自拔，经常深夜出宫与李师师相会。

话本类似于小说，内容不能作为史料证据。不过据《宋史》，秘书省正字曹辅曾经上过一道奏章，批评徽宗乘小舆出入尘陌。第二天，徽宗让宰执质问曹辅何以知道皇上行踪，曹辅回答说："里巷细民无不知者。"意思是大街小巷都传遍了，换言之，曹辅只是道听途说。不过徽宗经常微服出入蔡京家，蔡京还写了谢表："轻车小辇，七赐临幸。"街谈巷议恐怕是从这件事上生发开去，添油加醋。明代的《续宋编年资治通鉴》说徽宗受到蔡攸的蛊惑，微行都市，也会到妓馆、酒肆游幸，不过并没有提供证据支撑。

李师师其人历史上真实存在过，秦观、晁冲之诗词中都有提及，靖康中金人索要的名单中就有她的名字。徽宗微服出行太师府为史料所记载，他多情好色喜欢女人更是尽人皆知，坊间将这几条联系起来，便形成了宋徽宗与李师师的趣话，虽是子虚，倒也符合徽宗的性情。

危险的政治投机

第八章　君臣失格

蔡京起伏

崇宁之后，蔡京一直是徽宗最信任的大臣，他也是整个北宋任职时间最长的宰执。在他之前，赵普在太祖、太宗两朝累计任十五年宰相，王旦在真宗朝累计任十二年宰相，吕夷简在仁宗朝累计任十二年宰相，韩琦在仁宗、英宗、神宗朝累计任十年宰相，文彦博在仁宗朝，加上元祐年间任平章军国重事，累计十二年，其他没有超过十年的宰相。而蔡京累计任宰相达十八年！当然，蔡京的宰执之路也并非全是鲜花和坦途。

崇宁四年（1105），元祐党人碑勒石已近一年，徽宗假蔡京以打击政敌的目的基本达到，王厚、童贯青唐拓边也已结束，国内外政局基本趋于稳定。失去共同敌人之后，新党内部出现分歧和倾轧势所难免。在这种情况下，徽宗开始有意识地削弱蔡京的权力。是年三月，门下侍郎赵挺之上奏弹劾蔡京权力过大，阴结私党，堵塞言路，特别是给禁军卫队和皇城巡捕增加俸禄，笼络军队，这是皇家之大忌。徽宗并没有对奏章进行表态，也没有着手调查蔡京的不法行为，而是任命赵挺之为右仆射，这样由蔡京独相变为蔡、赵二相，重用赵挺之以牵制蔡京。

崇宁五年（1106）正月，西方的天空出现了巨大的彗星，长数丈，彗星尾部还扫过了参星的一角，古人认为这是大不祥。作为天之子，皇帝必须检讨朝政过失。徽宗搬离正殿，减少饮食，下诏鼓励中外臣僚直言朝廷缺失。他听取中书侍郎刘逵的意见毁掉了元祐党人碑，还废除了崇宁之后的一些改革措施。赵挺之抓住机会，变本加厉弹劾蔡京，认为朝中有奸佞才导致彗星犯参，而这奸佞就是蔡京！正是蔡京的改革导致了天怒人怨。为了避免星变导致祸端，徽宗在二月罢免了蔡京。

彗星事件逐渐平息后，徽宗又想起了蔡京的好，毕竟崇宁年间的政绩大多离不开蔡京出谋划策和具体实施。身边的一些大臣也开始在徽宗耳边替蔡京说话。比如，郑贵妃的从兄弟郑居中进言说："陛下建学校、兴礼乐是为了修饰太平，建养老院、安济坊是为了周济贫困，这样的好事难道会因违背上天的意志而遭到谴责吗？"这正是徽宗愿意听到的话。他又询问礼部侍郎刘正夫，刘正夫也认为崇宁新政是绍述神宗遗志，并没有错。大观元年（1107）正月，徽宗重新起复蔡京，仍为左相。而蔡、赵二人已势难两立，三月赵挺之罢相。

这是蔡京第一次罢相，只有短短的不到一年。

此后徽宗愈发依赖蔡京，对蔡京言听计从。汴京周围没有天险，如何保证京师的军事安全一直是历代皇帝不敢掉以轻心的事情。太祖、太宗的解决办法是在京师及周围集结大量军队，蔡京认为一旦战争兴起，这样过于被动，他在京城四周各选一个城市作为军事重地，称为四辅，将军队驻扎在四辅以拱卫京师。北方选了澶州（今河南濮阳），西方郑州，东方曹州（今山东曹县），南方拱州（今河南睢县），各屯兵两万，将士待遇大幅优于其他禁军。四辅的郡守宋乔年、胡师文都是蔡京的姻亲，所以四辅成为反对派攻击蔡京的一个由头。赵挺之弹劾蔡京用高昂的费用培植私人势力，不过挑战失败，大观二年（1108）蔡京封国师。

第二轮挑战蔡京的是御史中丞石公弼。石公弼是一位资深言官，曾得到蔡京赏识，跟蔡京关系不错，后因反对苏杭一带对民众剥削过重而与蔡京日渐疏远。石公弼从大观二年（1108）九月到大观三年（1109）六月，连上十数章弹劾蔡京。太学生陈朝老也罗列蔡京"十四宗罪"，分别是渎上帝、罔君父、结奥援、轻爵禄、广费用、变法度、妄制作、喜导谀、钳台谏、炽亲党、长奔竞、崇释老、穷土木、矜远略，其中渎上帝、罔君父、喜导谀、崇释老都是不敬罪，结奥援、钳台谏、炽亲党、长奔竞是结党营私，轻爵禄、广费用、穷土木属奢靡浪费，变法度、妄制作、矜远略属执政方略方面的问题。大观三年（1109）六月徽宗罢免了蔡京宰相职务，仍为太师，加宫观虚职，不久致仕。

蔡京第二次落职，看似台谏与太学生交相攻击的结果，其实有更深层次的原因。崇宁后陆续恢复了王安石新法，其中在崇宁三年（1104）七月恢复了方田法。古代朝廷收农业税有两种方法，一种是依据田亩征收，一种是依据人口征收，也可以二者混征。宋朝按土地征税，这应该是比较合理的一种方式，不过由于土地处于不断兼并、变更当中，很多大官僚、大地主隐瞒田亩，逃避税收。方田法由官府重新丈量土地，按土壤肥瘠划分等级，重新确定赋税缴纳数目，此举受到豪强的强烈反对。王安石变法时就因阻力过大未能完全铺开，现在实行也必然招致对朝廷的怨言。徽宗拿蔡京做替罪羊，避免了社会矛盾进一步激化，也是无奈之举。蔡京罢相不到十天，方田法被叫停，暂缓实施。

接替蔡京任宰相的是何执中。何执中在亳州时曾是曾巩的下属，协助曾巩判案断狱颇有政绩。徽宗即位后，何执中先后任宝文阁待制、中书舍人、兵部侍郎、工部吏部尚书兼侍读等。他最大的政绩是创立了国家档案馆。之前历朝都没有专门管理档案的机构，档案随手放在柜里或者筐里，很多官员把它们带到家中，有人查询档案，还需支付官员费用。何执中任吏部尚书时发现了弊端，上奏建立吏部"架库阁"专门负责管理账籍案卷。后来徽宗将这一举措推广到三省六部和地方机关。架库阁是现代档案管理的雏形，何执中也成为中国档案管理的鼻祖。

何执中是个小心谨慎的人，缺乏坚毅果敢的魄力。他对蔡京毕恭毕敬，曲意迎合，譬如蔡京担心地方官上书攻击朝政，何执中便奏请外臣朝觐和入朝要经过严格审核。士大夫对何执中不满意，陈朝老评价说：徽宗即位以来，"五命相矣：有若韩忠彦之庸懦，曾布之污赃，赵挺之之蠢愚，蔡京之跛扈。今复相执中，何为者耶？是犹以蚊负山也"，认为何执中"碌碌常质，初无过人"，难以担负重任。

蔡京虽遭罢免，但职级未降，石公弼等仍然交攻不止，大观四年（1110）五月，徽宗下诏："蔡京权重位高，人屡告变，全不引避，公议不容。言章屡上，难以屈法，特降授太子少保，依旧致仕，在外任便居住。"从太师降为太子少保。

张商英曾因依附章惇在仕途上受到株连，后来又因与蔡京政见不合被打入元祐党籍。蔡京远离权力中心给张商英带来了新的机会。徽宗阅读《哲宗实录》时，读到张商英与旧党斗争的事迹，大为感动，又说：崇宁的时候，张商英只是与大臣议论不和，其本心并没有结党。所以先是任命其知杭州，大观四年（1110）六月又擢拔为尚书右仆射兼中书侍郎，这样形成了何执中与张商英共相的局面。

徽宗把张商英作为制衡蔡京的政治力量，上任不久便废除了蔡京的"当十钱"，恢复在泗、楚、真、扬四州设立的转般仓，官方货物不再由江南直达京师。这些措施有利于降低通货膨胀，稳定商业，减少扰民。张商英还劝徽宗节制奢靡，停止大兴土木。徽宗对他颇为忌惮，当时朝廷正在修葺升平楼，他告诫主管者遇到张商英，要把工匠藏匿起来，等张商英过后再照常施工。

然而张商英也有明显的性格缺陷，就是做事高调，容易授人以柄，何执中、郑居中都想把他排挤出去。门下省一位官吏被张商英降官，有人不服，公开与张商英争辩，把事情闹大了，徽宗便让御史台介入。御史台评判张商英理屈，徽宗也嫌他谏言太多，于政和元年（1111）八月将他调出朝廷，外放河南府。

蔡京失位，引得朝中何执中、张商英权争不已，已经习惯了安逸的徽宗对此感到厌烦，他便又想起蔡京的好来。政和二年（1112）五月，他恢复蔡京太师身份，特许享受元丰中文彦博待遇，参与政事，可以三天到一次宰相办公的地方政事堂。这样，何执中虽然仍为左相，但蔡京事实上已居何执中之上。

从大观三年（1109）六月到政和二年（1112）五月，蔡京第二次罢相整整三年。

身边的红人

政和六年（1116）四月，何执中致仕。之后经郑居中、刘正夫、余深走马灯似的轮换，到宣和二年（1120），蔡京再三引疾告老，终于被允许致仕。徽宗亲笔写了制词，以示恩宠。

蔡京是一位能力出众的大臣，宋朝的宰相不是皇帝的代理人和决策的执行者，而是决策的策划者和组织者，所以崇宁期间的政绩很难分清楚哪些是徽宗所为，哪些是蔡京所为。大观之后，蔡京和徽宗一样贪图享乐，进取之心懈怠了不少。一次徽宗寿宴，徽宗举着一只玉制的酒杯踌躇说：“用这样的酒器会不会太过奢华。”蔡京接过话说：“臣昔日出使辽国，酒宴上的菜盘酒盏都是后晋的器物，他们还讥笑南朝没有这样好的东西。现在皇上寿诞，用好点的器具没有妨碍。”徽宗叹了口气：“先帝建筑一座小台才数尺高，就有好多人上书反对，朕怕大臣们议论。”蔡京宽慰说：“做事只要合乎道理，不需害怕别人的议论。陛下应当享用天下的进奉，小小玉器不值一提。”

蔡京之所以能够始终受到信任，与他善于迎合徽宗是分不开的。

对于奢靡，后人口诛笔伐最多的是蔡京“丰亨豫大”的施政方略。政和六年（1116），徽宗颁布诏书立于端礼门附近：

当丰亨豫大极盛之时，毋为五季变乱载损之计。

"丰""亨"二字出自丰卦辞，强调的是丰盛富足；"豫""大"二字出于豫卦辞，强调的是顺理而动，无为而治，安闲和乐。这则诏书的原意是现在天下富足、安闲和乐，不要胡乱折腾，重蹈五代覆辙。

《宋史》记述："时承平既久，帑庾盈溢，京倡为丰、亨、豫、大之说，视官爵财物如粪土，累朝所储扫地矣。"《宋史》把"丰亨豫大"之说视为奢靡浪费之理论依据，并不符合徽宗、蔡京倡导"丰亨豫大"的原意，但从这四个字中确实透露出，君臣错误判断形势，以为真的天下富足、国丰民阜、官民融融，殊不知他们眼中的"盛世"潜伏着巨大的危机，只不过他们宁愿掩耳盗铃，满足现状，也不愿去触及社会深层次的矛盾，更不愿去探讨对策，解决问题，锐意有为。

当一个政权失去前行的动力，必然助长奢侈淫靡之风，皇帝身边也大多阿谀佞幸之臣。

蔡京的长子蔡攸也在朝为官，宣和年间做到少保。他与蔡京各立门户，甚至互为仇敌。蔡攸没有其父的能耐，但奉迎阿上的本领却不遑多让。有时侍奉宫中宴会，他短衫窄裤，涂脂抹粉，混杂在倡优侏儒之间，说唱着市井淫靡浪谑之语，以此讨得皇帝欢心。徽宗好道教，蔡攸到处搜集奇异祥瑞之事，全国各地建造神霄、玉清祠，与蔡攸不无关系。

宣和二年（1120）蔡京致仕后，宰执大权落在了王黼手上。王黼是个典型的投机分子，初入仕时依附何执中，后来见蔡京得势，义无反顾地离开了何执中，抱上了蔡京的大腿。蔡京与郑居中不和，王黼以为郑居中会后来居上，又勾结郑居中对付蔡京。这样的"三姓家奴"最终投靠了徽宗身边的宦官梁师成，拜梁师成为父，终于在朝廷中站稳脚跟，执掌机杼近六年。

王黼任内为了显示与蔡京的不同，罢方田，毁辟雍，废除医学、算学，合并机构，裁减官吏和官俸，不再考究盐法、茶法、钞法，除了裁减官吏和停止钞法，其他被废除的恰恰都是良政。

不顾国家大政，刻意与蔡京反向而行，暴露了王黼是个极端自私的人。

王黼的自私反映到生活中，就是过度地贪婪和荒唐。他侵占的美女、玉帛不计其数，甚至超越了皇宫。他看中了已故中书侍郎许将的宅子，巧取豪夺将其占为己有。徽猷阁待制邓之纲有一美妾，无意中被王黼撞见，王黼垂涎三尺，罗列罪名将邓之纲放逐岭南，公然霸占了他的美妾。王黼虽贵为三公、宰执，但同蔡攸一样，每逢宫廷宴乐，他亲自做俳优卑贱的事情，以博皇帝一笑。王黼还公开标价卖官鬻爵，连京师老百姓都知道"三千索，直秘阁，五百贯，擢通判"。

梁师成是一位有文化的宦官，尤其熟悉法律、精通书法，被赐进士出身。梁师成因为能够模仿徽宗的字脱颖而出，他代写的圣旨外人根本分辨不出。梁师成对自己的文采颇为自负，自称是苏轼遗弃的儿子，以写书作文为己任，招徕天下俊秀名士。因为喜好相投，他得到徽宗的恩宠，被授予太尉、开府仪同三司，权倾一时。徽宗甚至让他参与科举廷试，确定名次的时候，他侍奉在徽宗身边，低声指点升降，而徽宗也乐意听从，全然不成体统。

梁师成的权势甚至盖过蔡京父子，人们都称他为"隐相"。宋朝规矩，外臣不得与宦官往来，然而梁师成与王黼府第相邻，二人走动频繁。宣和六年（1124），徽宗驾幸王黼家，发现了其中机巧，大为恼怒，从而二人失宠，王黼也丢了相位。

徽宗宠信的另一位宦官叫杨戬。杨戬虽然没有梁师成的文才，但善于揣摩皇帝的心思，大观、政和年间几件重要的工程如建明堂、铸九鼎、修大晟府、将原端王府改造成龙德宫，杨戬都是总管。因为差事办得合乎圣意，备受恩宠。

杨戬绞尽脑汁搜刮民财，他想出一个办法，让当地官吏索要民众的田契，然后由甲给乙，由乙给丙，辗转多次之后无法证实田契的存在，这样就把有主的田地变成了无主的田地，达到增加农民赋税的目的。他还把废弃的滩涂、山坡、荒地、堤坝、河堰强迫农民耕种，对捕捞为生的渔民按船收税，聚敛钱财的手段无所不用其极。

杨戬死于宣和三年（1121），接替他的叫李彦，比杨戬更凶狠残暴。杨戬掠夺土地还讲究一些"策略"，而李彦则公然行事，毫无顾忌。在汝州，他把农民的良田变更为无主的荒地，老百姓拿着田契到官府告状无人受理。他还烧毁所有地契，把一个县的土地全部变为公田，然后再租给土地原有的主人。他对不服告状的施以酷刑，成千上万的人被折磨而死。为了搜集竹子供应宫廷，李彦征调民间的人、牛、车，成年累月无偿运送，以至于这些人家有地不能种，有牛不能耕，许多人累死了牛，耗尽了钱财，就在牛车上自缢而死。

徽宗身边这些佞臣酷吏，有矛盾也有勾结，他们互相援交，互相掩护，狼狈为奸。李彦搜刮民田，所到之处作威作福，坐在公堂上对当地州县官员吆三喝四。有人向徽宗告状，梁师成恰好在身边，厉声训斥道："周朝王室的官员虽然职务卑微，序列却在诸侯之上。李彦是圣上身边的人，这样做过分了吗？"吓得进言的人不敢吭声。

北宋虽然没有宦官侵凌皇权的现象，但承袭中唐之后的制度，往往赋予宦官以兵权。宋太宗时曾任用宦官王继恩统兵平定四川王小波、李顺起义；真宗朝宦官秦翰转战南北，澶渊之战时主持澶州军事；宋神宗任用宦官李宪收复兰州、五路伐夏。徽宗也不例外，崇宁五年（1106）王厚病逝后，将兵权交给了宦官童贯。童贯也没有辜负徽宗，继续在熙河开疆拓土，又占领了洮州、积石军，很快被擢拔为太尉。

童贯是个有野心的人，他要不停地对外作战以久握兵权，巩固自己的势力。西蕃收复得差不多了，便怂恿徽宗进击西夏，于是拜知枢密院事，开府仪同三司，成为北宋最高军事统帅，协调对西夏作战。童贯是史上唯一任枢密院事的宦官，时人称蔡京为公相，童贯为媪相。

宋和西夏之间横贯着横山山脉，谁控制了横山，谁就拥有了战争的主动权。从政和五年（1115）开始，童贯统领永兴、鄜延、环庆、秦凤、泾原、熙河六路军队，发动了一系列旨在夺取横山地区的战争。

政和五年（1115）正月，童贯命熙河经略使刘法带领步骑兵十五万出湟州，秦凤经略使刘仲武率军五万出会州，童贯本人则驻军兰州作为声援，对西夏发动了一次凌厉进攻。刘法大军抵达古骨龙（今青海乐都北），遭遇西夏右厢军，两军激战，宋军大胜，杀敌三千多人。刘法在此修筑震武城，然后退兵。

九月，宋军泾源、鄜延、环庆、秦凤四路进攻西夏臧底河，遭遇惨败，尤其秦凤路一万多人全军覆没。《宋史》记载，这次领兵的将领是王厚，事后贿赂童贯没有将这次败绩上报朝廷。但其中疑点颇多，王氏族谱《茅田王氏宗谱》明确记载王厚崇宁五年（1106）九月廿六日夜死于京，臧底河之战中的王厚不知何人；另外，一万多人死亡或者被俘属于大事件，怎么可能匿而不报？

政和六年（1116）春，都统制种师道率陕西、河东等七路十万大军终于攻下了臧底河城，同时刘法和刘仲武再次合兵进攻仁多泉城，城中请降，刘法接受了投降但还是把守军全部给杀了。

宣和元年（1119），童贯令刘法进攻灵州地区，灵州已经进入西夏腹地，刘法认为宋军准备不充分，不愿冒险进兵，童贯逼迫说："你曾在皇帝面前夸下海口必定成功，现在又畏难不进，怎么讲？"刘法不得已只好率两万人出兵，到统安城时，遭遇夏军伏击，自早上激战至日暮，士兵饥寒交迫，战马多渴死，刘法乘夜色逃走。大约逃了七十里，被追兵击杀。《宋史》载"是役死者十万"，而童贯隐瞒战况，向朝廷报告说取得了胜利。

童贯对河湟地区拓边功不可没，对西夏作战有胜有负，整体上处于上风。不过童贯本人并不具备很高的军事才能，行军作战、排兵布阵不是他的强项。他是个精于权术的人，他选用将官通常直接从宫中取得圣旨，根本不与宰相、三省商议。有人弹劾他，徽宗派官员调查，这位官员的一举一动反而都在童贯的监视之中，官员没有扳倒他，却被他构陷，放逐而死。童贯有肚量，看轻钱财，皇帝左右的妃嫔、女官、宦官对他赞不绝口，朝臣、地方官很多都是他的党羽，权倾一时，门庭若市。

通过累年战争，北宋不仅掌握了对夏战争的主动权，而且基本控制了横山山脉。此后西夏请求辽国作为中间人进行调停，徽宗准予议和。

童贯拓边的副作用也十分明显，环州一名蕃将想要投降西夏，给夏国军队统领写信说："我居汉二十年，每见春廪既虚，秋庚未积，粮草转输，例给空券，方春未秋，士有饥色。"意思是说秋天庄稼成熟收获，到了春天粮仓已经空了，春秋之间将士都吃不饱肚子。

皇帝贪图享受，臣子粉饰太平，边将好战喜功，将大宋二百年间积累的财富挥霍一空，已不足以支撑起一场大规模的战争。

朱勔和花石纲

作为一名艺术家，徽宗的爱好深刻而广泛，蔡絛说：徽宗在潜藩时，独喜读书学画，工笔札，所好者古器、山石，异于诸王。所谓山石，就是园林艺术。

中国园林艺术起源于何时恐难考证，但园林与建筑密不可分，古代皇宫除了庞大的建筑群，还会有皇帝游赏的场所，就是园林。秦始皇曾经在咸阳建造阿房宫，五步一楼，十步一阁，项羽入咸阳，火烧阿房宫，大火三月不灭。隋朝末帝隋炀帝营建洛阳东京，历时十个月，每月使用二百万人；他还下令修建显仁宫，把江南的奇材异石运到洛阳，动用全国大商贾数万家；又用海内的佳木异草、珍禽奇兽充实园苑。这些庞大的工程耗费了大量人力物力，导致国力疲敝，民不聊生，进而倾覆了社稷。

徽宗早在崇宁元年（1102），就按捺不住对奇珍异宝的热爱，派童贯到江南搜集"诸牙、角、犀、玉、金、银、竹、藤、装画、糊抹、雕刻、织绣"，不过那时候徽宗还比较振作，搜集规模也不大，没有硬性指标，发现好的就买过来，如果没有也无所谓，对当地民众和国家财政的危害还没有显露出来。

崇宁四年（1105），政局逐渐稳定下来，徽宗的雄心也渐渐消磨殆尽，又想起江南山石花木的好来，便专门成立了个应奉局，负责搜罗珍巧器物。

彼时童贯已经成为军中统帅，那么派谁去提举应奉局呢？蔡京推荐了一个商人朱勔。

朱勔是苏州人，他的父亲朱冲早先贫贱，受人雇用，因强悍不逊而遭受鞭刑，流落他乡。后来朱冲有了奇遇，得到一本药书，回到家乡开了间药铺。他为人精明善于算计，药又比较灵验，生意便越做越大，积累了一些资产，在家里建起一座小园圃，初步显现出园林方面的才艺。为了改善犯罪的负面形象，他经常施粥施药做善事以笼络人心。他还想方设法结交权贵，以实现更大发展的野心。

有一次，蔡京来到苏州，准备在寺庙建造一座藏经楼，造价非常昂贵，僧人便推了当地富户朱冲出资赞助。蔡京提出了建造的标准和时限，将工程委托给朱冲，仅仅过了几天，蔡京再去督导寺庙筹建情况时，见上千根优质木料已经运到工地，暗自惊讶于朱冲的工作效率和建造才能，便将朱冲父子带回了京师，不久推荐朱勔提举苏杭两地的应奉局，负责为宫中采购江南物品。

刚开始的时候，宫中对江南花木山石需求并不大，一年供奉两三次，贡品三五种，大多是几株黄杨之类。大观后徽宗开始大兴土木，先后建造、改造或扩建过玉华阁、辟雍、尚书省、龙德宫、朱雀门、景龙门、九成宫、开封府衙、太庙、保和殿、玉清神霄宫、上清宝箓宫、明堂、诸王府邸、亲蚕宫、葆真宫等，又改造京城，朱勔的应奉局也开始繁忙起来，贡品往往盈舟而载。

皇宫中原有一处园林——延福宫，是皇帝宴乐的场所，始建于太祖年间。不过那时国力尚浅，延福宫面积不广，建筑不多，规模不大。徽宗打算重建延福宫，将延福宫旧址改建成保和殿，在皇宫之北选新址建延福宫。新延福宫占用了附近的百司供应所、酒坊、裁造院、油醋柴炭鞍辔等机构，同时搬迁的还有两座寺院、两座军营，可见规模宏大。

政和三年（1113）春，延福宫正式开建。徽宗把整个园林分成五等份，令童贯、杨戬、贾祥、何诉、蓝从熙五位内侍各负责一块地方，建设方案、具体设计都由他们自己做主，各出新意，各逞其能。因此延福宫分为"五位"，中间延福殿，左边两位，右边两位，"五位既成，楼阁相望，引金水天源河，筑土山其间，奇花怪石，岩壑幽胜，宛若生成"，仅"阁"就有三十多座，还有殿、门、亭、宫、海、湖、泉、涧等。里面有珍奇植物近二十种，豢养小动物数千只。

延福宫建成于政和四年（1114）秋，徽宗亲自为它作记。此后徽宗便日常居住、生活在这里，宋人作品中多次提到徽宗在延福宫赐宴、接待、处理政务，蔡京有一篇《延福宫曲宴记》，记述宣和二年（1120）十二月延福宫的一次君臣欢饮。

从徽宗亲自作记来看，他对延福宫是满意的，不过也有遗憾：延福宫会宁殿之北，叠石为山，山上有一殿二亭，显然这座假山不够高大，假山上容纳的内容也比较少。

大约在政和五年（1115），徽宗启动了另一项工程——在延福宫东修建一座假山。这座山仿照杭州凤凰山规划，开始的时候叫万岁山，因为在皇宫东北，东北属于八卦中的艮位，艮又代表山，因此正式取名艮岳。政和六年（1116），艮岳山峰上发现一种叫金色芝草的仙药，据说食用后能益寿延年，所以又叫寿岳门、阳华宫。

关于艮岳的规模，《宋史·地理一》载"山周十余里，其最高一峰九十步"，同一书载"宫城周回五里"，可见艮岳的周长是皇宫的二倍多。当然，艮岳不可能是规范的长方形或者圆形，不能因此得出艮岳的面积一定大于皇宫，但至少反映出艮岳是一组规模庞大的园林建筑。

从总体来说，艮岳就是一组巨型假山，造石为峰，凿石为洞，引水为瀑，然后在山上种植植物、放养动物，其主要建筑材料为山石和植物。徽宗注重艺术美感，山石全部采用全国各地的名石奇石，如宿州的灵璧石，登州、莱州的文石等，其中最为著名、使用量最大的是太湖石。太湖石出产于太湖地区，正是朱勔苏杭应奉局的辖区，艮岳的珍奇植物也来自江南，它们都由朱勔负责采购供应。

太湖石是三亿多年前形成的石灰岩，其中最珍贵的是"水石"，水痕重、弹窝多、滋润玲珑，具有"皱、漏、瘦、透"的特色。白居易在《太湖石记》中说："石有聚类，太湖为甲。"水石美，采取也难，唐人吴融的《太湖石歌》描述："洞庭山下湖波碧，波中万古生幽石。铁索千寻取得来，奇形怪状谁得识。"需要用铁索从很深的湖底打捞上来，除了当地有经验的民工，一般人难以胜任。朱勔征集民工在湖边开采，经常有民工失足落入水中，并因此丧命。

太湖石稀有，花草树木也讲究品质，艮岳需求又大，单凭采挖难以满足需要，朱勔便采取残酷的办法在民间巧取豪夺，大肆搜刮。无论在宅院还是墓地，一经发现太湖石或者奇花珍木，经过鉴别打算征用，就贴上黄纸封条，主人必须尽心养护，不得怠慢，更不准转移或者损毁。等到凑够一船，即派人运走，不给分文。有的湖石或树木体量较大，竟不惜拆房毁屋，主人稍有阻拦，便扣上大不敬的罪名施以酷刑。朱勔经年强行搜刮湖石和树木，造成许多民众倾家荡产，卖儿鬻女，这些民众有贫困人家，也有乡绅或官宦、富商。

江南树木粗壮，其中一棵桧树是白居易亲手所植，已有三百年历史。有些整块的太湖石更是体积庞大，最大的石块高四十尺。从江南运输到京城是个难题，好在当时朝廷有巨型运粮船，运输时若干大船组成一个运输单位，叫"一纲"，这些船只专门用来运输花木和石块，因此称为"花石纲"。由于船只和花石高大，沿途江上一些城墙、桥梁、水坝阻拦无法通过，便凿城断桥，毁堰拆门，造成了极大的破坏。

政和七年（1117）十二月，经过两年多的紧张筹备，各地山石材料调运完毕，艮岳正式开始兴建，由工部侍郎孟揆主持建造，梁师成负责调派民工。至宣和四年（1122）艮岳落成，它是南北朝之后中国古代园林又一登峰造极之作，具有极高的艺术价值。

艮岳虽是人造山，但工程巧妙，技艺超群，山麓边清溪环流，山谷里飞瀑悬注，岩穴内云雾缭绕，楼台殿阁掩映于湖光山色之间，奇花名木吐秀于山绝路隔之处，奇兽珍禽出没于石隙树丛之中。艮岳中大的山峰就有四座，大山套小峰，大山连成岭，非常壮观。它还有水流、瀑布、洞穴遍布山中，有珍奇植物二十多种，动物不下十万只。

艮岳的精华在假山，它雄伟险峻，云姿鹤态，南宋人周密称赞它："前世叠山为石，未见显著者。至宣和，艮岳始兴大役，连舻辇致，不遗余力。"连徽宗自己都说："则是山与泰、华、嵩、衡等同，固作配无极。"这里的假山集中了全国名山的精华，每个小山峰都有它的空间意义。而各种山石千态万状，或通灵剔透，或粗犷峥嵘，或起伏跌宕，或纹理交错，或色彩斑驳，集天下神韵于一身。

艮岳建成后，徽宗照例写了一篇《艮岳记》记述其事其景。艮岳激起了文人雅兴，当时咏颂的诗文甚多。

宋朝的艮岳犹如清朝的圆明园，是中国古典园林的典范，是古代艺术的结晶，当然也竭尽了天下物力，凝聚了劳动人民的血汗，奏响了北宋王朝覆亡的序歌。金人元好问有诗："万石纲船出太湖，九州膏血一时枯。"

朱勔以花石纲媚上，东南骚动，连蔡京也坐不住了，向徽宗建言抑制朱勔的过分行为。徽宗担心激起民变，下令禁用运粮的纲船，然而这时花石纲的高峰已过。朱勔在供奉徽宗穷奢极欲的同时，用多余的奇石珍木在老家苏州也修建了两座园林，假朝廷之名而兴私利，是奸臣佞臣的一贯套路。

那些反贼

宋朝建国以后，"东南主郡，饶实繁盛"，词人柳永形容江南之富："东南形胜，三吴都会，钱塘自古繁华。烟柳画桥，风帘翠幕，参差十万人家。云树绕堤沙，怒涛卷霜雪，天堑无涯。市列珠玑，户盈罗绮，竞豪奢。"耕地和人口是反映一个地区经济社会发展程度的标尺，神宗熙宁十年（1077），全国垦田四百六十一万顷，其中两浙路和江南东路七十八万顷，占全国的百分之十七；徽宗崇宁元年（1102），超过二十万人的大州，全国五十九个，其中两浙路和江南东路十六个，占四分之一；全国总人口四千五百三十二万人，其中江浙两路五百七十七万人，占全国总数的百分之十二。

由于富庶，宋朝税赋多加于东南，"自祖宗以来，军国之费，多出于东南"。苏轼在一篇奏章中曾说："两浙之富，国用所恃，岁漕都下米百五十万石，其他财赋供馈不可悉数。"徽宗登基之后，战争、土木工程基本没有停止过，加上徽宗本人挥霍无度，大臣贪占侵掠、奢侈糜烂，"视官爵财物如粪土，累朝所储扫地矣"。财政消耗极大，入不敷出，只好加大向民众榨取力度，而东南是重灾区。宣和元年（1119），户部尚书唐恪统计，全国十九路上供钱物一千五百零四万二千四百四十四贯匹两，其中两浙路上供最多，达四百四十三万五千七百八十八贯匹两，其次是江南东路三百九十二万零四百二十一贯匹两，两路相加占全国总数竟然达到百分之五十五，这还不算临时征用的其他杂物。南宋学者王明清在《挥麈后录余话》提到，徽宗时期江浙土贡数倍增长，婺州过去上供罗一万匹，崇宁之后逐年增加，接近过去的五倍。

在本来苛捐杂税负担已经很重的情况下，花石纲给江南民众造成极大的灾难。俗话说官逼民反，宣和二年（1120）终于酿成一场规模宏大的农民起义。

睦州（今浙江淳安）在杭州西南，山峦连绵，山谷幽险，山中物产富饶，有漆、楮、松、杉等优质树种，漆树是生产油漆的原料，尤其珍贵，是朱勔重点搜集的物种之一。睦州有漆园主方腊，也有人说是漆园的工人，总之受到沉重的剥削，他与当地里正又不和，便萌生了造反的意图。当地盛行摩尼教，方腊利用民众对花石纲的不满情绪，打着摩尼教的旗号，喊出诛朱勔的口号，纠集了一批贫苦百姓。十月初九，他把信众聚集起来杀死当地的里正，宣布起事，建立政权叫"永乐"，仅仅几天响应的民众达到数万。两浙路立刻派兵围剿，不过江南地区驻兵少且弱，起义军杀死两浙路都监和官兵几千人，十一月攻陷了青谿县。

方腊起事之初，为了不影响自己的政绩，地方官对朝廷采取了隐瞒的态度。眼看地方军队已经无力剿匪，才不得不报。宣和二年（1120）底主政的是王黼，王黼一心粉饰太平，竟责令两浙路不要张皇生事，致使起义军越战越勇，越来越壮大，十二月占领睦州、歙州、衢州，进逼杭州。

纸再也包不住火了，徽宗终于闻知消息，大为惊恐，急忙派宦官谭稹为将，率禁军前去平叛。徽宗寄希望于不战而胜，特意颁布了一条赦免归降叛军的诏书。正是由于政策摇摆不定，加上谭稹本人懦弱，面对气焰正炽的起义军逗留不前，致使起义军在二十九日攻克江南重镇杭州。起义军在杭州纵火六日，对官吏断脔肢体、挖肝掏肺，或当成箭靶子万箭穿心，或放在大锅里炼制膏油，昔日的人间天堂变成了人间地狱，整个城市一片火海，一片哀号。

江南形势刻不容缓！当时徽宗正打算与金国联合夹击辽国燕京，陕西劲旅悉数聚集在京师周围。宣和三年（1121）正月，徽宗任命童贯为将，率领十五万精锐部队前去平叛。徽宗亲自饯行，并给予童贯便宜处置的权力，他握着童贯的手交代说："东南的事交付给你了，迫不得已的时候，可以自行颁布诏书。"

童贯大军到了苏州，首先做的一件事是平息民愤，他罢了应奉局以及御前纲运并木石采色等工程，民心稍微有所安定。此时起义军正在围攻秀州（今浙江嘉兴），童贯派兵增援。起义军毕竟都是二百年不识兵戈的普通百姓，人数虽多，但哪里抵得过长期在西北作战的番兵精锐。两军兵锋相接，起义军大溃。秀州是杭州的屏障，二月十八日童贯收复了杭州，双方攻防形势发生了逆转。三月下旬，攻占富阳、桐庐、睦州、青谿县城。四月底，朝廷军队集中于睦州、歙州交界处，这里崇山峻岭之中有一片山谷叫帮源洞，方圆四十里，是方腊军队的根据地。方腊将二十万军队部署于帮源洞入口的关隘，打算拼死一搏，经过一整天的激战，朝廷军队还是突破了防线，深入帮源洞中。不过洞中地形复杂，朝廷军队像无头苍蝇一样到处乱撞，却始终找不到方腊。马军副都指挥使刘延庆手下裨将韩世忠遇到一位乡村民妇，从她口中得知方腊的具体位置，挺身直前，翻山越岭几里地，突破多处险隘，找到了方腊藏身的洞穴，杀死护卫数十人，终于生擒方腊以及亲属、伪政权要员。这位韩世忠，日后成为南宋"中兴四将"之一，刘延庆则是另一位"中兴四将"刘光世的父亲。

方腊虽平，起义军余部仍然以小股作战的方式不断骚扰朝廷大军，一直到宣和四年（1122）三月才全部平息，历时四百五十多天。方腊造反、朝廷平叛造成江南数百万人死亡，沉重打击了江南经济，"江南由是凋瘵，不复昔日之十一矣"。靖康中宋军军费严重不足，在这时埋下了祸根。

从政和末，全国各地起义不断。政和五年（1115），宋朝在四川少数民族地区的羁縻地长宁军（治今四川珙县），因知泸州贾宗谅向夷人大肆索要竹木，逼反夷人，夷人在首领卜漏率领下攻陷梅岭堡。徽宗令梓州路转运使赵遹发兵讨伐，用了将近一年才平息叛乱。除此之外，还有两浙吕师囊、仇道人、陆行儿等人的起义，京东宋江、贾进、张仙等人的起义，河北高托山、张迪人的起义，京畿、京西、淮南、江西、荆湖等地也发生了大大小小的农民起义，其中宋江起义因《水浒传》而妇孺皆知。

《水浒传》多烘托编造，历史上的宋江起义发生在宣和元年（1119），一直规模不大。到了宣和三年（1121）二月，起义军攻打淮阳军（治今江苏邳州），才引起朝廷重视，之后起义军横行河北、山东一带，声势越来越大。不过宋江起义军并没有固定的根据地，他们到达海州抢掠海船货物，被知州张叔夜提前侦察到，招募一千名死士埋伏在附近，又出轻兵诱敌作战，等起义军进入包围圈，一千死士蜂拥杀出。与此同时，精壮的官兵在海边焚烧了起义军劫掠的船只，两边夹击，起义军无法应战，失去斗志，宋江投降。这次立功后，张叔夜迁济南府，又遇到盗贼，"度力不敌"，可见比宋江起义军势头更大。好在张叔夜施以缓兵之计，才击溃盗贼，"追斩数千级"。

此时大宋王朝已经烽烟四起，难以自顾。

第九章　旧兄弟，新盟友

北方势力

936 年，中原还处在五代战乱时期，当政者是后唐李从珂。正月二十三是他的生日，各地守将、长官纷纷前来道贺祝寿。酒毕宴罢，李从珂的姐姐、晋阳守将石敬瑭的妻子辞归，醉意微醺的李从珂不太高兴地说："为什么不多留些日子呢？这么着急回去，是想跟着石敬瑭一起造反吗？"

祸从口出，这话传到晋阳，石敬瑭惊惧不已。不反等死，不如反了吧！但以晋阳的兵力，无法同中央抗衡，怎么办？燕山之北有一支游牧民族契丹建立的辽国，兵力正盛，一直是中原政权的心腹大患，石敬瑭决定请求契丹援助。他开出的条件是对辽主称臣称父，每年进奉帛三十万匹，将燕山、太行山一带十六个州割让给契丹。后来的历史进程一如石敬瑭所愿，契丹帮助石敬瑭灭了后唐，建立了后晋，得到了北方十六州。这份交易开了诸多恶劣的先例，从此称父称子、称兄称弟、称伯称侄，进奉岁币在国与国之间盛行开来。

石敬瑭割让的十六州是幽、顺、檀、蓟、涿、瀛、莫七州，它们在燕山南北；云、儒、妫、武、新、应、寰、朔、蔚九州，它们在太行山之北，又称山后。以燕代燕山七州，以云代山后九州，统称燕云十六州，包括现在北京、天津全部和河北、山西北部地区。

燕云十六州对中原政权来说十分重要，燕山之南，是一马平川的华北平原，适合北方骑兵纵横驰骋，从此中原门户大开，再无天堑可守。

除了燕云十六州，在后晋之前，契丹还从中原政权中夺走了平州（今河北卢龙）、营州（今河北昌黎）、滦州（今河北滦县），这三州都在燕山之南，渤海之滨，地理位置也十分重要。燕云十六州和平、营、滦州，宣和末年成为宋、辽、金三国外交纠纷的焦点。

后周、北宋都试图收复燕云十六州，特别是宋太宗两次北伐，但都没有成功。1004年，辽国大举反攻，长驱直入。宋朝方面，宋真宗御驾亲征，与辽军对峙在黄河岸边的澶州。两军相持不下，最终议和：宋辽永结盟好，兄弟相称，宋每年给予辽银十万两、绢二十万匹的岁币，是谓"澶渊之盟"。此后百年两国既为兄弟，又是仇敌，表面上相安无事，暗地里各怀鬼胎。仁宗时对西夏开战，辽国趁火打劫，将岁币上涨为五十万匹两。而宋朝君臣不甘心燕云十六州归于胡虏，做梦都想收复回来，只是国力不许，加上西夏搅局，只好将"统一梦"深藏于心底。

也许一个契机、一场变局会让这个梦清晰而且活跃起来。

契丹人最初活跃于今内蒙古赤峰、通辽一带，五代趁中原战乱占据了燕山和阴山以北地区，统一了蒙古草原，又越过兴安岭进入松辽平原，窃取了燕云十六州和平、营、滦三州，势力深入山南。12世纪初，辽国疆域东抵大海，达库页岛，北至今蒙古国中部色楞格河、石勒喀河一带，西到阿尔泰山，南入华北平原。辽国疆域辽阔，但境内山脉纵横，交通不便。为了方便统治，将全国划分为五个区域，设置五个京城各自统领，这五京是上京临潢府（今内蒙古赤峰市巴林左旗）、中京大定府（今内蒙古宁城县西）、东京辽阳府（今辽宁辽阳）、南京析津府（今北京西南）、西京大同府即云州。辽国的五京制度与宋朝不同，宋朝的五京是象征性的，同其他府、州没有太大区别，而辽国的每个京城都配有一套政府机构，具有相对的独立性。上京是契丹的发源地，是法定首都；南京管辖着最富裕的山南地区；

东京管辖东北平原，管辖的区域最大。

契丹受内地影响，汉化程度极深，早已不是纵横驰骋的马背民族，而演变为温文尔雅的礼仪之邦。契丹汉化的代价是不太会打仗了，加上澶渊之盟建立了新型的国际秩序，一百年不识兵，契丹军纪松懈，兵将腐败，战斗力低下。辽国曾与西夏有过几次交手，未能占丁点儿便宜。

与宋徽宗同时代的辽国统治者是天祚帝耶律延禧，他最大的爱好就是游猎。天祚帝游猎不是为了继承祖辈厉兵秣马的传统，而是为了摆脱繁杂的政务，享受安逸游乐。天祚帝统治期间，辽国内部宗室贵族之间明争暗斗，国力每况愈下。为了满足自己穷奢极欲的生活，他对境内各民族疯狂地压榨和掠夺，民族矛盾也一触即发。

宋政和二年，辽天庆二年（1112），天祚帝到东部的春州（金吉林乾安县北）游猎，然后继续东行到混同江去钓鱼。混同江即现今的松花江，这里属辽东京道黄龙府（今吉林农安），是辽国的羁縻地区，生活着另一个民族——女真部落。女真在唐代时称靺鞨，后来分为两支：生活在东北平原南部的粟末靺鞨和生活在混同江畔的黑水靺鞨。粟末靺鞨率先建立渤海国，成为唐朝时东北的一个大国，黑水靺鞨受粟末靺鞨的统治。10世纪初渤海国为契丹所灭，黑水靺鞨也改名为女真。契丹对女真并不放心，将他们分而治之，一部分女真人内迁，编入辽国国籍，称熟女真；没有编入辽国国籍的实行羁縻统治，称生女真。混同江属生女真地界，这里出产一种凶猛的猎鹰——海东青，是狩猎的帮手，也是天祚帝的最爱，天祚帝不断向女真人索求海东青，但海东青并不容易抓捕，女真人因此苦不堪言。

大辽规矩，皇帝巡游至此，各部落首领都要拜谒进贡，然后享受天祚帝的宴请。酒宴上，天祚帝请各部落首领表演歌舞助兴，各部落首领不敢违逆，只好登台献艺。轮到女真族完颜部首领阿骨打时，却被毫不客气地拒绝了。阿骨打表示自己不会技艺，无法表演。场面很尴尬，天祚帝很难堪，想要杀掉他，被臣下劝住了。酒宴不欢而散。

这件事过后，完颜阿骨打对辽国皇帝怀恨在心，认为受到了侮辱。他整顿女真各部，于宋政和二年（1112）正式揭竿而起，反叛辽国。

政和二年（1112）十月，完颜阿骨打起兵两千五百人，对辽宁江州（治今吉林扶余县东石头城子）发动突然袭击。辽守兵不多，却傲慢轻敌倾城出迎。阿骨打佯败，趁辽军松息突然反击，占领了宁江州，取得对辽作战的第一场胜利。

宁江州之战使女真势力跨过混同江，扩张到了东岸，天祚帝震惊，发兵十万前来平叛。当辽军一万名先头部队到达鸭子河（混同江的一段）北岸的出河店（今黑龙江肇源）时，女真先发制人，趁大风骤起，尘埃蔽天，纵兵进击，将辽军击溃。

出河店之战是一次决定性胜利，此后女真兵力达到万人，势不可当。这一仗胜利后，女真分路进兵，先后攻占宾州（今吉林农安靠山镇广元店古城）、祥州（今吉林农安万金塔乡）、咸州（今辽宁开原市东北）。

有了地盘和实力，宋政和五年（1115），完颜阿骨打在会宁府（今黑龙江哈尔滨阿城区白城）建国称帝，国号大金，会宁府为金上京。

女真长期受到契丹的压迫，他们把契丹作为唯一的敌人，发誓推翻契丹统治，灭亡辽国。建国后，阿骨打立刻率军攻打辽国黄龙府。黄龙府是辽国东部重要的军事重镇，也是经济中心，不能丢失。天祚帝一边命黄龙府固守，一边派二十万骑兵、七万步兵进行增援。

女真的优势是冲击力强，反观契丹则更像农耕民族作战，不敢与女真骑兵硬冲硬撞，便采取步步为营的策略，以守为攻，稳扎稳打，层层推进。女真能不能集中优势兵力冲散契丹阵营，是这场战役胜负的关键。女真派骑兵精锐先后十次冲击辽国援军，辽军步兵首先被击溃，一处裂口，全线溃退，辽军大败，女真得以专心致志围攻黄龙府，历时一个月终于攻入城中。

黄龙府失陷，辽国举国震动。宋政和五年（1115）十一月，天祚帝倾全国七十万兵力御驾亲征。这是一场决定历史走向的生死大战，双方都在孤注一掷。然而这一场战役的过程出乎意料，与其说金国战胜了辽国，不如说辽国不战自溃。战争胶着期间，辽御营副都统耶律章奴率兵叛奔辽上京，打算另立耶律淳为帝。耶律淳却没有当皇帝的野心，派人向天祚帝告密。天祚帝无心前线战事，率军回撤上京，平叛耶律章奴部。阿骨打得知消息，轻装奔袭，追至护步答冈（今黑龙江省五常西），大败辽军，收缴不少兵器、财物。

这一仗之后，辽金攻守之势得到逆转。此后天祚帝考虑的是如何保住残存政权，完颜阿骨打考虑的是如何全部消灭契丹政权。到宋政和七年（1117），金军占领了辽东京道全境，辽国灭亡只是时间问题了。

海上之盟

宋朝与女真相隔千山万水，道路不通，开始的时候并不知道辽国的大后方有一个女真族。

政和元年（1111），童贯在西北打了几次胜仗，声名大振，甚至传到了辽国君臣的耳中。天祚帝特地邀请童贯使辽，为的是见识一下这是怎样一位英雄。童贯也想借机考察一下辽国国情，也许还有机会收复燕云十六州。是年九月，徽宗差郑允中为正使、童贯为副使出使辽国。

对于童贯来说，这次出使是一次不愉快的经历，辽国君臣显然对童贯感到失望，讥笑说："南朝的人才不过如此。"但是也有收获，在回国途中走到卢沟桥时，一个叫马植的辽国人求见，自称有灭辽良策。这个马植是燕地汉人，在辽朝廷中做官，因受到排挤，遂产生归宋之心。童贯敏锐地嗅到马植的价值，将他藏匿起来，悄无声息带回汴京并举荐给了徽宗。

灭辽收复燕云十六州是太祖太宗之志，是历代帝王的夙愿，徽宗不敢怠慢，亲自接见了马植。马植向徽宗介绍了辽国的防御形势，指出辽国东京道土地辽阔但防御不足，天祚帝荒淫无道，女真人恨之入骨，献策说："如果能派使者从登州、莱州入海，和女真结好，与他们夹击攻辽，辽国焉能不破？"马植还向徽宗陈述利害："辽国一定会灭亡，陛下应体恤汉民遭受涂炭之苦，恢复中国往昔的疆域，替天行道，以治代乱。盖先动则制人，后动则制于人，万一女真得志，而我朝没有行动，让女真独自占了先机，那样就被动了。"徽宗大喜，赐他姓赵，改名良嗣，还授予了官职。

《宋史》《三朝北盟会编》《东都事略》《九朝编年备要》等史料都记述了这件事，事件经过大同小异，赵良嗣"见契丹为女真侵暴，边害益深，贼盗起，知契丹必亡，阴谋归汉，说贯以边事"。不过这里有个问题，女真虽然受到辽国残酷剥削，但政和元年（1111）还没有反叛，赵良嗣在当时能够预见到女真灭辽，要么是奇人，要么是历史记载有误。

《三朝北盟会编》又引用《封有功编年》说，宣和五年（1123）三月，赵良嗣秘密遣人向宋朝边境雄州投送蜡封书信，书信中透露天祚帝准备亲征女真、辽国动荡不安的消息，预言辽国必败，并恳请归顺宋朝。雄州知州和诜在请示了朝廷之后，于四月一日夜将赵良嗣接过界河，十八日徽宗在延庆殿亲自为他接风慰劳。徽宗询问了辽国和女真的一些情况，赵良嗣才说出"盖先动则制人，后动则制于人"这样的话。

参考《封有功编年》的记载，符合逻辑的事情经过应该是这样的：政和元年（1111）赵良嗣密会童贯，愿意归顺宋朝，但童贯并没有将赵良嗣带回宋境，而是让他作为间谍继续潜伏在辽国。政和五年（1115）天祚帝亲征女真前，赵良嗣派人到雄州秘密投递书信，将这一重要情报汇报给宋朝，宋朝允许赵良嗣入境，赵良嗣献"联金灭辽"之策。

赵良嗣献策得到徽宗和宰执大员的一致赞同，朝中有一些反对意见，主要担心登州、莱州海道已经百余年没有航行记录，贸然行动恐怕不利于国。这样的担心不是没有道理。没有人熟悉女真，没有人熟悉道路，即便想要联络女真也找不到合适的渠道和途径，所以这事就暂时放了下来。

政和七年（1117），辽金战火漫过辽河，辽国蓟州人高药师、僧郎荣率二百多人乘船到高丽避乱，由于风向原因，船只漂流到了宋朝海滨登州（今蓬莱）。高药师等人带来了辽金最新战况，登州知州王师中立即派人将这一消息奏报给了朝廷。徽宗一点儿也不耽搁，令内侍陪同报信人到蔡京府，让蔡京会同童贯听取报告并商议对策。蔡京、童贯商量的结果是，以买马为名，派人到东北进一步刺探情报，打探虚实，并找机会交结女真。徽宗采纳了他们的建议并将这项任务交于王师中具体实施。

八月三日，王师中精挑细选七名将吏，由高药师带路，扬帆出海，前往渤海对岸的辽东半岛，寻找女真踪迹。八月二十二日，他们在船上远远地望见了海岸，见金军巡海船游弋往来，检查盘问着靠近海岸的船只。高药师和七名将吏内心胆怯，竟掉转船头原路返回了。

消息传到京城，徽宗大怒，将这一帮怕死鬼全部贬到边远地区，让童贯再物色人选，并降御笔其他人不得干预。童贯仍把这一重任交给了王师中，这次王师中推荐了登州防御使、武义大夫马政。政和八年（1118）八月四日，马政率八十人，带着丰厚的礼物再次扬帆出海，仍由高药师引路。他们还带了个随军翻译，叫呼延庆。闰九月九日，马政一行到达北岸，刚一下船即被金军抓住。金军不仅抢夺了船上的金银珠宝，还想把他们杀掉，幸亏高药师反复解释才保住性命。金军把他们捆绑起来，押解着去见皇帝。他们走了将近二十天，穿过十余州，才来到阿骨打住的阿芝川涞流河畔。

主持同马政会谈的是阿骨打的侄子粘罕（汉名完颜宗翰）、兀室（汉名完颜希尹），长子阿忽（又名斡本，汉名完颜宗干），马政向他们说明了来意，表示本朝愿意与贵朝共伐大辽，虽然这次没有携带国书，但如果贵朝应允，后面必有正式的使者前来洽谈。阿骨打与粘罕相信了马政，留下了六名小校作为人质，遣使者李善庆等携带国书和礼物同马政一起返程。

十二月初使团在登州登陆，宣和元年（1119）正月到达京城。徽宗委托蔡京、童贯负责与使团议事。使团在京城停留了十多天，徽宗仍派马政和金国使臣一道回去，正式与金国缔结盟好。

这次是正式出使，需要携带正式书信。但在研究对待金国的礼仪时发生了争执。赵良嗣主张用地位对等的国书，其他大臣异议说，金国的体量仅相当于节度使，他们世世代代接受契丹册封，向往羡慕中原，一定渴求成为中国的臣属，怎么能过于抬高他们？这位大臣建议用上对下的诏书，徽宗拿不定主意，派人征求金使意见，金使并不太在意，徽宗给阿骨打的书信便使用了诏书的形式。

马政一行到达登州，尚未出海，从北方传来消息，辽金两国已经议和，条件是辽天祚帝割让辽东，封阿骨打为东怀皇帝。辽金议和意味着宋朝联金灭辽的计划已经无法实施，所以徽宗急令马政不要去了，只派呼延庆持牒护送金使回去。

事实上，宋朝得到了一个假消息。辽国接连打败仗，天祚帝像热锅上的蚂蚁一样坐卧不安。他甚至令内库打包五百箱珠玉、珍玩，又准备骏马两千匹准备逃亡。他对左右说："如果女真真的来了，我有日行三百五十里的马匹，又与宋朝是兄弟，与西夏是舅甥，我都可以去避难，不失一生富贵。"不过上策当然还是议和，割让辽东、封东怀皇帝是天祚帝向阿骨打允诺的条件，但阿骨打并没有答应。

宋朝的反复让阿骨打很不高兴，将呼延庆扣留半年才放回宋朝。他让呼延庆给徽宗带话说："大辽已经是我的囊中之物，宋朝如果真的想缔结盟好，请早日送来国书。如果还用诏书，免谈。"

呼延庆于宣和二年（1120）二月底回到京城，徽宗也得知辽国有亡国之相，后悔不迭，遂于三月初六派更高规格的使团使金，正使为中奉大夫、右文殿修撰赵良嗣，副使为王师中的儿子王瑰。徽宗亲笔给阿骨打写了一封信，只说派赵良嗣到女真买马，至于联合攻辽，让赵良嗣见机行事，如果金国同意联合，授权赵良嗣便宜行事。

三月二十六日，赵良嗣从登州入海，四月十四日到达辽苏州关（今辽宁大连市甘井子区北南关岭）下。这时恰好金国兵分三路进攻辽上京。赵良嗣自咸州出发，在青牛山见到了阿骨打。阿骨打邀请赵良嗣一起观看破辽上京的经过。赵良嗣目睹了金军的剽悍与勇猛。阿骨打是个爽快人，接下来的和谈很顺利，双方约定夹击攻辽，具体办法是女真取辽中京、西京，宋朝攻燕京，胜利后汉人旧地归宋。阿骨打解释说，金国本不需要西京，不过要擒拿天祚帝，所以必须占领西京，占领一段时间后移交给宋朝。阿骨打摆出姿态说："大金已经将辽国击败，按说契丹全域都是我国的。但是为了感谢南朝皇帝的好意，燕京又本是汉人故土，所以特将燕云许给南朝。"赵良嗣担心辽金议和，宋朝最后得不到燕云十六州，告诫说："既然与我朝结盟，就不要同辽国议和了。"阿骨打答应了他。双方还商议了岁币，赵良嗣答应每年给金国三十万，阿骨打讨价还价："契丹时燕京不属于南朝，每年给契丹岁币五十万，如今得了燕京怎么变少了？"最后定下仍依契丹旧数岁币五十万。

赵良嗣最后为宋朝争取的利益是平、营、滦三州，但金人认为平、营、滦自成一路，不在讨论范围，这一项没有达成协议。

即便如此，赵良嗣也为宋朝争取了不少利益，至少他很努力地去争取了。

讨价还价

赵良嗣七月十八日离开金地，带来了金国国书，国书写明两国盟约的内容：

> ……途次有差到朝奉大夫赵良嗣、忠训郎王瓌等奏言："奉御笔，据燕京并所管州城元是汉地，若许复旧，将自来与契丹银绢转交，可往计议。"虽无国信，谅不妄言。已许上件所谋燕地并所管汉民，外据诸邑及当朝举兵之后皆散到彼处余人户不在许数。至如契丹请和，听命无违，必不应允。若是将来举军，贵朝不为夹攻，不能依得已许为定。……

宋朝所获利益：燕地及所辖汉民归宋，燕京周边、打仗时流落他处的民众不在上述范围。

人口是发展经济、增加税收的保障，古代战争的目的不仅在于获得土地，还在于获得人口，所以对燕地居民的归属阿骨打说得比较详细。值得注意的是，阿骨打只承许将燕地的汉民给予宋，在燕地生活的女真、契丹等少数民族仍然归金。金国所获利益：岁币银、帛共五十万匹两。

这是金国获得的唯一的有形利益，综合来看，约相当于宋朝拿岁币换燕地。

和约成立的必要条件：同时夹击辽国，如果宋朝不出兵，和约无效。

这一点阿骨打格外看重，与赵良嗣口头谈判时也有专门强调。按金国的兵力，独自占领辽国全境并非难事，阿骨打特意强调这一点，恐怕在考量宋朝的诚信度。

金国对宋朝能否如期执行和约有些担心，事实上宋朝内部确实存在不同的声音。

早在高药师第一次北行时，太宰郑居中就提出明确的反对意见。他不敢当面与徽宗顶撞，就和蔡京理论，因为郑居中虽是太宰，但蔡京居太师之位，凌驾于太宰之上。郑居中认为不守宋辽澶渊之盟，平白制造事端，是一种糟糕的谋划。郑居中说，澶渊之盟树立了成功的国际关系，我朝从中获益良多，几乎二百年兵不识刃、农不加役，即使汉唐的和戎政策也比不上。如今引导皇上背弃盟约，恐天怒民怨。郑居中又从经济上进行了一番分析，说：兵之道，胜负没有常数，即使胜利了，府库乏于犒赏，编户困于供役，蠹国害民莫过于此；如果不胜，危害就难以想象了。

蔡京则把责任推给了徽宗：皇上讨厌给契丹增加了二十万岁币。

郑居中反驳：汉朝每年给匈奴一亿零九十万，给西域七千四百八十万，我们给辽岁币五十万匹两，比较而言不算失策。

蔡京不耐烦，托言徽宗已经决定了，无法阻拦，不再搭理郑居中。

同时反对撕毁澶渊之盟的还有知枢密院事邓洵武。邓洵武理论的对象是童贯，童贯似乎比蔡京更懂得如何对付这些谏言，直接抬出徽宗来：枢密院落实好皇上旨意就是了，不要跟官家相拗。皇上很看好你，不要因为乱说话被别人抓住把柄。邓洵武不甘心，给徽宗上了道奏章，把现实情况与太宗朝相比较，最后得出结论，太宗朝征伐燕云尚且遭受挫败，何况现在？邓洵武愤然说："他们说什么'兼弱攻昧'，我觉得应该扶弱抑强。如今国家兵势不振，财力匮乏，民力凋敝，与强女真为邻，难道好过弱契丹吗？"《三朝北盟会编》载"上大悟"，徽宗听了邓洵武一席话如醍醐灌顶，猛然醒悟，对蔡京说："北事难做，则休祖宗盟誓，违之不祥。"

蔡京对于北伐的态度比较复杂，史料记载矛盾颇多，大致为前期赞成，后来反对。蔡京作为主政官员，深知北宋后期国力凋敝，已经没钱去打一场战争了。周辉《清波别志》载：重和年间，蔡京为太师，但不常上班。一天徽宗向两府询问对收复燕京的看法，郑居中对"不可为"，余深说"臣与蔡京所见一同，恐此事不可轻动"，白时中逡巡未对，独王黼表示支持："中原故地，久陷戎羌，今天相陛下成此大功，若不乘时，恐有后悔。"徽宗把北伐写在一张纸上，让没有在场的宰执表态，支持的签名。蔡京拒绝了，王安中签下了自己的姓名。所以积极支持联金灭辽的只有童贯、王黼和王安中。书载这也是蔡京不久致仕、王黼上位的原因。

童贯主战是有私心的，作为一名军人，只有战争才能立功，只有不断挑起战事才能始终把握军事重权，才能在朝廷中拥有话语权。童贯深谙其道，在政和八年（1118）马政出使前献上《平燕策》，大抵为云中（即山后地区）根本也，燕蓟枝叶也，当分兵扰燕蓟，而后以重兵取云中。童贯的观点经不起推敲，燕蓟是中原屏障，其价值自然大于云中。童贯强调云中，大概有先燕蓟、后云中，持续用兵之意。

王黼、王安中主战是迎合徽宗，他们摸透了徽宗的心理。徽宗虽醉心艺术，但作为皇帝，总有好大喜功的一面，不由其不动心。由于童贯总领全国军事，在收复燕云上更有发言权，更能影响到徽宗。很多时候徽宗只与童贯商议，二人私下就确定了与金往来事项，朝中大臣并不知道详情。

蔡京虽然年事已高，但依旧头脑清醒。他不认同童贯的军事能力，知道他徒有虚名，无法肩负起北伐重任，建议徽宗不要把国家安危放在童贯身上。徽宗提醒他说童贯在收复青唐时立有大功，蔡京不以为然，回顾收复青唐的战斗，认为前线应归功于王厚，朝中是蔡京自己在出谋划策，童贯起到的作用非常有限。徽宗犹犹豫豫，想要解除童贯的军职，蔡京的长子蔡攸与蔡京有隙，得知消息后秘密透露给童贯，童贯和蔡攸赶紧运作，在徽宗面前进谗言说蔡京年老糊涂，身体衰弱，不能胜任主政重任。蔡京没有拉下童贯，反而在宣和二年（1120）六月被迫致仕。

如今赵良嗣带来了金国国书，结盟已经是板上钉钉的事了。盟约的当务之急是金、宋一起攻辽。九月十八，徽宗修书一封，遣马政随金国使团回访，书信写道：

> 大宋皇帝谨致书于大金皇帝阙下：诚意不渝，义当如约。已差太傅、知枢密院事童贯领兵相应，使回，请示举军的日，以凭进兵夹攻。所有五代以后所陷幽、蓟等州旧汉地及汉民，并居庸、古北、松亭、榆关，已议收复，所有兵马，彼此不得侵越过关外，据诸邑及贵朝举兵之后溃散到彼余处人户，不在收复之数。银绢依与契丹数目岁交，仍置榷场。计议之后，契丹请和听命，各无允从。

徽宗承诺金国打下的地方，即便人口逃亡到幽、蓟，宋朝也不收留，并确认了岁币数量。

除了携带徽宗书信，枢密院还交给马政一份"备忘录"，里面列举了三条事项：一、国书内所说的"五代以后所陷幽、蓟等旧汉地及汉民"，包括幽、蓟、涿、易、檀、顺、营、平，并山后云、环、应、朔、蔚、妫、儒、新、武，皆汉地也。二、国书内应允的五十万银绢，如果不包括西京，怎么可能给这么多银绢？三、关于夹攻，须是大金兵马攻西京，大宋兵马攻燕京和应州、朔州。之所以单列了应州、朔州，是因为这两个州离宋朝比较近，宋朝希望直接占有这两个州。如果大金兵马不攻西京，便是失约。金国应当明示夹攻日期。

从这份备忘录可以看出，宋朝收归"所有五代以后所陷幽、蓟等州旧汉地及汉民，并居庸、古北、松亭、榆关"，幽、蓟前面加上"所有五代以后所陷"，又似乎不限于幽、蓟，留下了很大讨价还价的空间。宋朝最为关心的，也是赵良嗣出使时模糊的地方，徽宗把它列入备忘录而没有写进国书，是希望得到金国进一步确认。

马政于十一月二十九日到达女真，但阿骨打不认同"备忘录"中的文字，不仅否定了平、营、滦三州，而且否定了将山后即云中地区归还宋朝。马政并不清楚赵良嗣与女真人谈判详情，很多事情解释不清楚，真不明白宋朝为什么要更换使者。马政在金国滞留一个多月毫无成果，只好带着金使回到汴京继续扯皮。

这时，情况发生了变化，宋朝无法如约夹攻辽国了。

就在马政使金期间，童贯已经下令西北军队集结中原，准备北上攻辽了，但宣和二年（1120）十月，方腊造反，权衡之后，攘外必先安内，徽宗决定将这些军队调到江南平叛。有意思的是，宋军无法北上，徽宗居然将回访的金国使团滞留登州，不让他们前来朝廷，并令登州做好解释安抚工作。金使为此非常气愤，几次要徒步自行前往汴京。就这样一直拖到宣和三年（1121）五月，金使才在马政引导下来到朝廷。

五月方腊已经被擒，只是童贯回朝还需要一段时间，关于如何处置金使和海上盟约，朝廷发生了分歧。在徽宗和重臣的挥霍下，宋朝财政本不富裕，方腊造反又破坏了最富裕地区的经济，镇压方腊也是一笔很大的开销，宋朝已经无法承受北伐的负担，徽宗有心放弃盟约，但在主战派的哄骗拖延下，等到了童贯回来，徽宗又站在了童贯一边，仍修国书一封，让金使带走，宋朝却不再派使者回访。

这次的国书很简单，只表达了两条意思：一是"所有汉地等事，并如初议"；二是等金军到达西京时通报一声，以便夹攻。从国书来看，徽宗对盟约越来越敷衍了，过去模糊、争执的地方一条都没有解决。

阿骨打显然也从中读出来宋朝的敷衍，决定不再理会，独自主导灭辽战争。

北　伐

金国使者在宋朝滞留八个月才回归本国，国书又模糊不清，阿骨打认为宋朝缺乏诚意，有意反悔，干脆将协议搁置起来，不再向宋朝遣派使者，把精力全部用在攻打辽国上。

宣和三年（1121）十一月，阿骨打发兵进攻辽中京。阿骨打判断辽天祚帝目前居于中京，因此对这一仗格外重视，他任命同母弟、国相斜也（汉名完颜杲）为统帅，手下两员大将粘罕、兀室各领其兵，辽宗室、降将耶律余睹为先锋，驻扎在白水，另外遣五百精兵在松亭关（今河北宽城县西南）一带把守。松亭关是中京到燕京的交通孔道，把守这里是为了防止中京官兵逃到燕地，从这里同样能够看出金国对人口的重视。

天祚帝听闻战报，非常恐惧，宠臣萧奉先欺骗他说："余睹是宗室，怎么会真的灭亡辽国？他不过是想扶立晋王而已。"晋王是天祚帝文妃的儿子，是耶律余睹的姨外甥，耶律余睹阴谋扶立晋王，事败后才投降金国。萧奉先进谗言说："不如杀了晋王让余睹死心。为社稷着想，不能吝惜一个儿子。"天祚帝果然赐死了晋王。晋王在辽国很有人望，无罪而死，百官、将士无不暗中落泪，对天祚帝更加失望。

宣和四年（1122）正月十四日，金骑兵一日一夜行进了三百里，从白河驰往中京，对辽发起进攻。辽军士气低迷，无心抵抗，从早上战斗到中午，城破。但金军并没有俘获天祚帝，天祚帝早已逃之夭夭无影无踪了。

原来，天祚帝知道中京防守不住，城破前逃亡燕山，但燕山离中京太近，不是久留之地，便带着他的两个儿子赵王、梁王和数百亲兵向西北逃到更加偏僻的鸳鸯泊（今河北张北县西北安固里淖）。鸳鸯泊是一处水草丰美的湖泊，是皇家的避暑胜地，交通便利，并不适合逃亡和避难，金军很快追了过来。天祚帝狼狈至极，继续西逃，过西京云中府（即云州）、石窟寺、渔阳岭（今内蒙古武川县东南）最后进入了夹山（今内蒙古武川县西南）。要到达夹山必须经过一段沙漠，夹山四周六十里沼泽泥淖，除了契丹少数人之外，其他人没有到过夹山，也不识路途，躲藏在这里相对安全。

金军一路尾随追赶天祚帝，顺势拿下了山后地区，四月份占领辽西京云中府。这样辽国地盘除了夹山一带偏远地区，就只剩下燕京诸州了。燕京的守臣耶律淳是天祚帝的堂叔，在辽国颇有威望，天祚帝亲征女真时，将军耶律章奴打算立他为帝，导致亲征失败。天祚帝逃到夹山后没了消息，加上燕京已是金国和宋朝之间的一块孤地，与其他地方交通阻绝，燕京的大臣、百官、百姓、军队乃至僧侣早已厌倦天祚帝的统治，纷纷劝耶律淳自立，耶律淳就这样登上皇位，号天锡帝。

宣和四年（1122）三月十七日，天锡帝按惯例遣使将帝位变动告知宋朝，宋朝这才了解到中京、云中都已落入了金人手中。徽宗既然有意图谋燕京，自然不会承认天锡帝，反而指责耶律淳擅自称帝，是僭越，下令雄州拒绝使者入境。

北方的变故突如其来，徽宗君臣显然缺乏完备的应对预案。知定州府赵遹上书，一方面建议河北诸路厉兵秣马，随时准备战斗；另一方面不主张立即动兵，当示以安静，加恩抚慰，致其怀服。赵遹的用意是，经过女真打击，辽国已苟延残喘，这时宋朝拉他一把，辽国定当感激涕零，然后给他们一个册封，使其成为宋的属国，这样不费一兵一卒可以得到辽的土地人口，安享大利而没有任何损失。

这当然是书生之见。宋朝君臣一直想玩弄手腕，在金、辽之间做投机生意，甚至空手套白狼。自己既没有实力做后盾，又不愿真诚相待，还不愿卷入战争，到头来只能搬起石头砸自己的脚，付出更为惨重的代价。

明眼人都看得出来，燕京已是金人的囊中之物，再不动手恐将永远没有机会讨要燕京了。这时与云中相邻的代州奏报，金国照会不得收留溃散的契丹军民，并强硬地表示宋朝边军不得妄动，不得生事，否则自取灭亡。

这更增加了徽宗君臣的紧迫感，四月十日，徽宗诏太师、领枢密院事童贯率兵十万"巡边"。

徽宗亲自为童贯送行，并面授机宜，提供了上、中、下三策：燕是汉人故土，燕人盼望回归，箪食壶浆以迎王师，这是上策；耶律淳纳款称臣，自请为大宋藩属，这是中策；燕人不愿归顺，"按兵巡边"，这是下策。这巡边是打还是不打，谁也不愿明说，因为满朝文武其实都不愿真刀真枪地打仗。徽宗的所谓三策，其实是三种结果，朝廷最愿看到第一种结果，不愿看到第三种结果。三种结果中，没有考虑到战败，君臣觉得金国对辽摧枯拉朽，宋朝再不济也不至于失败吧？朝廷上下一片乐观的看法，人们预测，童贯只要大兵压境，燕京一定手到擒来。

在盲目乐观的气氛中，徽宗根本没有把这场战争放在心上。发兵前一个月，他忙着从各州县遴选有道行的道士，为道录院充实道官。他还写了著名的《艮岳记》，记述这一耗费大量人力物力财力的伟大工程，并且用十种字体书写三国人曹植的名篇《洛神赋》，把它带到秘书省和太学里炫耀。一同展示的还有其他书法和绘画作品，徽宗把它们赏赐给陪同的宰执大臣，宰相王黼一个人就得到二十多幅御书。可以说，徽宗人生最重要的两件事——道学和艺术，没有受战争影响而怠慢半分。

徽宗为战争所做的工作是写了一道诏书，充当檄文。诏书向燕京军民承诺：只要举城投降，望风响应，各人仍旧担任过去的职务，并加以优赏；收复之后，蕃、汉享受同等待遇，民户除夏秋两季税赋外，免除一切徭役。

四月二十三日，童贯大军抵达高阳关。再次发布招降书，比之檄文，细化了对投降者的待遇和奖励，并承诺收复后免除燕京地区两年赋税。

蔡京对童贯能力的担心不能不影响到徽宗，五月九日，徽宗增派蔡攸给童贯做副手，告诉蔡攸说，童贯老而昏聩，常常欺骗朝廷，隐瞒失败的消息。徽宗希望派一个值得信赖的人去监督童贯，监督局势发展。听到蔡攸将赴前线的消息，蔡京悲伤地说：我恐怕将像赵括的母亲那样，等待着哭师吧。他写了首诗派人送给蔡攸："老懒身心不自由，封书寄与泪横流。

百年信誓当深念，三伏征途盍少休。目送旌旗如昨梦，心存关塞起新愁。缁衣堂下清风满，早早归来醉一瓯。"大意是说：不要忘了宋辽百年盟誓，为什么要大动干戈呢？！我非常牵挂你的安危，希望早日归来，阖家团聚！

五月十三日，童贯至河间府，将大军分为两路，东路在雄州（今河北雄县）一带，由种师道率领，屯宋辽之间的界河白沟；西路在广信军（今河北徐水县西）一带，由辛兴宗率领，屯范村。种师道对这场战争有一些抵触情绪，他把女真比作盗贼，契丹比作邻居，反对帮助盗贼瓜分邻居财产。种师道代表了许多将士的心声，将士不愿打不义战争，朝廷又没有很好地宣传教育统一军心，宋军士气之衰可想而知。

当然，童贯也并没有认真地准备打仗，他坚信燕京会望风而降。他一边催促种师道进军，一边派人到燕京招降。然而燕人并没有像他想象的那样闻王师来，箪食壶浆，相反，耶律淳连续杀死两拨劝降的人，砍下了他们的头颅。燕京的汉人也没有任何反抗的迹象。童贯没有气馁，又坚持派了第三拨劝降的人，这一次是马政的儿子马扩。马扩曾跟随父亲访金，有胆有识，日后还拉起一支队伍抗金，是卓越的外交家和爱国英雄。他生平见过宋、金、辽在世的大部分皇帝，与金军几位主要将领还混成了朋友，却没有因此叛变宋朝。他有一本《茅斋自叙》，记述自己传奇的经历，是研究两宋交替之际的重要史料。

耶律淳并没有杀马扩，马扩确实具有外交才能，不至于激怒敌人，最主要的原因还是他在燕京期间，前线形势发生了变化，宋军已败，燕人认为杀他没有什么意义，就将他放了。

原来，童贯越来越相信燕军非常弱小，逼令种师道渡过白沟河进入辽国领土。种师道遣数千骑兵先行渡河，遭到辽将耶律大石掩杀。宋军没有得到战斗的命令，竟不敢与敌交锋，只好整顿队伍退回界内，躲避辽军。五月二十九日，辽军两万人杀过界河，种师道请示童贯怎么办，童贯却不做指示，种师道只好一味退让，回到雄州，将士死伤不少。西路方面大同小异，辽军主动进攻，宋军退入雄州。第一次收复燕京之战就这样结束了。

这次战役并不惨烈，双方接触有限，与其说宋军战败了，不如说宋军根本不想战、不敢战、不知道该战不该战。但无论如何，宋朝以武力威服燕京的企图没有得逞，反而在宋、金灭辽的博弈中处在了下风。

第十章　大宋"全盛"时

打不赢的燕京之战

宣和四年（1122）夏天，完颜阿骨打很矛盾。

阿骨打困惑的是：金宋之间到底有没有盟约？说没有吧，双方国书往来，宋朝白纸黑字写明"所有汉地等事，并如初议"，说明初议有效；说有吧，金宋所谓"前议"是什么，根本没有谈拢！并且宋朝没有派来使者，只让把国书捎了回来，显得无所谓的样子。

对于盟约，阿骨打还是很看重的，东北平原是个好地方，但女真还没有学会农耕，靠狩猎生存，物资贫瘠，生活条件恶劣，一个字"穷"。比如女真军队是没有军饷的，全靠边打边抢维持生计，所以金军打仗的成本极低，这是宋辽无法比拟的。宋、辽皇帝把国库挥霍干净了，没钱发丰厚的军饷，士兵就不愿打仗，白沟之战就是一例；金军却更愿意主动出击，因为这样可以抢到更多的钱帛财物，他们战斗的积极性非常高，士气旺盛，这也是金军摧枯拉朽的一个原因。不过打仗要付出生命代价，如果不打仗还有财物，谁愿意打仗呢？所以阿骨打看重盟约，看重的是宋朝许诺的岁币。

如果承认有盟约的话，金国已经违约在先。金国攻打辽西京时应当告知宋，宋需同时发兵攻打燕京，这是双方历次国书都认可的条款，但金攻辽中京，追天祚帝到西京，一气呵成，并没有事先向宋通报，事实上已经违约。宋攻打燕京虽然呼应了金，但各自为战，都不是在履行盟约，所以前期盟约并没有起什么作用。换言之，金、宋盟约形同废纸！

阿骨打想得到岁币，如果宋独占了燕京，就没有理由讨要岁币了，所以他想重续盟约。

宣和四年（1122）九月，阿骨打再派使团赴宋，以确认盟约的有效性。宋朝刚刚经历败仗，靠武力无法独自收复燕京，也需要金国的帮助，因此徽宗非常优待金使，在崇政殿亲自接见了使团，赐给他们许多银子和绢帛以及御用的茶膏，还让主要大臣轮流宴请他们，请他们瞻览明堂、龙德宫等皇家建筑，礼数超过了过去契丹的使者。双方达成一项共识，就是前期都有失约，既往不咎。一番好吃好喝好招待之后，徽宗令赵良嗣为正使、马扩为副使回访金国。

徽宗亲笔写了给大金皇帝完颜阿骨打的国书，承诺之前的盟约仍然有效，还特意强调宋军已做好了攻燕的准备，只等金军前来响应了。他仍然列了三条备忘录：一是仍然强调燕、云都是汉地，战争结束后应当归还于宋；二是谎称童贯伐燕取得了一系列胜利，只是遵守合约才没有打进燕京；三是诋毁西夏暗中帮助辽国，企图把战火引向西夏。关于第二点，因为童贯伐燕，几乎没有大的接触战，金人并不知道详情，徽宗才得以谎报军情。关于第三点，显示了徽宗的小聪明、小格局。徽宗一如既往地奉行投机主义，企图在战乱中付出最小代价、获取最大利益。

马扩看了国书后惊叫不好，说："金国原本承诺夹击辽国，我朝又单单强调这一点，这不是把薄弱之处暴露出去，显示必须依靠金国吗？恐怕日后要被金国小看轻侮了。"

送走了赵良嗣、马扩，燕京又有新的消息传来，让徽宗精神一振，有了新的想法。

六月，天锡帝耶律淳病死了，经过激烈的权力斗争，耶律淳妃萧氏摄政，军政大权掌握在北枢密院使萧干手中。萧后和萧干担心燕京的汉人为宋朝做内应，秘密谋杀汉人，契丹精锐部队常胜军统领、涿州守将郭药师听闻消息，与易州守将高凤一起投降了宋朝。宋朝不但轻易得到两州，而且还得到了常胜军这支劲旅，徽宗君臣认为这是一件值得庆贺的事情，徽宗御笔将燕京改名为燕山府，下面八州也赐新名，好像燕山地区已经纳入了宋土。两面受敌的燕京知道难以保全，同时奉表向金、宋称臣，以换取金、宋息兵，但都被拒绝了。徽宗君臣认为燕京是困兽之斗，汴京已经开始张罗庆贺胜利了，徽宗坐在紫宸殿上，太宰王黼率百官上表称贺，徽宗欣然接受。

虚荣自负的徽宗君臣重新燃起独自收复燕京的雄心，他们等不了金国来夹击了。十月，任命刘延庆替代种师道，以兵众五十万从雄州挥师北上，进驻卢沟河。萧干被迫迎战，陈兵燕京城十里之外。

郭药师对燕京情况最为了解，献计说："萧干倾巢而出，燕京城必然空虚，遣一支轻骑绕道突袭燕京，一定能够得手。"童贯同意了这个方案。

十月二十四日凌晨，郭药师精选五千名常胜军和西北番兵偷袭燕京，燕京果然守卫空虚，郭药师夺城门而入，萧太后率城中少量守将拼死巷战抵抗。而宋兵以为燕京已得，竟恣意淫乐，掠夺财物，一直到晚上都未能占领皇宫。萧干得到消息，急忙回救，宋军还以为是刘延庆派来的援军，竟不关城门，轻而易举地让萧干进入城中，控制了城门和城中要塞。宋军遭受猝不及防的痛击，大溃，兵众死亡过半，郭药师从城墙上沿绳索而下才逃得性命。

郭药师突入燕京，如果宋军遣一大将攻打燕军营垒，牵制萧干，内外夹攻，燕军必然首尾难以兼顾，可惜宋军没有；如果能有后续部队援助郭药师，也不失为良策，可惜也没有。

萧干平定燕京后回到营垒，故意"泄密"给两名宋军俘虏并制造机会让他们逃走。两名宋兵把消息报告给刘延庆，说燕军比宋军多三倍，准备举火为号对宋军发起总攻。刘延庆居然相信了。二十九日，辽军营垒燃起火把，刘延庆以为燕军要发动总攻了，急忙烧了自家营寨仓皇而逃，军队杂乱无章，自相践踏、坠崖而死者不计其数，器械物资遗落一百多里。

就这样，萧干未动一兵一卒，即让宋军号称五十万大军一败涂地。历史就是这样吊诡。

有形的战场刀光剑影，无形的战场则唇枪舌剑。赵良嗣和马扩在金营的谈判一点也不轻松，而且随着燕京战场的瞬息变化而起起伏伏。

这次金国主持谈判的是阿骨打的弟弟、国相蒲家奴（汉名完颜昱）和阿骨打次子斡离不（汉名完颜宗望）。蒲家奴一上来就指责宋朝弃盟，金军陈师辽中京，等了半年多，宋朝也没有派使者前来；又指责金军攻打辽西京时，宋朝没有任何接应措施，北伐攻燕也滞后了半年有余。不过，蒲家奴承认愿移交西京，但金军会亲自攻下并占据燕京。赵良嗣吃了一惊："原来的盟约是交割燕地。如果得不到燕京，西京我们也不要了。"斡离不抓住把柄说："燕京还没有拿下，可以再商议；西京不要就算了，也不勉强。"马扩见赵良嗣失言，赶紧抢过话头说："燕京在历次国书中已经约定，不需要再讨论这个问题了。贵朝现在要先交割西京才显得有诚意。"

双方争执不下，蒲家奴需要请示阿骨打。不多时传来阿骨打旨意，主要有三点：金答应燕京及所辖六州土地，连同这些土地上的汉人归宋，但其他民族居民归金；金军须借道燕京回东北，宋不能阻拦；无论谁打下了燕京，宋都必须付给金岁币。六州指蓟州、景州、檀州、顺州、涿州、易州，包括了燕云十六州中的燕山南北区划，不包括西京和平、营、滦三州。赵良嗣据理力争，这时金人已经得到宋军战败的消息，态度极其倨傲，嘲笑说："你们的兵马近日被燕军击散，不还得仰仗我朝力量拿下燕京吗？假如燕京被我们攻下，即使不移交给南朝，南朝不照样像对待契丹那样对待我们，每年给我们钱帛？"赵良嗣显得底气不足了，只好解释说："我们这是在等待你们夹攻，不如早日发兵攻打燕京吧。"

一波未平，一波又起。蒲家奴又出示三篇文字，其中两篇涉及宋朝在女真已经占领的州县招诱边民，不让他们归附女真，这显然违反了宋金最初的协议：双方不得收留对方因战争而流散的居民。赵良嗣愈发难以辩解，便请求回国。金国担心宋得到燕京后不让其借道，将马扩扣了下来作为人质。

宋朝连遭败绩让金人看不起，而且缺乏认真履行盟约的态度，也让金人愤怒。金国攻打辽中京前，几次谈判虽然讨价还价，但气氛不错，现在双方已经互不信任，语锋相向，甚至言辞威胁、扣留人质。

弱国无外交，谈判的话语权掌握在金国手中，所谓的两国盟约变成了一个国家对另一个国家的恩赐和要求。

燕京这个筹码

十一月，徽宗在崇政殿接见了回访的金使，接受了阿骨打的国书。对于盟约内容，徽宗当然不满足，他仍试图做出努力，至少要回平、营、滦三州。从国土安全角度来讲，平、营、滦三州显然比西京更为重要。

徽宗御笔给赵良嗣，对盟约做出了让步，宋朝愿意在付契丹岁币数目的基础上，再追加绢五万匹、银五万两，以换取平、营、滦三州。对于辽西京，徽宗也有自己的想法，他认为金军主力终究还是要回到他们的大本营东北平原的，等金军撤走，西京空虚，躲避在夹山的天祚帝肯定会反扑。如果金国把西京给了宋朝，可以帮助金国防止契丹死灰复燃。他要求赵良嗣用这个理由继续同金国谈判。

这时已经是宣和四年（1122）岁尾了，宋金来来回回四次互访，四轮谈判，结果始终各说各话，谈判毫无进展，双方唯一认同的条款是金国承认燕京等六州归宋，宋向金国付五十万匹两岁币。

谈判桌上可以扯皮，战场形势风云变幻，朝夕不同，不可能静止下来等候谈判结果。从战争进程来看，时间不在宋朝一边。

据《续宋编年资治通鉴》，刘延庆卢沟河兵败后，童贯丧失了军事收复燕京的勇气，秘密派遣一个叫王环的人从太行山飞狐陉去位于云中的金军大营，请求阿骨打出兵攻取燕京。十二月，阿骨打兵分三路，粘罕率中路攻打南暗口（今北京市门头沟区爨底下村），挞懒（汉名完颜昌）南路攻打北牛口（今属北京房山），阿骨打亲率大军攻打居庸关。马扩作为人质，随军在阿骨打身边。作为老相识，阿骨打对马扩很赏识，愿意与他分享一些自己的观点和看法，他调侃马扩说："契丹国土假如有十分，我已取了九分，只剩下燕京这一分了。我家兵马围住三面，剩下一面让你国攻打，怎么就打不下呢！刚开始听说宋军从卢沟河攻入了燕京，我心里还很高兴，打算收兵回国早点享受太平日子。谁知又听到刘延庆一夜之间焚营逃遁，怎么会这样呢？再过一两天就到居庸关了，你看看我们用兵有败退的吗？"

辽军居庸关的守兵听闻金兵杀来，早已吓破了胆，弃关而逃，金军根本没有遇到丝毫的抵抗，突破居庸关，就到了燕京城下。萧太后和萧干知道城不能守，偷偷出逃投奔夹山的天祚帝去了。十二月初六，燕京臣僚军士群龙无首，开门投降。阿骨打不费一兵一卒占领了燕京，第二天遣五百骑兵护送马扩回宋朝报捷。

马扩前脚刚走，赵良嗣后脚就到。赵良嗣是奉徽宗之命前来谈判的，他离开汴京是在十二月初三，在燕京见到阿骨打是十二月十五，他不用绕路到遥远的东北或者云中了，所以行程大大加快。按照徽宗旨意，赵良嗣再次提出索要平、营、滦三州的要求，这让阿骨打很不耐烦，威胁说如果坚持索要三州，连燕京也不给了，然后将赵良嗣赶出大殿，晾在驿馆。直到四天之后，金国将一份国书交给赵良嗣，让他尽快回国。

金国书回顾了两国往来商议的内容，咬定金国自始至终只承诺燕京六州土地及汉民，其他不在盟约之列。金国坚守此前的承诺，决定将燕京六州移交给宋，但宋须依照过去的盟约，每年支付五十万岁币。让赵良嗣吃惊的是，国书中额外新提了一个要求：既然燕京是金国独自打下的，燕京及所辖州县每年的赋税应交与金国！

赵良嗣错愕道："从古到今，租税附着于土地，没听说过把土地给了别人却不给租税的！"粘罕霸道地回复："你们好好考虑考虑，如果不同意，请军队马上退出涿州，不要留在我们的疆土上。"兀室也在一旁嚷道："许多土地人民都给你们了，一点税赋也斤斤计较。"金人不由分说，令赵良嗣会同金国使者一同回汴京复命。

从政和八年（1118）马政在涞流河畔第一次见到阿骨打算起，到宣和四年（1122）底赵良嗣在燕京觐见阿骨打，宋朝已五次遣派使者到金国谈判，金国也派遣了五次使臣。五次往复，如果不计口头允诺，以国书和备忘录为依据，双方的观点究竟是怎样的呢？到底达成了哪些协议？双方都有哪些违反协议的地方，有哪些遵守协议的地方？现在不妨来回顾和盘点一下。

关于夹击辽国：

内容上，双方相约夹击辽国，并告知出兵日期，这一点达成了共识，没有异议。

履约上，金国进攻西京时没有告知宋朝，违约一次；宋朝攻打燕京时也没有告知辽国，违约一次；无论攻占西京还是燕京，宋都没有参与，违约。

客观评定一下，夹击辽国的协约实际上分两个层面，一是告知日期，一是参与行动，两相比较，参与行动无疑是协约的本质内容。虽然金、宋都有违约，但宋朝违约性质更严重。

关于土地和人口：

土地上，金国开始时口头上答应将山前地区给予宋朝，后来明确只给燕京及六州；宋朝一直试图争取得到燕京、西京、平、营、滦三州原汉人的全部土地，双方自始至终各说各话。如果承认盟约存在，那么双方共同认可的内容才有效，所以可以视为金应当放弃整个燕京地区的领土权，而宋朝索要西京和平、营、滦三州没有得到协约支持。

人口上，金国一直只答应燕地的汉人给宋朝，女真、契丹等少数民族仍然归金；金国占领的其他地区如西京、平、营、滦三州，因战争而流落到宋朝境内的应当遣返。这一点上，宋朝曾违反协约，不但不主动遣返，而且试图招诱边民。

关于钱帛：

金、宋两国一致同意将原给予契丹的五十万匹两转给金国。金国最后突然提出索要燕京及六州的税赋，显然是无理要求。

简化一下双方主要的违约情况：宋朝没有有效参与夹击西京、燕京行动，金国提高了索要钱帛标准。

这是宋朝为军队无能付出的代价。世上没有免费的午餐，实力才是最好的筹码，不偏不倚地讲，其实还算公平。

宣和五年（1123）正月初四，徽宗在崇政殿接见了金国使者，照例并不直接向金使表态，而是让金使与太宰王黼会谈。马扩不放心，向王黼陈述"三策"：将给予金国的岁币翻番，以换取山前山后燕云十六州所有故地故民，如果金国同意最为划算，这是上策；如果金国坚持不答应交还平、营、滦三州，那么就各守所得，索性也不要燕京了，也不要西京了，只守住涿州、易州，大幅减少岁币，日后在边境多筑堡垒，训练兵马，开河渠水道防止骑兵纵横，积极守备，防止入侵，这是中策；如果全部听从金人的，只收回燕京六州二十四县，将给予契丹的岁币全部给金国，守住暂时的利益，慢慢完善后备，这是下策。马扩的理由是，土地全部拿回来，中原有了天然屏障，易于防守，即使多花点钱财也值得；如果不能保证地理安全，索性省点钱财，积极防御。地理屏障和钱财必须占有一样，不能既花了钱，也无法守住关隘。马扩还预想了第四种情况：急于得到更多的土地，为此不惜钱财，还得低声下气说好话，自降身份，这是无策，最要不得。从这三策的建议可以看出，马扩考虑问题的出发点是确保国土安全，他已经预感到了金国有可能进攻宋朝，主张厉兵秣马，常备不懈。马扩还分析了实现上策的可能性：天祚帝还没有抓到，平州守将张觉表面上投降了金国，内心却怀有异志，金国国内空虚，新得到的土地人心未附，女真自顾不暇，所以有可能答应宋朝的条件。

听了马扩的陈述，王黼感叹地说："你说得太好了！可惜朝廷决议的上策，正是你所说的下策啊。"可见徽宗根本没有意识到危机已经到来。

金国使者不但讨要燕京税赋，而且要求岁币和税赋都从去年开始算起。去年宋朝还没有获得燕京土地，为什么要付给金国岁币和税赋？但徽宗并没有太犹豫就答应了金使。

在盟约之初，本该在战争打响前订好盟约，减少扯皮，可宋朝没有；大局已定，该讨价还价的时候，徽宗又变得很好说话，几乎所有条件都尽量满足金人。

好大喜功却没有深谋远虑，贪图眼前的利益又看不到潜在的危险，是一个人乃至一个朝代覆亡的前兆。

买来的胜利

徽宗令赵良嗣、马扩携带国书到燕京回访金国，确定税赋的数目，然而其过程并不顺利。

徽宗的预期是每年十到二十万两，再加上五十万岁币，每年一共六七十万匹两；而金将兀室递出的数目是一百万两，并且只要物品，不要钱财。兀室将前几年燕京及六州的税赋拿给赵良嗣看，正规税赋为每年四百万贯，加上其他各种额外的苛捐杂税共有六百万贯，宋代银元以两为单位，铜钱以贯为单位，一两银元等于一贯铜钱，兀室表示一年索要一百万并不过分。

一百万贯严重超过了徽宗的预期，赵良嗣不敢擅自做主，兀室则向宋朝下了最后通牒，必须在二月十日前满足金国的所有条件，否则提兵相见。这是金国第一次向宋发出军事威胁。

当时已经是正月二十五日，燕京与汴京相距千里，使臣一个来回也不止十天半月，如何能在二月十日前得到徽宗的圣旨？赵良嗣只能滞留雄州，派快马将金国的国书呈送给徽宗。

徽宗在二月初六修好了宋朝国书，同样以金字牌快马送回雄州。徽宗答应了金国的所有要求，同时让赵良嗣再争取一下西京，如果争取不来就算了。所谓争取西京只是找个台阶下而已，徽宗大概也知道结果已不可更改。

赵良嗣、马扩再次回到燕京，对西京已经不抱任何希望，只是例行转述了徽宗的意愿。不料峰回路转，兀室竟意外答应了宋朝的要求，条件是一次性增加二十万犒师费。这对于宋朝来说无疑是个好消息，赎回燕京需每年一百万贯，赎回西京只要一次性二十万，实在是便宜！不过吊诡的是，金国口头承认归还西京，正式的国书里仍然只字未提。有史料认为是赵良嗣邀功，欺罔皇帝，但使团不止赵良嗣一人，马扩以及随行的金使也参与造假的可能性极小。

徽宗曾问女真何以如此贪婪？赵良嗣认为女真人唯利是图，马扩则强调是因为本朝兵不立威，另一位使臣劝徽宗忍受，以德服人，否则可能挑起边患。徽宗气愤地骂女真贪婪残暴，连黄巢都不如，一定不能长久。这更像是自我安慰的精神胜利法，显示了徽宗难以忍受而又不得不忍受的痛苦。

从政和八年（1118）马政第一次出使金国，经历了近六年漫长而艰苦的谈判，至宣和五年（1123）二月终于完成最后盟约。盟约的本质是宋朝拿钱赎地，金国卖地换钱。作为流动性比较强的游牧民族，金国还没有意识到土地的重要性，他们迫切需要的是金钱和物资。早已被汉化、进入农耕文明的契丹人已经有了同宋人一样的思维，一名契丹降将曾试图阻止金国将燕京送给宋朝，写诗道："君王莫听捐燕议，一寸山河一寸金。"但阿骨打没有听从。到后阿骨打时代，受中原文化的影响，金国上层越来越意识到土地的作用，这才有厉兵南下，饮马黄河。

盟约已成，接下来就是具体的交割程序了。由于天祚帝还没有抓到，西京暂时搁置，首先交割的是燕京诸州。

徽宗将燕京改名燕山府，并且独立成为一路，任命了驻守官员。尚书左丞王安中知燕山府兼燕山府路宣抚使；副职有两名，一是詹度，一是郭药师，同知燕山府，詹度兼燕山府路安抚使，郭药师兼燕山府路宣抚副使。徽宗御书顺序是詹度在前，但郭药师掌有兵权，实际上掌控着燕山府局势。

王安中赴任时，徽宗拿出内府金器、玉器，乃至香炉砚台之类的珍玩，交代他陈设在燕山府衙，震慑一下没有见过世面的女真夷狄，让他们自惭形秽。王黼写诗为王安中饯行，承诺等燕山府安顿好，届满归来让他做宰相。

燕山府交割的第一道程序是厘清户口。金辽战争期间，很多北方人逃到了相对比较安定的燕山府，按照协议，这些人应当移交给金国。不过，人口已经混杂在了一起，要想甄别清楚非常困难，需要很长时间。金人等不及，提出一个替代方案，那就是将郭药师和他的常胜军划拨给金国，常胜军士兵多为辽东人，也在交还之列。宋朝当然不能同意这个方案，有人提议用燕山府老百姓代替，既可以保住常胜军，又能腾出田产给养军队，一举两得。请示过徽宗后，宋朝将燕山府以及治下的州县户籍进行了统计，凡家业五十贯以上的都送给了金人，共计三万余户。三万户迁走之后，燕京几乎变成了空城。

四月十四日，宋、金完成了人口交接和地界划分，宋将李嗣本打前站，提兵入燕，十七日，童贯和蔡攸率大部队进入燕山府，标志着燕京正式回到宋朝手中。

从928年到1123年，汉人政权失去燕京将近二百年，终于迎来了回归。对于宋朝来说，宋太祖平定天下，宋太宗灭亡北汉，宋神宗西疆拓土，到宋徽宗宣和五年（1123）四月收复燕京，疆域达到了最大。至少在徽宗君臣眼里，这就是所谓的"盛世"吧。

收复燕京是一件大事，徽宗遣人向宗庙、先帝寝陵祭祀报告了这个喜讯。童贯、蔡攸从燕京上表称贺，接着是王黼率百官上表，已经致仕的蔡京也递交了贺表，大宋陷入一片狂欢之中。童贯在贺表中提到周代、汉代的君主，以及宋朝的太祖、神宗，还有虞舜、周文王，认为徽宗的功绩超越了前代圣君，"于皇伟绩，更迈前闻"，称赞徽宗"以顺为武，威加六合之中；惟断乃成，智出群疑之表"。王黼的贺表全文没有流传下来，残篇中把收复燕京的功绩与周武王牧野之战推翻商朝、汉朝军队远征匈奴相比，他们都认为徽宗的文治武功达到了历史上的鼎盛。

如果不是后来的靖康之变，徽宗被奉为一代圣主也未可知。

作为全国的军事统帅，童贯不可能久留燕山府。他对燕山府的防御作了部署：詹度总领军务，扬可世守松亭关，姚平仲守古北口，郭药师守居庸关，刘逸知景州，杨可升知檀州，任宗晓知蓟州。

四月底，童贯和蔡攸离开了燕京，五月底到达汴京。徽宗在景龙门举行了简单的仪式，京城禁卫尽数列队欢迎他们凯旋。然而徽宗私下对二人很不满意，心有怨气，他在外交上受了不少窝囊气，其缘由就是宋军接连打败仗，五十万大军对燕京束手无策。童贯、蔡攸感受到了徽宗的冷淡，以宣抚司的名义向徽宗上贡百余颗大珍珠、四千两黄金和许多牛角、玉等稀有珍玩，号称是土特产，徽宗这才高兴起来。尽管如此，他仍在不久后令童贯致仕，蔡攸代替童贯接管枢密院。

庆贺的一项重要内容是大封有功之臣。王黼是太宰，职位最高，又是宋金盟约的积极推动者、主导者，加太傅，封楚国公，总治三省事，徽宗还亲自解下腰间的玉带赐给王黼，这被认为是无上的荣耀；童贯封徐豫国公，既是徐国公又是豫国公；蔡攸进少师。在海上之盟中有功的赵良嗣、马扩也被提了职。徽宗还以"驰传有劳"的名义加赏了他非常喜欢的朱勔，封节度使。驰传指通过驿站传递信息，朱勔在收复燕京中究竟做了什么贡献，并没有留下具体事迹，徽宗大概想借此犒赏他在建造艮岳中搬运花石之功。

王黼无疑是这个时期最受徽宗宠信的朝臣，乘着燕山告功的东风，王黼又玩起徽宗喜爱的祥瑞来。宣和五年（1123）十一月，王黼告诉徽宗家里的屏风上生长出灵芝来，请徽宗临幸。徽宗心情正好，便去了。王黼自传圣旨，让侍从、禁卫可以放假休息了。这些平时绷紧神经不敢有丝毫怠慢的卫从高兴极了，争着见皇上谢恩，一时喧哗不已，秩序大乱。徽宗在近侍梁师成、谭稹的保护下亲自出面抚谕，才平息了喧闹。

虽然有这样一个不太和谐的小插曲，但那一天徽宗格外高兴，在王黼家喝得酩酊大醉，醉得说不成话，直到三更半夜才离开相府，过龙德宫一个偏门小道回到宫中。

这是大宋最"辉煌"的时刻，也是徽宗最得意的时刻，正如詹度送童贯离开燕京时写的一句诗："满目江山映日红。"

卷
四

屈辱的晚年岁月

第十一章　禅位

平州事件

宋金达成海上之盟，通过赎买的方式拿回燕山六州，徽宗君臣扬扬自得，以为功比汉唐，完成了太祖、神宗未竟的事业。正因为从来没有实现过汉族固有领土的完全统一，宋人对北方领土有着异乎寻常的感情。燕京已得，云中地区金国也有许诺，平、营、滦三州就成了一块心病，成为宋金盟誓中的最大遗憾。

宣和五年（1123）六月，宋、金入驻燕京不久，宋朝面临着拿回营、平、滦的诱惑。

平、营、滦虽然是三个州，但辽时自成一路，平州辖其他两州，又叫辽兴军。辽亡时辽兴军节度使叫张觉，领州事。张觉意识到辽国必亡，便招募人马，得五万人、马千匹，勤于操练，准备抗金。燕京陷落，粘罕本打算征讨张觉，辽国原参知政事康公弼向粘罕打包票招降张觉，粘罕便派康公弼到平州试探张觉是不是真心归顺。康公弼收受张觉贿赂，明知张觉怀有异心，仍然说服粘罕招降了张觉，保留本部人马知平州。

金朝撤出燕京后，阿骨打因身体染病，不等抓获天祚帝就急着回銮混同江畔的金上京。阿骨打已经五十多岁，一生绝大多数时间生活在东北平原，具有浓厚的故乡情结，对于他来说，那里才是他的祖国。在征讨辽国尤其是得到燕京后，以粘罕为代表的新一代将领接触到文明程度更高的中原文化，内心已不愿回本土。粘罕多次请求不要向宋移交燕京，阿骨打不听，说："我与大宋已经签订了海上之盟，不能失信。等我死了，你们也要按照合约割让土地。"阿骨打还是没有能见到混同江，途中就去世了。他的四弟完颜吴乞买（汉名完颜晟）接替了皇帝位，为金太宗。虽然年轻一代蠢蠢欲动，但那个时候算是宋、金短暂的和睦期。

金太宗即位后，金国仿效辽国多京城制度，以加强对新占领地区的统治。由于燕京已经给了宋朝，便以平州为南京。南京同样设立了两府等政治机构，主要由辽国原来的大臣担任，有左企弓、康公弼等。

张觉是平州的土皇帝，当然不希望这些朝廷中人来这里指手画脚。在部下和平州百姓的拥戴、支持下，张觉杀掉左企弓、康公弼等，宣布倒戈，脱离金国，仍沿用辽天祚帝年号。张觉派智囊李安弼、高党到宋燕山府拜谒王安中，愿意归附宋朝。王安中不敢擅自做主，派人将李安弼、高党送往汴京，游说朝廷，由朝廷定夺。

是否接纳平州，考验着朝廷的智慧。接纳的话，得到平州这个天然屏障，不过将背负撕毁与金国盟约的恶名，有可能招致兵戈之祸。如果不接纳，平州可能永远脱离汉族政权，这个机会千载难逢，失之可惜。

徽宗经过认真的考虑，御笔给詹度写了封信，分析利弊后指出：张觉反叛女真的意向很明确了，但不一定是真心归附我朝。不要明着与他联盟，而要在暗地里做好抚谕，静观其变，见机行事。徽宗还特地强调，事情要做得隐蔽，不要将消息泄露出去。接着又写了第二封、第三封信，更加明确要接纳张觉，但不要让外界察觉。

这份诏书很能体现徽宗的一贯作风：立场含糊，瞻前顾后，既想得到利益，又不愿投入人力物力去争取，总是幻想通过外交手段投机取巧不劳而获。这种小聪明在大国交往中往往作茧自缚，既输了道义，又失去了利益。徽宗自始至终没有认识到这一点，也没有从燕京得失中总结出经验和教训。

另一项考验宋金盟约的事情是，当初迁出燕京的三万余户百姓，大多被金国安置在了平州。金军出关，这些老百姓又自发地迁了回来。然而他们的田地已经充公，让郭药师的常胜军耕种了。怎么办？徽宗又急诏王安中、詹度，让他们抚恤百姓，有官的到朝廷来当官，没官的归还耕田，并免三年田租。

宋朝实际上已经背弃了宋金海上之盟。

六月，张觉秘密降宋，宋朝从理论上又得到了平、营、滦三州，领土进一步扩大。如果再能够拿到山后数州，就完全恢复汉唐固有疆域了。

金国搞不清楚张觉手下兵马数量，只派了两千人前来镇压，领兵的是大将阇母。到了营州城下，发现城墙坚固，城内兵马众多，只好无功而返。张觉谎称战败了金人，派他的弟弟和李安弼等到汴京向朝廷告捷，朝廷赐给张觉许多银钱绢帛，犒赏军队。朝廷还授予张觉为泰宁军节度使，世袭平州，徽宗在金花笺纸上亲写任命书，让张觉的弟弟带给张觉。

关于平州的一切操作都在秘密进行，一般朝臣无法知道内情。不过作为联金灭辽的直接参与者，赵良嗣得知了这个消息。他立即向徽宗提出反对意见，认为宋金刚刚结盟，金国十分强大，接纳张觉必然惹怒金国，后果十分严重。徽宗不但不听，反而将赵良嗣连降五阶。从对赵良嗣的处罚力度来看，徽宗也许根本就没有喜欢或信任过他，现在到兔死狗烹、卸磨杀驴的时候了。

朝廷奖赏、分封的消息传到平州，张觉大喜，率百官到郊外迎接李安弼。金国时时在监视着平州城，单等张觉出城好发动进攻。现在机会来了，金军一千余骑兵从天而降，突然杀来，张觉毫无准备，身后的城池已经无法回去，只好逃走。金军驱赶走了张觉，增兵十万围困平州，宋朝军队近在咫尺却不敢相救，金军反以盟友的身份向宋朝索要粮饷，用宋朝的物力攻打已经投降宋朝的城池。宋朝心虚，屈辱地满足了金军的各项要求。

这时金国还不知道张觉已经降宋，两国关系还比较正常。

张觉本来打算逃往汴京，中途被郭药师收留。张觉的弟弟怀揣徽宗御笔投奔燕山府，半路上听说他的母亲、妻子被金军抓住了，顾不上自己安危，又折回去自投了罗网，金人从他怀中搜出了徽宗的御笔。九月金人攻破平州，又在城中搜出了宋朝接纳张觉的诏书。

金国将张觉叛乱归罪于宋朝败盟，要求宋朝交出张觉。徽宗不愿，但燕山路宣抚司承受着巨大的压力，担心金人会因此挑起战争。不得已，宣和六年（1124）九月，徽宗令王安中缢杀张觉，将头颅装在水银盒里交给了金人。

宋朝对降将这样寡恩薄义，让常胜军将士心寒，郭药师喟叹道："金人若是来索要我，朝廷会怎样呢！"常胜军人心骚动，不愿再为宋朝卖命。

金人对宋朝既怨愤又鄙视。怨愤是因为宋朝首先破坏了盟约，在金人中留下了不讲信用的印象。金人说："中国与大辽盟誓了那么长时间，还主动约我们灭亡大辽。刚不久与我们信誓旦旦，又诱使张觉破坏我国法度。"鄙视是因为宋朝缺乏担当，既接纳了张觉却不敢为他出头，又软弱可欺，战争屡败，偌大的军队不堪一击。

一个既可憎又可怜的邻居，金国想不动心都难。

内外交困

虽然在平州事件中闹了些不愉快，但宋、金交往仍在照常进行着。

像过去的宋、辽关系一样，年底，两国要互派贺正旦使，向对方皇帝祝贺新年。而宣和六年（1124）新年前后，金国一连来了两拨使者，一拨报告阿骨打去世、吴乞买继位的消息，一拨贺正旦。过去宋朝接待辽国使者的规格高于其他国家，现在对金国使者也使用了最高规格、最优厚的接待，徽宗还亲自为阿骨打穿了丧服，辍朝五日，并派使者前去金上京吊唁。宋朝想要趁此机会讨要金国许诺的云中九州，金太宗吴乞买也有意归还，但金国内部存在不同声音，粘罕是主要的反对者，他认为宋朝没有认真履行盟约，不停地在边关招纳流亡的百姓，金国提供了这些人的名单宋朝却总是找借口不愿归还。另外一个原因是金军大部队回国后，辽天祚帝又走出夹山，妄想复国，闹腾得比较厉害，金国需要云中作为据点。虽然年轻一代主张对宋强硬，但金国还是答应先归还朔州和武州（今山西神池县），这两块地方离宋朝太近，和云州有大山阻隔，金国不太方便统治。况且现在它们也不在金国手中，因为金军追赶天祚帝到达云中地区时，朔州、应州、蔚州三州守臣见势不妙，直接投降了宋朝。金国约西夏合攻云中时，武州又被西夏攻得，所以金国只是做了个顺水人情。

燕山和河东（太原地区）是两个与金国接壤的地区，虽然有盟约，但宋朝不能不忌惮金国强悍的军力。燕山依靠的是郭药师五万常胜军，接替童贯的大宦官谭稹奏请在河东建立类似的部队，招募五万青壮年，号义胜军，福利待遇超过了常胜军。

宣和六年（1124）三月，金国忽然向坐镇河东的谭稹索要十万斛粮草。原来，移交燕京时，赵良嗣可能迫于某种压力，曾口头答应给金国提供十万斛粮草，不过没有写入盟约。现在金国翻起旧账，要求谭稹兑现承诺。谭稹并不知道这件事，反问金人：口头许诺能作为凭证吗？毫不犹豫地给拒绝了。

金人怒了！宣和六年（1124）八月，粘罕从东北回到云中，用武力将朔州、应州、蔚州夺了回去，同时还占领了原属宋朝的飞狐和灵丘两县。

本来已经出现裂缝的宋金关系雪上加霜。

徽宗并不愿意公开与金国闹翻，对谭稹很不满意：跟金国关系闹得这么僵，还丢失了三州两县，不堪大用。宣和六年（1124）八月，撤换掉谭稹，再次起用致仕不久的童贯。

童贯曾向徽宗提出一个大胆的建议：联合躲在夹山里的辽天祚帝！这样做的目的是通过天祚帝给金国在云中地区的统治制造麻烦，让他们知难而退，尽快移交给宋朝。然而徽宗和童贯都没有进行认真的"市场分析"和"风险评估"，天祚帝穷途末路，已经毫无利用价值，只会给宋朝带来负担!

徽宗在绢上写了一封亲笔信，托一名经常出没西域的胡僧转交给天祚帝。胡僧还真帮助联系上了天祚帝，天祚帝也有背靠宋朝这棵大树的意思。双方一拍即合，徽宗便对天祚帝下了道诏书，称天祚帝为皇弟，赐给他千间房屋作为府第，还有三百名美女歌姬，只等他带着残部归来享受这一切。

徽宗一边招抚天祚帝，一边外交上继续向金国施压，试图要回云中地区。恰好马扩从燕山来到了河东，童贯便派这位金人的老朋友和辛兴宗一同到云州商讨交割事宜。此时粘罕回本土述职，代理他的是兀室。兀室拒绝接见宋使，马扩二人只好落寞而回。

这预示着金国已经不打算交割云中了。

马扩还带来了坏消息。马扩说，根据他的观察，金军在招募人马，向灵狐、灵丘二县增兵，恐怕不久会有大动作。他建议童贯速营边备，调陕西军队北上，以防不测。童贯认为金国新占那么多土地，安抚人心需要很长一段时间，不是发动南侵的时机，对马扩的警告不以为意。

其实即便童贯有心加强边备，也很难采取有效的具体措施，因为宋朝的财政已经到了崩溃的边缘，这也是徽宗和童贯把希望寄托在外交活动上的重要原因。

宋朝大手笔赎买燕京，不断满足金人欲壑难填的胃口；对西夏战争，镇压方腊起义，接纳常胜军，组建义胜军，都需要不小的开支；艮岳刚刚完工，国内奢靡无度，徽宗身边的佞臣贪贿成风，朝臣们不习惯过紧日子，耗费巨大。这些早已掏空了国库，民力不堪重负。

以军队给养为例，宋朝一向以冗兵著称，军队数目庞大但缺乏战斗力，战事一起，只好重新招募青壮年入伍奔赴前线。当下最能战斗的部队是郭药师的常胜军，朝廷需要笼络他们，后勤供养高于其他部队，每月拨付粮食达十余万石。这些粮食大多就近征调，这就苦了河北、河东、山东三路民众。河东义胜军建立后，待遇更高，仅凭这三路已经难以供养了。筹措钱财是宰相的责任，太宰王黼巧立名目在全国各路加收免夫钱，所谓免夫钱，是说燕山战役中各路应当出兵出力，既然当时没有出，现在就用钱补上。江南刚刚经历过方腊起义的劫难也未能幸免，仍然算免夫钱九万七千人一百九十四贯，合每个劳动力二十贯，全国得钱两千万贯（一说六千二百万贯）。朝廷严令各路两个月内交齐，不然按军法从事。

宣和五年（1123）冬天以来，上天也不帮忙，京师、河东、陕西等多地接连发生大地震，并且震了又震，余震不断；京师、河东、河北、浙西发生了水患。

天灾人祸，民不聊生，各地盗贼蜂起，农民起义的星星之火重新燃烧起来。山东起义最多，参与人数累计二三十万；河北起义军号称三十万人；其余一两万人的起义不可胜数。

在这种情况下，朝廷只能张皇应对，想要有所作为几乎不可能了。

任何朝代灭亡，几乎都亡于糟糕的经济状况，没钱募兵，开不出军饷，只能坐以待毙。当然经济崩溃，肯定有人为的责任。

北宋现在的状况就是朝廷一方面要倚重常胜军，一方面又不信任他们，还要想方设法遏制他们。马扩曾向童贯建议在河东、陕西、河北三地遴选十万精锐马步兵，分成三部驻扎在燕山府周围，一部驻在常胜军营旁，一部驻在广信军（治今河北保定徐水区西）或中山府（即定州），再有一部驻在雄州或河间府。三部犬牙交错，进可以协助常胜军抵御金军，退可以挟制常胜军发生变故。童贯非常赞同马扩的想法，但已经没有财力实施了。

为了应对内外交困，徽宗采取了一些措施。首先是找替罪羊，谭稹就是其中一个。当然还不够，内政出自宰相，王黼难辞其咎。事实上，在整个对金国交往过程中，王黼都是积极的推动者，专门成立一个叫作经抚房的机构掌管对金事宜，凌驾于枢密院之上。王黼还严厉打压反对意见，禁止别人议论谏言，独享收复北地的大功。王黼靠宋金盟约取得徽宗厚恩，被尊为太师，待遇直追蔡京。然而成也萧何，败也萧何，当国家出现困难时，也要拿他开刀。宣和六年（1124）九月，徽宗用白时中为太宰，李邦彦为少宰，十二月让王黼致仕。

白时中、李邦彦都是平庸之才，无法应对眼下困局，徽宗又想起了已经致仕四年多的老宰相蔡京，手诏恢复设置讲议司，仍让蔡京执掌，并且总三省事。崇宁元年（1102）设置讲议司是为了推动改革，绍述神宗新政，宣和六年（1124）这次设置讲议司，打出的旗号还是"修革蛊弊"，继续深化改革，其实任务只有一件，那就是解决财政危机！

蔡京拜相以后已经三起三落，这一次执掌权柄可谓老骥伏枥了。蔡京已经七十八岁，眼睛昏花看不清字，腿脚不便无法跪拜，徽宗特许他在家里办公，三五天去一趟朝堂即可。即便如此，蔡京也无法正常处理事务，用儿子蔡絛作为助理，凡是批阅文件都出自蔡絛的手笔。这个蔡絛就是《铁围山丛谈》的作者。《宋史》称他"于是肆为奸利，赏罚无章，黜陟纷纭"，朝政被弄得一团糟。《宋史》把蔡京列入奸臣，带有鲜明的立场，记载未必准确，但朝政和财政状况并无多少改善应是不争的事实。

徽宗采取的第二项措施是裁撤机构和人员。神宗元丰年间对官吏编制进行过一次改革和规范，之后机构人员又变得臃肿不堪。比如，熙宁以前文臣朝议大夫至中奉大夫共有二十九人，宣和六年（1124）膨胀到一百九十多人；武臣观察使至节度使则由二十七人增至一百七十人。徽宗诏蔡攸主持把不急之务、无名之用悉数裁减。不过裁减工作实际操作起来非常困难，效果甚微。最明显的成效是裁撤了应奉司。应奉司是专门为皇帝搜集奇珍异宝、花石文玩的机构，方腊起义时为了安抚民众曾一度取消，但宣和三年（1121）就又迫不及待地恢复了。如今艮岳已经完工，应奉司没有了存在的迫切性和必要性，徽宗便忍痛割爱，诏令罢废了。

有趣的是，不久，蔡京的代理人蔡絛请求新设置了一个宣和库，里面有个下属机构叫式贡司，跟应奉司的职责差不多，将各地的金帛玉器、服饰车马，乃至水果蔬菜等所有名器、货物、特产储备在库中，随时供皇帝消费使用。

一个王朝到了末期，不是没有制度，不是没有措施，也不是最高统治者认识不到问题所在，只是走了太长时间的下坡路，无论怎样勒马刹车都改变不了下滑的惯性了。

内　禅

宣和七年（1125）正月，传来一条令宋朝沮丧的消息：天祚帝被金人抓获了！

天祚帝与徽宗约好归宋，从夹山进入宋境，需要路过云中，风险很大，所以迟迟不敢行动。粘罕回本土述职，兀室代理元帅，天祚帝认为机会来了，率领自己残余的部队以及后妃、两个儿子出了夹山，如入无人之境。不料刚到云中，兀室就亲率大军掐断了他的后路，天祚帝想要重回夹山已不可能。恰在这时，粘罕回到了云中，对天祚帝展开了围追堵截。天祚帝本打算投奔宋朝，一位随行的和尚劝他说："南朝太弱，还会把你送给金人，反而多了一份屈辱，不如直接投降金人吧。"就这样天祚帝被金军擒获，金太宗封他为海滨王。

徽宗联络天祚帝对抗金国的图谋就此破产了。

几乎同时，燕山府也传来坏消息：由于粮食都供应了常胜军，老百姓吃不上饭，以至于到了父母吃孩子，或者出售孩子的尸体换粮食的地步。燕山新得，民心未附，不能坐视不管，徽宗只好从京城挤出五十万斛米运往燕山。

到处都是坏消息，财政依然没有起色，蔡京的长子蔡攸与兄弟蔡絛不和，趁机弹劾蔡絛擅权用事。四月，徽宗再次罢免蔡京，让他继续享受退休生活。王黼和蔡京退休后，童贯成为唯一被倚重的大臣，六月徽宗封他为王。宋朝非皇室成员和皇室亲戚还没有生前封王的先例，但神宗有遗训，收复燕京的人应当为王，童贯成为宋朝唯一生前封王的大臣，唯一封王的宦官。

所有的坏消息中，徽宗最担心的是金国入侵。金国擒获天祚帝后，没有了后顾之忧，南下的条件已经成熟。九月，金国有使者来通报擒获天祚帝的消息，互通信息是友邦的正常交往，徽宗稍微感到放心了一些。朝廷一年中最隆重的事莫过于郊祭，程序十分繁杂，礼仪非常讲究，需要提前几个月筹备。判断金军短期内不会南下后，徽宗开始把注意力转移到郊祭上，尽管朝廷制定了《五礼新仪》，但仍有许多具体环节需要他亲自敲定。

也就在九月底，河北、河东同时出现金军骚扰边境的问题，他们劫掠居民，焚毁庐舍，根本没有一丝一毫友军的样子。接着边境谍报蔚州、飞狐县集结了大量金军，又奏报平州、云中金国军队调动频繁，金军南寇的迹象十分明显。不过宰执们截留了这些信息，他们认为马上就要郊祭了，不能分心，边境的事自有边将处置。

十一月十九日是皇帝亲往南郊祭天行礼的日子，徽宗走下祭坛后终于得知了边报消息，他不露声色地继续走完所有的程序，以避免边报引起恐慌影响郊祭。从十一月十九日到战争爆发，徽宗明知边关紧急，但没有采取任何应对措施。

十一月底或者十二月初，金国二太子斡离不坐镇平州，从东路对宋朝发动袭击，先是攻陷了檀州，紧接着是蓟州。粘罕在云中坐镇，他先礼后兵，派人到太原向童贯下战书。河东路主要依仗新组建的义胜军，但朝廷向义胜军许诺的待遇并没有兑现，粮草不济，军饷匮乏，将士们常常处于半饥不饱的状态，士兵纷纷逃散，甚至数千人整建制叛逃到金国。童贯心中忐忑，茫然不知所措，竟以向皇帝汇报的名义离开了太原。统帅临战脱逃，河东军心更加动摇。

东路决定胜负的是常胜军。十二月初二，郭药师带领常胜军迎战斡离不，一同出战的还有宋朝两个偏师。双方刚一接战，两个偏师望风而逃，还在血拼的郭药师只好收兵还师。郭药师对宋朝失望透顶，加上本性缺乏忠诚之心，回到燕京，绑了新任燕山路安抚使蔡靖和其他朝廷命官，打开城门投降了金国。先前宋朝因为得到了燕山，认为边关前移，撤掉了大部分在河北的布防，军营移徙，楼橹毁弃，整个河北已经不足以抵御金军。一些重镇如保州、中山府城墙坚固，他们顽强奋战，抵御住了金军的疯狂进攻。斡离不不愿意在路上耽搁太多时间，路上城池能下则下，不能下就暂且围而不攻，大部队长驱直入直扑汴京。

与此同时，西路金军所到之处，义胜军纷纷溃散，主动献城，粘罕没费多大力气就攻到了太原城下。粘罕并没有把汴京当作目标，只是想占领河东地区，因此全力以赴围攻太原。

宋朝已经连失数城，而汴京的朝臣还一无所知。燕山的蔡靖曾连发一百七十多道警报，中山府的詹度也三次送来加急奏章，这些都放在徽宗的案头，只有他和少数宰执、近臣了解内情。徽宗对郭药师有信心，不相信金军能轻松突破燕山防线。更重要的是，即便没有信心，他能有什么办法呢？军队已经在前线了，鞭长莫及，把消息发布出去只是增加混乱而已。

直到十二月十六日，童贯回到汴京，前线的消息再也捂不住了，并且斡离不大军快到黄河北岸了，朝廷无论如何不能再当缩头乌龟了。唐玄宗时，安禄山从河北一带起兵，反叛都城在长安的唐朝政府。玄宗皇帝采取的策略是逃亡四川以避其锋芒，玄宗的儿子则在甘肃灵武称帝，组织力量抵抗叛军。徽宗打算效仿唐玄宗，把京城交给太子赵桓，自己逃亡到江南或者四川。十二月二十日，他任命太子为开封牧，让翰林学士拟定诏书。

消息传出，一名叫李纲的官员连夜拜访给事中吴敏，请他向皇帝陈述自己的看法，他认为外寇猖獗，太子留守不足以凝聚人心、招徕豪杰，不如直接传位给太子。第二天吴敏把李纲的建议上奏给徽宗，徽宗感觉有道理，产生了内禅的心思。

二十一日上朝，徽宗赐给皇太子一个排方玉带和两名宫嫔、两个宦官。排方玉带是皇帝专用玉带，臣子不能使用；徽宗初即位时向太后赐给他两名侍女，徽宗仿效这种方式暗示将要内禅。

人们往往在走投无路的困境中，才反思自己的奢靡生活和荒唐行为。散朝后，徽宗解散了后苑造作生活所，这是专供宫中享乐的机构；下诏减少了神霄宫等道教场所的用度，道家官品也回归元丰时期。这天晚上，徽宗还亲临玉虚殿进行祷告，希望道教诸神保佑社稷。

二十二日，徽宗下了道罪己诏。天灾人祸时下罪己诏是历代皇帝通常的做法，意味着皇帝承认自己治理国家有失误，把灾害看作是上天对自己的惩罚，表示愿意悔改，请求上天宽恕。徽宗这份罪己诏全面检讨了登基以来的过失：其一，壅塞言路，只听谄谀的声音，导致奸佞之臣把持着权柄，贪婪之徒能够为所欲为；其二，将贤能之士划入党籍进行迫害，导致多年来朝政紊乱；其三，赋税过重，把老百姓的财产搜刮殆尽，战争频繁，让军队陷于疲惫；其四，大多做一些没有意义的事情，过着奢侈淫靡的生活；其五，把商业利益都攫取在手中，而谋利的人还在绞尽脑汁地勒索；其六，军队粮草供应不上，但吃闲饭的人却坐享富贵。

这份罪己诏出自宇文虚中之手，宇文虚中曾明确反对海上之盟，遭到王黼的忌恨，便跑到童贯帐下做了谋士。徽宗见到宇文虚中向他道歉，宇文虚中建议发布罪己诏，徽宗便让他去写。宇文虚中早有准备，从衣袖中抽出一份草稿请徽宗过目。这份罪己诏语言犀利，检讨深刻，切中要害，在场的宰执们有些犹豫，但徽宗还是下令马上张贴出来。

罪己诏表示要罢大晟府，罢教乐所，罢教坊额外人，罢行幸局，罢采石所，罢待诏额外人，罢都茶场，罢免夫钱，大多是一些减少享乐的措施。罪己诏号召四海之师勤王，忠义之士解救国家于困境之中。

童贯回来时带有一份金国的讨伐檄文，措辞不逊，他一直压着不敢送给徽宗看。事已至此，难以隐瞒了，他在二十三日早朝拿出让徽宗看。徽宗看罢，涕泪俱下，无心议事，将朝议推到晚上。檄文成为最后一根稻草，促使徽宗决心传位给太子了。徽宗派通直郎李邺到金军大营，将内禅的消息告诉金人，希望金人能同意讲和。李邺请求携带三万两黄金，朝廷一时无法凑齐，徽宗便把祖传的两个金瓮拿了出来，让书艺局熔化锻造成金牌，得到黄金一万两。

做完了这一切，徽宗将吴敏提拔为门下侍郎，让他草拟传位诏书。内禅之后，皇帝就变成了太上皇，但徽宗不喜欢这个称呼，交代吴敏只是一个名称罢了，可以称道君。他还和吴敏、李邦彦讨论了其他一些细节，比如将来居住在宫中还是宫外，最后听从少宰李邦彦的建议，决定搬到过去的端邸、现在的龙德宫居住；又比如以什么方式禅位，最后决定装病。徽宗还罢免了次子郓王赵楷皇城司的职务，以避免兄弟阋于墙。

当天，徽宗再次召集宰执到玉华阁议事。他坐在床上，拉住蔡攸的手说："我生性刚烈，不想小小的胡虏敢这样欺侮我！"说着忽然喘不上气，竟昏迷过去，一头栽下了床。宰执连忙呼叫左右内侍将徽宗扶到宣和殿东阁，传太医给徽宗喂食汤药。过了一会儿，徽宗终于苏醒过来，抬起胳膊让人拿来纸笔，用左手写道："我已经半边不能动弹了，怎能料理国家大事？"宰执们没有人应对。徽宗又问该如何，宰执们仍不答话。徽宗看了看左右，举笔写道："皇太子桓可即皇帝位，予以教主道君退处龙德宫。"太宰白时中没有参与退位的讨论，不敢受诏，徽宗又写道："少宰主之。"李邦彦便让传唤吴敏，召皇太子及掌管禁军的三衙（殿前司、侍卫亲军马军司、侍卫亲军步军司）。吴敏拿出已经写好的诏书让徽宗过目，徽宗指出一处关键错误：要求把"朕"改成"予"。最后又用左手在纸尾写道："依此，甚慰怀。"

现在传位就是甩烂摊子，况且徽宗明显在装病！皇太子赵桓恸哭不受命，童贯和李邦彦拿着黄袍往赵桓身上穿，赵桓倒在地上不配合。徽宗又用左手写道："汝不受，则不孝矣。"太子曰："臣若受之，是不孝矣。"不多时，郑皇后也来了，哀求太子说："官家老了，我们夫妇以后就托付给你了。"太子还要推辞，徽宗令内侍将太子扶到福宁殿，强行按在了皇帝宝座上。太子与内侍拉拉扯扯，以至于耗尽力气，晕了过去。等到他苏醒过来，宰执们已经在福宁殿前高呼万岁了。赵桓还想做最后的抵抗，有人告诉他百官在垂拱殿等很久了，如果天黑不好交代，赵桓才勉强同意做这个皇帝。这就是宋钦宗，当时二十七岁。

徽宗当晚五更起驾，住在了龙德宫；郑皇后则住进了延福宫的一座殿——缬芳园。

逃亡和屈辱

徽宗希望自己的退位能够换取金人的退兵。当李邺把皇位更替的消息告诉斡离不的时候，斡离不确实有退兵的打算，但郭药师劝斡离不继续南下，努力让他相信汴京唾手可得。

钦宗即位后第八天就是新的一年了，这一年改元靖康，宰执也有微调，李邦彦升任太宰，张邦昌为少宰。靖康元年（1126）正月初二，斡离不占领了濬州（今河南浚县）。宋时黄河河道过濬州、滑州（今河南滑县），宋军烧毁浮桥后疯狂逃窜了，黄河天堑无人把守，金军从容渡船过河，之后到汴京再也没有关隘可供防御。对于徽宗来说，如果出逃，这是最后的时机。

初三凌晨二更时分，趁着夜幕浓重，徽宗带着后妃和年幼的皇子，出通津门乘船从汴河上向应天府（今河南商丘）方向逃去，护驾的是平凉军节度使范讷统领的胜捷军，陪同出行的只有蔡攸和少数内侍。徽宗觉得小船行进缓慢，担心被金军追杀，于是换成了轿子。但轿子也快不到哪里，必须换乘大船。他们终于找到一艘停在河岸的运送砖瓦的货船，北宋的货船已经有了机械装置，行进速度非人力船可比，于是买下了这艘船。折腾了大半夜，徽宗又累又饿，从船主那里讨了一张饼，和后妃们分着吃了。

货船快了许多，当天晚上行驶数百里，天放亮时到了应天府。徽宗一行上岸到府衙休息，增添了衣被等御寒物品。货船虽大，但不舒服，他们弃船坐骡车继续南行，一直过了符离县（今安徽宿州）才重新乘船。

泗州是水路南下的重要节点城市，在泗州，宇文粹中、童贯、高俅追了上来，他们带来了一些兵马。高俅留三千禁卫守泗水，防止金军突破汴京南下，童贯带三千禁卫随行。车驾到了扬州，老百姓听说太上皇来了，都很兴奋，拦住车驾希望徽宗能留在扬州。扬州在淮河与长江之间，北边有洪泽湖、樊梁湖（高邮湖），水路纵横，河渠交错，不利于游牧民族骑兵作战，是避险栖身的好地方。郑皇后等内眷留在了扬州，徽宗生怕还不安全，执意渡江，最后落脚在与扬州一江之隔的镇江。

尽管史料没有明确记载，但从后来大臣和太学生的一些奏章分析，蔡京也随驾到了江南。这时蔡京已年届八旬，老态龙钟，他应该是第一批出京的吧。

徽宗去了江南，宰执们又议论让钦宗也离开汴京，躲避金军锋芒。太常少卿李纲请求参加宰执会议，当着钦宗的面与宰执们进行廷辩，说服了年轻的皇帝留在京城，留在了抗金的第一线。由于李纲抗战态度最坚决，钦宗便拜李纲为尚书右丞，主持汴京防卫战。

正月初七，斡离不大军到达汴京城外，晚上开始攻打西面的宣泽门。汴河从西到东两次穿汴京城墙而过，为了方便通船航运，城墙上开有水门，且每边有南北两道。西城墙南水门为大通门，北为宣泽门；东城墙南水门为上善门，北为通津门。斡离不大约认为水门防守薄弱，所以选择宣泽门为突破口。金军坐船冲击水门，李纲安排勇士在城墙上用长钩钩住金军的船只，然后向船上投掷石块，这些船只要么粉碎，要么沉没，金军攻击失败。汴京城中怎么有石块呢？建造艮岳时权臣们贪污侵占，在家里也建起了假山，李纲将蔡京这些人家里假山上的石块搬上城墙，在防御金军时派上了用场。

初九，金军改变策略，强攻北城墙上的通天门和景阳门。这是两道陆门，李纲指挥将士用手炮、檑木和神臂弓应对，金军再次受挫，又转攻其他门，也都被击退。

就在李纲及汴京军民奋力抵御金军的时候，外交斡旋也在紧张的进行中。以李邦彦为首的宰执是主和派，他们希望能够签订新的盟约换取金的退兵。斡离不开出的条件是：赔偿金五百万两，银五千万两，牛马万匹，表缎百万匹，割让太原、中山、河间三路的土地。斡离不还提出，宋朝屡次失信，这次要派一个亲王和一名宰相为人质，亲王等金军撤退到黄河以北就放还，宰相等赔偿物品交齐了放还。

使者把金国开出的价码汇报给钦宗，钦宗立即召集宰执商议，决定同意金国的方案。

金国开出的价码如此之高，朝廷从哪里弄这么多金银？钦宗拿出府库所有的金银，包括祭祀用的器皿物件，又下诏要求亲王、百官把家里的金银绢帛全部捐献出来，如果发现转移、藏匿的，一律律法处置；宫观寺庙、政府机构、开封府公用金银也一并收缴；后来又把搜刮扩大到妓女和京城富户乃至所有居民。

李纲向钦宗力争，说金银数目巨大，京城无法凑足，许诺不能做到的必然留下后患。李纲尤其反对割让三路，太原、河间、中山三路号称三镇，是国家的屏蔽，北方所有的关隘天险都在那里，割让了三地将动摇宋朝立国之基。李纲分析金国孤军深入，势必不能久留，他们更希望尽快达成盟约，我方不要轻易满足他们的要求。宰执们没有经历过战争，早已吓破了胆，他们觉得都城马上就要被攻破了，谈三镇还有什么意义！至于索要财物的数量就不要较真儿了，等敌军撤退了再慢慢想办法。毫无经验的皇帝无所适从，只有默不作声。

钦宗所面临的另一个难题是让哪个亲王去做人质。钦宗本人生有一个儿子，还是个十岁的小孩子，自然不能受这样的惊吓。徽宗有二十多个儿子，大部分带去了江南，京城里年龄较长的只有第五子肃王赵枢和第九子康王赵构。出人意料的是，康王赵构主动请行，让钦宗轻松了不少。

十四日，赵构和少宰张邦昌来到金营并递交了和议书，并充当人质。也就在这一天，宋朝各地的勤王兵马陆续赶到，有来自京西的马忠，来自京东的范琼，来自陕西的种师道、姚仲平等，大约二十万人。金军号称三十万，实际只有六万左右，马忠刚到时与金军短兵相接，还打了个胜仗。按这样的兵力对比，宋朝如果指挥得力，将士效命，把斡离不部队剿灭在汴京城下也未可知。但是兵马到齐之后，他们反而按兵不动了，因为缺少一个能协调指挥各路军队的人。钦宗任命种师道为勤王军的宣抚使，但实际上还是各自为战。姚仲平立功心切，独自偷袭劫营，结果中了埋伏，遭受重创。钦宗对这些勤王部队又失去了信心。

勤王军给金军带来压力，他们希望尽快拿到犒军费，然后撤走。钦宗和宰执们显然对金五百万、银五千万没有明确而具体的概念，尽管他们费了很大力气，将汴京城搜刮了个遍，还是没能凑够足数。最后，他们将宫中的宝贝如珠玉、象牙、犀角等送到金营，抵扣金银。

最让宋朝痛苦的莫过于割让三镇。正如李纲所言，三镇具有重要的战略意义，靖康元年（1126）的这场战争，斡离不虽然长驱直入打到了汴京城下，但中山、河间仍然在宋朝手中，粘罕这名金国悍将也受阻于太原。如果宋朝丢失了三镇，无异于自毁长城！金国执意索要北方三镇，就是为了去掉宋朝的屏障，这样宋朝就变成了待宰的羔羊，什么时候想吃一口就吃上一口。三镇还有一层意义就是，中山是宋朝皇族的祖籍，赵匡胤、赵光义祖上陵寝都在中山！在十分注重家族观念的古代，弃祖陵于不顾，同欺师灭祖没有多大区别。宇文虚中跑到金营再三哀求，甚至涕泪交加，斡离不在这一点上决不松口！钦宗既然决意要和，只好听从金人安排，签署了割让诏书。

李纲是守卫汴京的主将，事实上主持着朝政，他扣留了割让三镇的诏书，不向三镇发放。没有诏书三镇守军就不会弃城送给金人。但是钦宗一意孤行，罢免了李纲向金人示好，派宇文虚中给金人送去了割让诏书和三镇地图，同时按金人要求让肃王赵枢顶替康王赵构充当人质。

得到了最重要的土地，尽管赔偿的金帛还有欠缺，金军也顾不上了。二月初九，他们扣留了肃王，送还康王，初十退兵。

种师道向钦宗进言说，如果任凭金军安然离去，他日之祸不可预测，建议趁金军渡河时在背后发动突然袭击，或许可以瓦解金军，使他们以后不敢窥视中原。太宰李邦彦不同意，严令河东、河北不准抗击，还令勤王部队护送金军过河。

所谓汴京保卫战，最后以屈辱终结。

清　算

　　就在汴京和朝廷生死存亡的危急时刻，宋朝的内部倾轧一刻也没有停止，这次的主旋律是清算徽宗时任用的老臣、佞臣、奸臣。

　　太学设立于汉武帝时期，自此之后太学生作为一支重要的政治力量登上了历史舞台。他们最活跃、最激进、关心政治，虽然手无寸铁，却代表甚至引领着社会舆论，是公论的代言人。汉哀帝时，司隶鲍宣遭宰相孔光诬陷，论罪当诛，太学生们认为鲍宣是位好官，一千多名学生联名上书，汉哀帝只得赦免了鲍宣的死罪。

　　对徽宗朝的清算起源于太学生。

　　徽宗刚刚退位，太学生陈东就伏阙上书，将蔡京、王黼、童贯、梁师成、李邦彦、朱勔六人并称为"六贼"，他总结六人之恶："今日之事，蔡京坏乱于前，梁师成阴谋于后，李彦结怨于西北，朱勔结怨于东南，王黼、童贯又结怨于辽、金，创开边隙。宜诛六贼，传首四方，以谢天下。"金人入侵，总要有人承担责任，"六贼"之说来得正是时候！不过当时徽宗尚在京师，钦宗不便马上展开行动。正月初三徽宗刚刚南巡，钦宗率先拿王黼、朱勔、李邦彦开刀。王黼是宣和年间的宰相，对朝廷奢靡无度、宋金联盟应该负主要责任；朱勔因花石纲而臭名昭著；李邦彦是六人中根基最浅的，处理他们阻力小、得人心。王黼被流放到永州安置，朱勔放归田里，李邦彦直接处死。他们的家产被没收，在王黼家抄到的黄金和珠宝数以亿万计。史书没有载明这"亿万"的单位是什么，这么多宝贝充公了为什么还筹集不够赔偿金国的五百万两黄金。

　　王黼出汴京不远就死于途中，官方勘察为盗匪所杀，一般认为是仇家派人所为。

　　接下来倒霉的是梁师成。梁师成活动在宫中，很少直接参与盘剥民众、搜刮民财，不过他深得徽宗宠信，王黼等大臣都依附于他，被太学生比作唐朝的权宦李辅国。梁师成虽为阉宦，但有一定见识。王黼主张攻击燕云时，梁师成并不赞同。郓王赵楷文采风流，受到徽宗喜爱，一些大臣便产生了非分之想，而梁师成则旗帜鲜明地支持钦宗。从内心讲，钦宗不愿杀梁师成，无奈舆论呼声太高，不杀不足以向天下人交代。梁师成知道钦宗面临着艰难的选择，只要他能够跟钦宗当面交流，钦宗就硬不下心来杀他。所以他吃饭睡觉不敢离开钦宗片刻，即使钦宗上厕所也要侍立于外。金人索要财物，需要动用宫里的库藏，只有梁师成熟悉库藏情况，钦宗便让他帮助盘点珠宝。梁师成刚到宣和殿就被宰相扣押，宰相宣读钦宗诏书，历数梁师成罪状，把他贬为彰化军节度副使。开封府衙负责押解他到贬所，正月二十九日，在开封西南八角镇这个地方，押解的差役把他杀死了。

太宰李邦彦是主和派，从不积极备战，反而对金人一再退让，凡金人提出的要求一一满足，从不敢说不。以太学生主导的舆论强硬主战，李邦彦民愤极大，陈东称他为"社稷之贼"。在民众强烈要求下，李邦彦被免去太宰一职，徐处仁继任太宰，支持李纲的主战派吴敏任少宰。

蔡京、童贯跟随徽宗南下，太学生陈东上奏说，东南的郡守、州县官员，都是蔡京、童贯的门生，他们害怕回到汴京受到惩处，不免怨恨朝廷，假如借太上皇的名头，振臂一呼，离间陛下父子，那么东南之地恐怕非朝廷所有了。陈东并非杞人忧天，金军围攻汴京时，徽宗截留了江南应当运送到京师的税赋，还阻止江南的军队勤王。在他的内心深处，江南是躲避金军的最后屏障，手中不能没有军队，不能没有钱。眼下汴京的舆论普遍担忧徽宗驻跸处会形成另一个朝廷，将帝国陷入分裂。如何迎回徽宗，是钦宗面临的一个棘手问题。

大臣们中的强硬派主张直接派人到扬州把几个奸臣杀死，徽宗就不得不回了。李纲认为这是个糟糕的建议，假使图谋成功，钦宗落下个不孝的名声；假使图谋失败，惊动了几个奸贼，他们挟持徽宗在江南、四川独立，朝廷该如何处理？李纲建议先明确地贬谪徽宗身边的大臣，这些大臣受到惩罚但又不至于死罪，反而安心了。然后再与徽宗沟通，两宫之间冰释前嫌，徽宗心甘情愿地回京并不是没有可能。

钦宗采纳了李纲的建议，诏令蔡京致仕，河南府居住，不久改为德安府（今河北安陆）安置；童贯致仕，池州居住；蔡攸落了个空衔，提举亳州明道宫。

三月初一，钦宗让徽猷阁待制宋晚给徽宗带去一封信，希望他回到汴京。钦宗还让人捎话，已经把撷景园收拾停当，改为宁德宫，让皇太后居住。三月十五日，徽宗给钦宗回了一封信，称呼钦宗为嗣圣，就行宫截留江南粮草、阻止两浙军队救援汴京、与朝廷断绝信息往来等问题进行了解释，表示这些都是迫不得已，为了生计和安全。徽宗在信中说，奸人乘机造谣，遂致父子生疑，让他很伤心。宋晚捎来的书信把话说明白了，让两宫释然，从此胸中再无芥蒂。徽宗回信传递出希望和好以及愿意回到京城的信息，做了这些铺垫，钦宗派李纲去劝说、迎接徽宗回銮。

李纲见到徽宗后，夸赞钦宗如何孝顺，想把太上皇接到京都以天下财物奉养一人，徽宗忍不住流下了眼泪。钦宗为了与崇宁政治划清界限，追封了司马光等旧党人物，李纲解释这样做是为了凝聚人心，希望徽宗谅解。徽宗认同了李纲的说法，还拿出玉带、金鱼袋、古象简要赏赐给他。

四月三日，徽宗回到汴京，他头戴栗玉并桃冠，身穿销金红色道袍，一副道士打扮，引得京城市民竞相观看。钦宗出城迎接到东郊新宋门外的宜春苑，但他令人将徽宗的十数名内侍截留在城外，不让入内。六日，钦宗到龙德宫问候起居，徽宗赏赐左右一大笔财物，但钦宗随令开封府进行登记并一一收归宫中。

钦宗对这位昔日的皇帝提防有加，他向龙德宫派去官员监视徽宗的活动，对每一位徽宗接触的人都要严加盘问。徽宗名分虽然是太上皇，其实如同软禁。徽宗给钦宗的一般书信中，自称老拙，称呼对方为陛下，他小心翼翼地维护着一位退休皇帝可怜的尊严。

控制住了徽宗，钦宗便可放开手脚继续清算宣和旧臣，所谓的"六贼"及其余党。蔡京又接连被贬，从衡州到韶州到儋州，越来越远，越来越向南。蔡京以羸弱之身一直走在贬谪的路上，终于于七月底客死潭州。南宋人王明清《挥尘后录》记载，蔡京身上携带大量的金银财宝，但沿途老百姓反感其作恶多端，不卖给他吃的，蔡京是活生生饿死的。

蔡京有八个儿子，除了一名早死，蔡鞗娶了徽宗的第五女茂德帝姬得以幸免，其他的或遭杀戮，或遭贬黜。蔡攸在朝中怨愤最大，被贬海南，不久钦宗又派使臣将他赐死。写有《西清诗话》的蔡絛被贬岭南。

童贯先是被贬岭南，又被贬海南，还未到达贬所，钦宗令监察御史追上将其斩首。大发花石纲财的朱勔也被杀，其苏州老家被附近的百姓洗劫一空。

钦宗君臣认为今日的边患缘于海上之盟，所以在徽宗回銮之前，首倡海上之盟的赵良嗣即被诛杀于郴州。赵良嗣还累及子孙，被送海南编管。

一朝天子一朝臣，钦宗希望彻底与老父亲割裂，与宣和政治割裂，让天下看到振作的迹象。

第十二章　靖康耻

卷土重来

钦宗是位没有主见的皇帝，李邦彦任宰相时，一味听从李邦彦，与金人议和，付出任何代价都在所不惜。李邦彦罢后，新任宰相徐处仁、吴敏都是主战派，加上舆论裹挟，钦宗马上对割让三镇后悔起来，罢免了当时参与和谈的官员，派给事中王云游说斡离不，企图以钱帛换三镇；另一方面令种师道、姚古、种师中援助三镇，发誓"与民同心，永保疆土，播告中外"。

斡离不以肃王赵枢和宰相张邦昌为人质，本来承许退过黄河就遣还肃王，到达燕京遣还张邦昌，由于担心宋金追击，所以食言了。如今宋朝反悔割让三镇，金人更没有放回肃王的理由了，肃王就这样成为第一个北狩的皇族成员。金军派一名叫萧庆的使者来催要没有付清的钱帛，宰执讨论金人要挟签订城下之盟，贪得无厌，不能给他们。萧庆是契丹人，钦宗君臣判断他一定对女真心怀二心，便在黄绢上写了一封书信，封在蜡丸里，委托他转交给契丹旧将耶律余睹，招诱耶律余睹反叛金国。萧庆为了脱身，假意答应，回到燕京就把密信上交给了斡离不。钦宗君臣天真的行动不但没有给自己拉来同盟军，反而惹怒了斡离不。宋金刚刚签订的协议彻底沦为废纸。

既然破盟，宋朝必须修缮军备，积极备战，防止金军卷土重来。但徐处仁判断金军刚退，短期内绝不可能再次犯土，李纲奏请八条措施加强边防，没有得到钦宗回应。朝廷把大部分精力都用在了"拨乱反正"上。凡王安石倡导的政策一一检讨，凡"六贼"实施的措施一一罢黜。科举重新考试诗赋，禁止使用道教和王安石注疏的经义作为课本；追复已经去世的元祐旧党官职，追罢王安石王爵；台谏官员由皇帝亲自擢拔，禁止宰相推荐。新一代朝廷仍在党争的旋涡中挣扎停留，做一些不急、无效的事功，在短期内迅速恢复军力、巩固国防方面却没有得力措施。

事实上，宋金两国的战争一刻也没有停止。斡离不撤离汴京时，粘罕还在围困太原。等粘罕拿到割让太原的诏书，太原守将已经接到新的诏令，要他们誓死抵抗，并且姚古的援兵已经在路上了，所以粘罕一直没有能得到太原。

金军团团围住太原，像在太原城外加张铁网，让太原内外不能连通。宋军增援，至少要将金军的铁网撕破。姚古增援太原没有达到目的，诏令种师中继续增援。等种师中逼近太原，枢密使接到谍报，金军大部分回到了云中，只留下一小部分在太原城外放牧养马。朝廷大喜，令种师中尽快出战，催促的使者项背相望。作为前线战将，种师中还没有来得及了解太原内外的情况，更谈不上研究应敌之策。诏书指责种师中逗挠不前，圣命难违，种师中不得已轻装快马径直杀向太原，在一个叫石坑的地方遭受伏击，突围后又被围击战死。姚古本应当配合种师中解救太原，却选择了静观待变，这一场大规模救援太原的行动失败。

太原兵困马乏，特别是粮食消耗殆尽，军民已经开始出现饿死的情况。钦宗派主战派的核心人物李纲坐镇河东，但李纲是个文人，毫无带兵经验，拿不出太好的策略。面对越来越紧迫的形势，钦宗乱了阵脚，先是解除了李纲的兵权，然后号召各地军队一同前去救援。这次调动了六七支部队，由钦宗亲自协调。钦宗远在京城，无法及时掌握战场动态，有协调等于没协调，几支军队被金军各个击破，九月份，太原终于沦陷了。

在所有的军事尝试都失败后，钦宗不得不重新回到主和派怀抱，罢免了主战的徐处仁、吴敏，依赖门下侍郎耿南仲，希望靠外交手段解决与金国的纠纷。然而连老百姓都知道金军还会卷土重来，北方的民众纷纷逃难，希望到南方躲避这场灾祸。

无所事事的徽宗再次想起出逃，他表示愿意到洛阳去组织一支军队抵抗金军，但钦宗拒绝了这个建议。

宋朝希望通过增加岁币的办法保住三镇，遭到金国拒绝。西路军尚在围困太原，斡离不的东路军也开始了行动，八月份发兵围攻真定府。真定府有牢固的城防和坚韧的将士，但宋朝北方已无可战之师，十月真定城破。

扫平了东、西两路两个重镇，金国又玩起了花样，让使者传话，透露可以不要北方三镇，但须向金国称臣，上尊号。钦宗大喜过望，复派康王赵构往金营商量具体细节。实际上金人只是在麻痹宋朝，让他们对议和心怀幻想从而放弃抵抗，金军南侵的步伐一刻也没有停止。西路军在粘罕的率领下十月初六日陷汾州（今山西汾阳），十月二十一日陷平阳府（今山西临汾），接着是陷平定军（今山西平定）、隆德府（今山西上党）。十一月十二日，金人打到了黄河边，宋军则有十二万大军驻守在黄河对岸。夜里，金军擂响战鼓，通宵达旦，第二天天色放亮，发现对岸的宋军已经逃得空无一人，金军未伤一兵一卒便渡过了黄河。

东路军由于路途近，比粘罕军队行进更快。他们绕过滑州要塞，从大名府渡过了黄河。出使金营的康王则从滑州北上，刚好跟斡离不擦肩而过。

十一月二十四日，斡离不的东路军首先莅临汴京城下，第二次围攻汴京。

金军行动很快，并且一直用和谈麻痹宋朝，这一次钦宗君臣反而很少有出逃的议论。倒是种师道建议皇帝移驾到陕西避难，陕西有潼关天险，易出难进，自古是龙兴之地。皇帝到陕西后，把中原当作抵御金军的主战场，放手一搏，以空间换时间，或许有反败为胜的可能。不过种师道随即年老去世，钦宗一心寄希望于和谈，对这条动议提不起兴趣。

如果不意气用事，客观审视当时的形势，几次救援太原失败，北方已经无可战之军，逃跑是唯一的出路。后来宋高宗赵构采取的策略就是逃跑，皇帝在逃跑中牵制了金军，地方武装反而在与敌军周旋中如火如荼地发展起来了。

一会儿主和，一会儿主战，该强硬时不强硬，该妥协时不妥协，该躲避时不躲避，政策摇摆，心猿意马，举止失措，造成徽宗和钦宗在宋、金、辽三国角逐时昏着迭出，局势每况愈下。

十一月二十七日，金军发动了对汴京的第一次进攻，进攻的是汴京防守条件最薄弱的通津门，也就是徽宗出逃江南时的那道城门。宋将范琼不但击退了金军的进攻，而且焚烧了金军的营寨，这证明京城汴京还是有一定防守能力的。不过这次战斗只能说是保卫汴京的预演。

闰十一月初二，粘罕的西路军也到达汴京城下。斡离不东路军驻扎在汴京东北的刘家寺，粘罕的西路军驻扎在城南的青城。皇帝郊祭时要斋戒，青城是郊祭时住宿的斋宫。青城曾经很简陋，只是一些临时性居住设施，如幔帐等。到了徽宗时代不但扩大了规模，修建了永久性建筑，而且具有很好的防卫措施。粘罕把军营扎在青宫可谓独具慧眼，也算对徽宗极大的讽刺吧。

粘罕和斡离不不但军营不在一块儿，两支军队也互不隶属，两人不存在着谁领导谁的问题，这给宋朝的谈判增加了难度，必须两人都满意、都点头才能达成协议。

在守城上汴京面临的局势更加困难，过去金军作战全靠骑兵冲击，对攻占城池没有太多的办法。这一年在契丹人的帮助下，他们已经学会了使用器械攻城，还装配了石炮，这已经是一支兼具力量、野蛮和现代化的军队，无论从哪方面来看，都难以抵御。

汴京沦陷

金军刚刚安顿下来，就对汴京展开了暴风骤雨般的进攻。

汴京城外有护城河，金军要想攻城必须跨过护城河。金军用木柴和土在护城河上架桥，可以有效防止城上的火箭和石炮。到达城下后，金军架起了云梯，云梯是带有轮的梯子，士兵登上云梯后推着靠近城墙，强行登城。城里宋军用威力巨大的九牛炮向云梯投掷石块，云梯顿时散了架。金军用洞子作为掩护靠近城墙，洞子是一种长达数丈的车，状若洞穴，因此得名。这种车外面裹上铁皮、牛皮、湿毡，既可以防止火烧又可以防止石块砸击、箭矢射击。士兵们躲在洞子里前进或者挖地道、垒土堆，十分安全。一物降一物，对付洞子也有办法。城上熔造巨大而沉重的铁蒺藜，可以洞穿洞子外的铁皮，然后铁钩钩住洞子，用辘轳把洞子绞起来，洞子就废了。还有一种办法，就是在洞子表皮浇上油，点燃后洞子里温度非常高，能够把人烧焦。洞子里一旦进入浓烟，也能把人呛死。再有就是金军的石炮威力巨大，一炮能将城墙的楼橹击毁，楼橹是比城墙更高的瞭望台，其坚固程度不如城墙。宋军给楼橹蒙上麻袋，泼上马粪，可以减缓石块的冲击力。

石炮的杀伤力巨大，对于城内城外都是这样。不过城外更容易得到石块，而汴京孤城，资源有限，加上一年来钦宗没有认真备战，城内战略物资都严重短缺。后来钦宗发现其父亲投入巨大资金和精力建造的艮岳里有奇形怪状的各种石块，诏令取艮岳石块做炮弹。

在城内城外激烈攻防的时候，宋朝来自南方的援军逐渐赶到，但这部分兵力不多，不足以打败金军。金军吸取了上一次只攻城不围城的教训，在城外筑起围城工事，掐断了城里城外的联系，让汴京城处境更加艰难。

钦宗这位年轻的皇帝这时候也走上了前台，穿着铠甲到城墙上为士兵鼓劲加油。皇帝的激励作用是巨大的，所到之处，士兵感激涕零，山呼万岁，愿意誓死守卫皇帝。一次到东城墙视察时，攻城的金军发现了皇帝，箭矢密集射了过来，城上三百多名勇士缒城出战，杀敌数百，然后又攀缘上城，钦宗高兴地给数十个人封了官。

就在双方攻守难解难分之际，外交斡旋也一刻没有停止。金军南侵只是为了掠夺更多财富，并没有吞并宋朝的意图，所以金军在外交上反而更主动一些。斡离不和粘罕分别派使者进城，斡离不邀请皇帝出城谈判，遭到了拒绝。粘罕则退一步说，圣驾无须出城，只要宰相去谈判就行了。有意思的是，钦宗在战争间隙不忘更改父亲的法度，废除了太宰、少宰的称呼，宰相仍称右仆射、左仆射，新任命何㮚（注：栗的异体字，所以也有书直接写"何栗"）为右仆射。听到要去金营谈判，何㮚吓得面无人色，请求换人。金使又提出让太上皇、太子、越王、郓王做人质。太子赵谌年方十岁，越王赵偲是钦宗的叔叔，郓王赵楷是徽宗最宠爱的儿子，让哪位去都不合适，钦宗向金使哭诉："朕为人子，岂可以父为质？太子方数岁，如何到得军前？"金使装作大度的样子，做出让步："太上皇和太子可以不去，亲王和宰相必须去。"并威胁说："如果城破了，他们还是亲王、宰相吗？"钦宗试图变通一下，派两位辅臣和两位宗室代替宰相和亲王，但粘罕不与他们谈，酒肉招待一通又送回了城中。

和谈不成，金军攻城更加猛烈。虽然暂时汴京化解了一波又一波的进攻，但防守始终处于下风，外界增援也看不到希望，汴京事实上成为一座孤城，被攻破只是时间早晚的问题。

解开汴京困境只有一条途径，那就是重新组织强有力的外援！汴京城外最有号召力的莫过于康王赵构。赵构在滑州与金军擦肩而过，听说金军已经突破黄河，知道即便到了金营也是送死，在幕僚的建议下，就留在了河北观望形势。闰十一月十七日，钦宗拜赵构为天下兵马大元帅，诏令他们速领兵入卫皇室。然而问题是，赵构在河北那一点儿兵马同金军作战，无疑是鸡蛋碰石头。幕僚纷纷劝阻赵构，赵构在河北招兵买马，一直按兵不动，对解围汴京没有提供任何实质性帮助。

二十三日，大风凛冽，大雪铺地数尺，金军于通津门和宣化门东建造数座天桥，能够从上面俯瞰城中，城中情况尽收眼底，还可以在上面架炮向城里轰炸，居高临下，威力又猛烈十分。宋军试图摧毁这些天桥，千名勇士出城作战，渡护城河时冰面破裂，金军又在对岸阻击，勇士们死伤过半，宋朝守城将士更加萎靡。

比较金军两个元帅，斡离不因为上次所得甚丰，对宋朝似乎更友好一些。二十四日，他派使者告诉钦宗，金军破城在即，希望他早做决断，否则就来不及了。

这是和谈的最后机会！用后世的眼光看，钦宗亲自出城谈判也未尝不可，太子尚小，把城内诸事交给某个兄弟，金军如果扣押皇帝，一定会激起城内军民更大的愤慨，破釜沉舟未尝不是一种自救途径。但宋朝君臣普遍怕死，钦宗派叔叔越王赵偲去谈判，赵偲打开城门，看见金军，吓得又跑回城中。大敌当前，大难临头，尚且如此蝼蚁贪生，宋朝如何不败？

钦宗犹豫不决，错过了最后的和谈机会。

这天风雪交加，攻守交战异常激烈。金人用四辆火梯助攻，三辆被撞坏，但有一辆成功到达城墙边，火梯上的金兵登上了城墙！同时，汴京的楼橹也被点燃！姚古的儿子姚友仲率军一方面救火，一方面用强弩射击登上城墙的金军，将登城金军全部射死或者击落城下，才勉强保住城池不失。这一天激战到深夜方才稍微缓和下来。

第二天黎明，宋军看到城墙上尸体堆积，个个破脑贯胸，横卧雪中，惨不忍睹。士兵的心理崩溃了！他们害怕了，人人准备随时逃跑。一位将军曾许诺给士兵晋级和金碗，这时也不能兑现，属下士兵口出怨言，不肯登城。一队士兵的行为能够影响全城，东西南北四处城墙上的士兵都撤了下来，已经没有人愿意以身报国、拼死御敌了。

宋朝君臣知道士兵靠不住了。宰相何㮚祭出撒手锏——一名叫郭京的道士自称懂奇门法术，用六甲兵法，可驱使七千七百七十七人布阵退敌，生擒虏酋。郭京在城墙上挂了天王旗，将城墙上残存的士兵全部驱离，自己一个人站在城头指挥。他让打开南墙的宣化门，他招募的人马从这里出城作战，不用弓箭盾牌掩护，宣化门的守卫也已经撤离，郭京认为他们是凡人，对奇门作战没有任何帮助。

这场战斗的结果可想而知，六甲之兵全军覆没，郭京不知去向。无人守卫的宣化门首先沦陷，接着通津门也被攻破。金人进入城中杀戮烧抢，被两位元帅制止了。此后金兵爬上了其他各处城墙，控制战略制高点。他们没有涌入城中，他们到此为止，暂时息战，等待宋朝遣人来谈。

听到城破的消息，想起种师道曾预言金人一定复来，请求撤退过河时袭击他们的话，钦宗不禁恸哭流泪。事已至此，只好派何㮚与济王赵栩出使金营。事到临头，何㮚倒不失气节与风骨，粘罕质问是谁主战，何㮚将责任全部揽在自己身上，为钦宗开脱。粘罕又责问为什么前几天不来，何㮚大义凛然："前几天为社稷，现在来为苍生。"粘罕感慨何㮚是个忠臣，没有为难他，但坚持让太上皇到金营做人质。金人这样执着于宋徽宗，是因为他是宋金盟约的启动者，也是他首先破坏了联盟，是肇事者。

按钦宗的说法，徽宗这时惊吓生病了，无法出城。作为儿子，钦宗愿意代替父亲亲自前往金营。

闰十一月最后一天，三十日，宋钦宗在尚书右仆射何㮚及其他一些朝臣的陪同下，骑马过南熏门向青城而去。这一天钦宗没有见到粘罕和斡离不，粘罕让人传话，斡离不还在刘家寺，要等他来了一起接见钦宗。粘罕以这个理由留钦宗在青城住了下来。粘罕给钦宗安排了个任务——写降表。降表出自中书舍人孙觌手笔，粘罕不满意，中途改了又改。

第二天，钦宗终于见到了粘罕和斡离不。钦宗先向两位元帅递交了降表，两位元帅在青宫设立一个香案，让钦宗在香案下面北跪拜，表示对金国臣服。接着两位元帅安排酒宴，与钦宗边饮边谈，如同一家；到了晚上，担心汴京城军民不安，送走了钦宗。

见钦宗车驾缓缓而去，金营士兵低声议论：这下子两国成为一家人了。

看来，和平曙光就在前面。

明码标价

游牧民族大多性格率直，不善于玩弄计谋。但从粘罕的所作所为来看，他又是个绝顶聪明的人。

他对灭亡北宋是渐进式的。

出兵前，他扬言只是为了要回北方三镇，不久主动派使者向宋钦宗传递讯息，只要割让黄河以北地区，两国就能修好。围住了汴京，他又传话宋徽宗出尔反尔，所以需要宋徽宗和宰相到金营谈判，然后做出让步，只要宰相和亲王即可。等汴京城陷，亲王规格就嫌低了，结果皇帝亲自到青城递交降表，就在许多人担心钦宗被金军扣留不能回城的时候，钦宗被平安放了回来。

人们以为事情基本结束了，但并不是。粘罕派萧庆住在宋朝的政府中枢尚书省，尚书省任何决策都要告知萧庆，这相当于宋朝的政府被金国接管了。

金人的第二个要求，是换掉宋钦宗。钦宗专门到延福宫朝见他的父亲，向徽宗通报在金营里的情况，推荐康王赵构代替自己即大位，钦宗表示这不失为社稷的大幸。康王的母亲韦贤妃连忙表态："金人狡诈，一定不仅仅是要换个君主，以后的祸害不可胜言。"韦氏还建议钦宗赶紧诏令天下兵马到京城勤王。康王赵构当时转移到了大名府，河北诸军都在康王麾下，金人给他送去书信，希望他能够回朝。钦宗明着派人去召康王，暗地里给他带去一封密信，让他组织好军队静观其变，不可轻举妄动。金人迫不及待想要康王回朝，用意不在皇位（按金人的说法，宋朝君主已经降为王，皇位变为王位），在于想要瓦解河北的宋军。

金人的第三个要求是战争赔偿，张口就是金一千万锭，银两千万锭，缣帛两千万。从古代出土的金锭看，一块金锭约合五十两，那么仅金子就需要五亿两。这是个天文数字，大大超过了汴京的承受能力，接下来的悲剧由此而出。

宋朝已经没有了讨价还价的资格，只好想办法筹措，便诏令群臣把家里的金银缣帛全部捐献出来，王公、宗室、帝姬亦如是。朝廷还拿出铜钱向市民购买金银，平日里一两黄金一万文钱，现在涨到五万，一两白银则由一千文涨到三千五百文。尽管如此，也收集不到多少金银，开封府只好派官吏到市民家搜刮，御史则监督朝臣、官员缴纳情况。

除此之外，金人还勒索了其他一些物件，比如骡马，每名官员只能留一匹马，其他都要上交，三天之内交到开封府，隐瞒不报的军法处置，告密揭发的赏。在当时马是战略物资，金人索要骡马，大概是防止宋人组织骑兵反抗吧。过了几天，金军又到城中，把所有的兵器、甲仗、弓箭全部取走，宋人的抵御能力彻底瘫痪了。

汴京市民还面临着另一个痛苦。这年冬天，天特别冷，大雪一直未停未消。到了十二月二十二日，地上积雪一尺有余，而市民们的柴火却烧光了，无法做饭，无法取暖。即便城围人困，皇帝也不能罔顾民生，他下令将艮岳开放，市民可以到园中砍伐树木当柴火烧。据统计，一次性进入艮岳砍伐树木的民众达到一万多人，徽宗费尽心机建造起来的艮岳，先是一批石头作为武器守城用了，现在树木也被砍光了。一些没有砍到树木的民众，把艮岳里的亭台楼阁拆了，目的是得到上面的木料。被拆卸的亭台楼阁坍塌下来，酿成事故，闹出了人命，还有些人为了争夺木柴发生了械斗。

转眼到了正月，是汉族传统佳节——大年，当时叫元日或者元旦。尽管兵荒马乱，人心骚动，钦宗还是按照应有礼数到延福宫向父亲请安。人置之危地，分外无助，才感受到亲情可贵。与此同时，钦宗命两位弟弟到金营向粘罕、斡离不祝贺新春，粘罕则派自己的儿子真珠大王回谢。战争烟火一时掩盖上了一层温情脉脉的面纱。

这层面纱并没有持续多久，金人每天催促要金银缣帛，态度越来越蛮横，威胁再不交割，将纵兵入城。但汴京财富有限，又刚被搜刮一次，开封府掘地三尺才得到金十三万八千两、银六百万两，衣缎一百万匹，与金人索要数目相差甚远。钦宗束手无策。金国使者萧庆不失时机地建议：您再亲自见见我们元帅，向他求求情。钦宗正在犹豫，粘罕又遣来了使者，说召集周边国家聚集到了青城，要向大金国皇帝加尊号，需要钦宗也莅临现场。粘罕的意思很明确，将通过这种形式向国际社会宣布，宋朝从此是大金的属国，各周边小国也要尊大金为宗主国。

正月初十，钦宗在一些亲王和宰相何㮚的陪同下再次驾临青城。在青城，粘罕告知钦宗，北朝已经决定立异姓王主持南朝政务，这意味着，宋朝的皇帝不再是钦宗，而且不再姓赵了。这无疑是晴天霹雳的消息，更糟糕的是，粘罕扣留了钦宗，没有让他再回汴京城内。一同扣留在青城的还有亲王赵楷、宰相何㮚以及学士院、礼部和太常寺的官员共九人。

金人下一步掠夺的是朝廷礼器、乐器、琴棋、博彩游戏工具，以及书法、绘画、图书和奇异稀罕的物件。金人详细列了一个清单，包括宋朝郊祭时皇帝的玉辂、副辂、卤簿、仪仗，皇后、皇太子及诸王以下至百官的车辂、卤簿、仪仗；各种礼器、法物、礼经、礼图、大乐、轩县、乐舞、乐图、舜文二琴、教坊乐器、乐书、乐章、祭器、明堂布政、闰月体式、八宝、九鼎、元圭、镇圭、大器会室、浑天仪、铜人、刻漏、古器、秘阁三馆书籍、监本印版、古圣贤图像、明堂辟雍图、皇城宫阙图、四京图，宋朝各部门、地方各州府官衙的职责，宋人文集、阴阳医卜之书，可谓应有尽有，无所不有。相对应的还索要医工、教坊乐工、金玉杂役，包括染布的、绣花的、画画的、做衣服的、油漆的、打铁的、算卦占卜的等，金人索要的人员都是各类专业技术人才，可见昔日的蛮族此时开始醉心于宋朝先进的物质文明和礼仪文明了。

正月十五日是元宵节，从初九开始金人就向城内索要彩灯。开封府把汴京最好的灯搬到金营，还有琉璃、翠玉、飞仙等装饰品，金人仿照汉人传统，在刘家寺布置灯展，过了一个不寻常的热闹元宵节。

然而苦难才刚刚开始。斡离不是个好色之徒，他听说嫁给蔡京儿子蔡鞗的茂德帝姬赵福金美貌，便要求与宋朝皇家和亲。汉族礼仪，女子不事二夫，徽宗和钦宗拒绝了他的要求。由于开封府迟迟无法凑足金人索要的金银，正月二十二日，在威逼之下，身陷金营的钦宗被迫与金人签下秘密协议，其中最重要的一条是先给金人送去帝姬二人、宗姬四人、族姬四人以及宫女两千五百人、女乐一千五百人。如果在正月底之前仍无法交割足量的金银，宋朝必须以皇家女子抵债。协议对不同等级的女子明码标价，帝姬和王妃每人抵一千锭金，宗姬每人抵五百锭金，族姬每人抵二百锭金，宗妇每人抵五百锭银，族妇每人抵二百锭银。

正月二十五日，数千名女子被送到金营，蔡京、童贯、王黼、梁师成等家里的歌舞宫女数百人，被抄家时已经散失，也被找回进献给了金人。到了二十九日，大臣家里的使女也列入了征召之列，从城里到青城的路上，给金人送人送物的车辆来往不断，一路上的哭声也连续不断。据金人写的《宋俘记》记载，送到金营的女人达一万六千多人。而斡离不也如愿以偿地得到了茂德帝姬。

尽管牺牲掉了那么多女人，宋朝仍然无法凑足金人索求的金银，而金人对宋朝皇帝也越来越不耐烦。

二月初六，汴京民众翘首以盼的圣驾依然未能回宫，却又传来更坏的消息，金人已经在青城废黜了宋钦宗。粘罕在军帐外设立了一个香案，让钦宗对着香案拜了又拜，然后宣布金国皇帝废黜宋朝皇帝的诏书。直到这时，钦宗才知道自己被废了，没等他有所反抗，或者有所辩解，几名金人一拥而上，脱掉了他的龙袍。吏部侍郎李若水大骂粘罕背信弃义，被杖毙。

严格地来说，北宋亡于靖康二年（1127）二月初六。

大楚国

就在废黜宋钦宗当天，金国宣读了皇帝的另一道旨意，让汴京留守政府推举一名异姓皇帝，并且邀太上皇出城。

太上皇在朝中的影响力虽然很弱，但他是皇帝的父亲，是皇帝都应该跪拜请安的人，地位尊崇。太上皇出城，意味着赵宋最后的一点儿尊严也被剥下。朝中大臣号啕泣绝，知枢密院事、留守孙傅多次向金人求情，不许。

宋朝的大臣现在身份比较尴尬，按道理他们应该忠诚于宋朝，但现在金人说了算，留守的官员要维持汴京的秩序，要满足金人的要求以避免屠城，所以一部分朝臣包括守卫汴京的武将事实上变成了金人的走卒。当然不乏忠贞守节之士，与种师中齐名的将军刘鞈在金营中自缢而死，留给儿子的信中说："忠臣不事二君，此余所以必死也。"但大多数官员选择了配合。蔡京的儿子、驸马都尉蔡鞗在《幼老春秋》中记载：金人索要太上皇，孙傅、王时雍径直去见徽宗，请求太上皇出城驾幸金军军营。徽宗没有想到事情竟然发展到了这种地步，愣在那里不知如何应答。诸人向徽宗介绍形势说，如果初七下午申时之前出不了城，金军就会纵兵四处杀人。武将范琼对徽宗更是严词厉语，逼迫徽宗出城。徽宗涕泪横流，不得已同意了金人的要求。

而另一位服侍徽宗的大臣曹勋则记载徽宗是被骗出城的：二月初七早上，李石等几个人来徽宗面前奏事，欺骗徽宗说金人打算放回皇帝，但需要太上皇亲自到南熏门求情。李石他们强调金人很友好，皇帝也安好，绝口不提皇帝已经被废。徽宗似乎隐隐感觉到了什么，反复询问有没有隐瞒实情，李石等信誓旦旦，如果隐瞒了实情，甘愿受死。

徽宗这时候还不忘发牢骚，抱怨皇帝不让他去洛阳募兵，围城时也不让他参与决策，什么事情都瞒着他，乃至于有今日。

二月初七，徽宗派人请来郑太后，二人低声商量了一会儿，就一同出城了。大臣姜尧臣恐其中有诈，劝徽宗三思，徽宗说：只是到城门口罢了，怎么就去不得了？将军张叔夜也谏曰："皇帝一去不回，陛下不可以再出去了。臣当率领精兵护驾突围，也许能侥幸出去。纵然敌人追来，臣当以身决于死战，陛下或可以偷生。"但范琼却逼迫着徽宗赶紧出宫。

内侍宫人大哭不止，徽宗劝他们说：纵使有危险，这件事也一定要做。

假如用自己的性命换回皇帝，保住社稷，也没有什么怨言了。为防万一，他把身上的佩剑交给侍从丁孚拿着。

于是徽宗起驾，坐着肩舆，从延福宫出来，经过晨辉门，前往南熏门。接近南熏门的时候，两扇城门都打开了，徽宗说：这应该是金人了。刚想停下肩舆，一群金兵围了上来，簇拥着肩舆出了城门。徽宗在轿子里顿足道："果然有变！"但一切为时已晚，持剑的丁孚也被金人架走了。

到了金营，徽宗见到了粘罕、斡离不两位元帅，粘罕面南而坐，斡离不面西，徽宗面东。按照礼仪，面南者最尊，面东者卑微，可见金人废黜了钦宗之后，已经不把徽宗当太上皇礼遇了。

徽宗厉声责问二元帅："你们称先皇帝对大宋有大造之恩，反倒是我朝大造了你们。你们去年起兵，我传位给嗣君，我们割地赔款，你们才退兵。现在你们又起兵，妄称嗣君失信于你们。你们还记得盟约吗？可让使者出面做证。我难道还怕一死吗！"二元帅没有正面回答他的话。

在金营，徽宗见到了钦宗，二人抱头痛哭。徽宗还不忘埋怨说：要是你早听我的话，不至于遭受今日之祸。徽宗甚至有与钦宗一起逃跑的想法，但被何㮚劝止了。

此后皇室成员陆陆续续被要求全部出城，姓赵或者赵家的配偶都不例外，包括三十多位亲王，以及诸王妃、帝姬、驸马都尉等。十一日，皇后、皇太子也被迫出城，百官军民奔随号泣，太学诸生拥拜车前，哭声震天。徽宗出城时，留守孙傅已经意识到皇太子也难以幸免，想要把太子藏在民间，换个相貌相近的顶替，但一直没有找到敢于接纳太子的合适人选。孙傅很自责，坚持跟随皇太子一齐赴难，第二天也被批准进了金营。

徽宗平日里爱玩弄珍宝玉翠，外人并不知道。内侍梁平王为了讨好金人，主动带路到延福宫搜刮到大量珍珠、水晶、古书画等，另外还有皇帝的印宝若干，其中有十四件白玉之宝、两件青玉之宝、九件金宝、一件银印；此外还有皇后、太子、太子妃的印宝。

金军一直威逼朝臣选出新的皇帝，留守大臣孙傅六次上书金军二元帅，请求继续让姓赵的当皇帝，都没有起到作用，金军威胁如果递交不出新皇帝名单，便屠城。十一日，留守司召集朝臣聚集在皇城司推举新皇帝。选谁呢？大家心里没数，从感情上讲也不愿推举赵氏之外的人。聚集的时候，不知谁传出消息说金人已内定做过宰相的张邦昌为皇帝，连新朝名称都确定了，叫大楚，都城迁移到金陵。恰逢尚书左司员外郎宋齐愈刚从金营中归来，有人偷偷问金人属意谁，宋齐愈在手上写下"张邦昌"三个字，与传说刚好吻合。张邦昌曾任宰相，与康王赵构一齐出使过金营，同金人关系不错，眼下并不在朝中，众人一合计，就公推张邦昌主持国事，写了《议状》呈送给金人。张邦昌确实是金人内定的人选，金人很快批准了《议状》，但仅有朝臣的推举不行，金人需要让张邦昌得到社会各界的承认。

十三日，朝臣、官员在尚书省，士庶和僧道在宣德门前的朵楼，军人和老百姓在大晟府举行了汴京史上第一次公开投票，其实就是走个流程，在《推戴表》上签个字。

大部分人老老实实签了字，但也有例外。十一日的《议状》孙傅、张叔夜没签，十三日的《推戴表》御史中臣秦桧拒签，金人将他们及家属押赴金营，再三逼迫，仍没有得逞，退兵时将他们一齐掳走。

确定了新朝皇帝人选之后，金人并没有立即对外宣布，也没有立即退兵。他们继续在搜刮和勒索。开封府又贡献出金七万五千八百两、银一百一十四万五千两、衣缎四万八千四百匹。除此之外，他们还要人，特别是工艺、技术人员，基本上都被押至金营，准备带走。

直到三月初七，金人才奉册宝立张邦昌。这一天，百官聚集在尚书省，张邦昌哭着闹着不愿上任，佯装昏厥，但胳膊拗不过大腿，还是被引导着来到宣德门旁，在临时搭建的幕帐中等候。过了一会儿，金人拿来御衣红伞，在御街上布置了铺有棉褥的座位。张邦昌走出幕帐，在褥位前朝拜，而后舞蹈着退下，跪在地上受大金国册封。金国册书称："张邦昌即皇帝位，国号大楚，建都金陵。"册封完毕，金人上马而去。张邦昌走进宣德门，由大庆殿到文德殿，不敢坐车，步行到御座前，也不敢坐，另外放一把椅子接受百官祝贺。轮到跪拜的时候，张邦昌赶忙站了起来，向百官解释说："本为生灵，非敢窃位。"不愿接受跪拜。以王时雍为首的留守大臣不敢不拜，张邦昌就转身面向东面站立。

张邦昌不愿接受朝拜，并不是谦虚。他深知国内民众仍然眷恋赵氏政权，而金国不可能每时每刻住在朝廷为他撑腰。况且，做傀儡皇帝的滋味并不好受，既无实权，还要留千古骂名，他心里暗暗叫苦。

自宋钦宗被滞留金营，金人发布命令都是让吴开、莫俦传递，二人积极往返奔走，事金人甚恭，这次被任命为高官。王时雍、吕秉哲曾威逼徽宗及宗亲出城，范琼一直充当金人的打手，恐吓镇压想要反抗的市民，他们都得到了重用。这几个人，无疑属于卖国贼行列，汴京民众给他们起外号，王时雍叫"卖国牙郎"，吴开、莫俦为"捷疾鬼王"。

当天，徽宗听到张邦昌僭位的消息，说："张邦昌如果死于社稷，会为社稷增辉；现在做了傀儡皇帝，可以原谅。只是他肩负的责任很重。已经册立了异姓皇帝，我的结局也就确定了。"说完涕泪沾襟。第二天，有人写诗为张邦昌辩护："伊尹定归商社稷，霍光终作汉臣邻。"伊尹是商朝元勋，霍光是汉朝权臣，他们都曾废立天子，但终究没有篡位，还是将政权归还了商、汉。徽宗听到诗词，伤心地骂道："等到他归还江山，我已经在蛮荒的北国了！"

徽宗强烈地预感到了自己的命运，那就是客死异国。

钦宗即位仅仅一年，靖康的年号使用不到两年，即经历国破家亡，称靖康之祸、靖康之乱、靖康之难、靖康之耻。《续宋编年资治通鉴》注引南宋学者吕中分析靖康之祸的原因说："其始也，开衅以召祸；其后也，又幸欲速和以免祸。靖康之卖国降虏，即靖康主和之人也；靖康之主和，即宣和开衅之小人也；宣和开衅，即熙宁、绍圣用兵之遗也。履霜坚兵，其来有渐矣。"

第十三章　家国回首三千里

北　狩

在金营，徽宗遇到最尴尬的事，莫过于自己的女人或者女儿变成金人的附属。

金人索要了一万六千多名男女，其中主要是女子，人数众多，安置在青城和刘家寺两个地方，其中徽宗、钦宗等重要人物安置在青城，王妃、帝姬大多安置在刘家寺。

有了大量的美女，金人需要做的事情就是使用。二月十七日，粘罕在青城宴请斡离不，第二天斡离不回请粘罕。这一次，他们带上了徽宗、钦宗以及两位帝后。宴席上，歌舞、陪酒的就是宋朝皇室的妃嫔、帝姬们。徽宗、钦宗无比窘迫，想要离开却被制止。宴会结束前，粘罕告诉徽宗，他的儿子真珠大王完颜设也马看上了洵德帝姬，请求徽宗赐婚。洵德帝姬年方十九，已经出嫁田氏为妻，徽宗回绝道："我们中原人讲廉耻，不二夫，不像贵国那样没有禁忌。"粘罕大怒："我奉朝廷的命令分发俘虏，你怎么能抗命。"徽宗气愤地说："上有天，下有地，每个人都有女儿、儿媳。"但徽宗的抗议没有起到丝毫的作用，粘罕反而当场让每位将领带走两名妃嫔、帝姬，以羞辱徽宗。

妃嫔、帝姬都是娇贵之身，很多人不堪凌辱而自杀，也有的因生活条件差而生病去世，金军撤离前，其死亡人数当以千计。

抢劫和掠夺一直持续到三月中旬。新上任的皇帝张邦昌必须为自己的统治考虑，他有更好的理由向金人提出交涉，因为他是金国指定的代理人。三月十五日，张邦昌到青城道谢，向金人提出七件请求：其一，乞不毁赵氏陵庙；其二，乞免取金帛；其三，乞存楼橹；其四，乞等江宁府修缮毕，三年内迁都；其五，乞五日班师；其六，乞以帝为号，称大楚皇帝；其七，乞借金银犒赏。这七件事金人一一应允下来。张邦昌又请要回滞留金营的宋朝大臣，金人也答应了。但言语顶撞金人，或者拒不在《推戴表》上签字的何㮚、孙傅、张叔夜、秦桧、司马朴等不许回朝。

徽宗意识到已经到了最后的期限，他尝试做最后的努力，亲自写了一道劄子给粘罕，为自己辩解：一是招降张觉的事，张觉首级交给了金人，罪过不大；二是金人第一次南下讨伐时，及时退位，一心一意待在道宫，憩养魂魄，没有干预过朝政，直到汴京城破时才知道是三镇败约所致。徽宗表示这都是嗣子的错，但自己愿意代子受过，跟随金人到北方去，听凭金人处置。他乞请金人允许留下一个孩子，到广南某个偏僻荒远的小郡奉祀祖宗。

劄子递上去两天后有了回音，金人客气地拒绝了他的请求。

金人已经完成了掠夺，在部署撤军。

由于人数众多，金军采取分批撤退的办法，将俘虏分为七批，动用了八百六十余辆牛车。

第一批有宗室、贵戚男丁两千二百余人，妇女三千四百余人，由都统阇母押解；

第二批包括康王赵构的母亲韦贤妃，两位王子，郓王赵楷妃朱氏，康王赵构妃邢氏，洵德帝姬赵富金、柔福帝姬赵嬛嬛，郓王、康王的女儿，一共三十五人，由真珠大王设也马押解；

第三批是钦宗妻妾以及徽宗第十三女惠福帝姬赵珠珠，钦宗之女柔嘉帝姬，共三十七人，由宝山大王斜保押解；

徽宗、诸王、驸马在第四批，共一千九百四十余人，由斡离不的弟弟额鲁观押解；

第五批都是女眷，一百零三位王妃、帝姬，还有一些侍女，由斡离不亲自押解；

第六批是挑选奉献给金太宗吴乞买的贡女三千一百八十人，其他各类三千四百十二人，由右监军固新、左监军达赉押解；

钦宗、太子、何桌等大臣在第七批，跟随有侍女一百多人，由粘罕亲自押解。

三月二十七日夜，徽宗、钦宗由青城被转移到刘家寺，张邦昌率领百官到南薰门、五岳观内远远地为他送行，张邦昌恸哭不已，百官和围观的百姓更是号啕不绝，有的甚至哭得昏厥不能起身。徽宗则率钦宗、太后、皇后、诸王、妃嫔、帝姬、驸马遥拜城中，辞别宗庙。徽宗伏在地上痛哭，上气不接下气，难以起身，第六子景王赵杞把他扶了起来。六宫无论长幼均号啕大哭，日色昏惨，风声如号。

二十八日赵氏这一大家子做最后的团聚，晚上才回到各自临时拘押地。其间斡离不为徽宗备了饯行酒，安慰他说："自古圣贤之君，无过尧舜，也有让出王位的时候，所以上皇要想得开。我们国家灭契丹时，得到的妃嫔、儿女全部分配给了将士。上皇因为过去有海上之盟，儿女们还能依旧跟随在身边，服装官职一切如故。"徽宗表示感谢，再次请求代子受过，给儿子们一条活路，斡离不表示无能为力。斡离不请求将惠福帝姬赵珠珠嫁给粘罕的次子宝山大王完颜斜保。惠福帝姬是徽宗第二十五女，尚未婚配，徽宗答应了。当晚徽宗住在刘家寺的幕帐中，徽宗夫妇住在后面的财物幕，诸王、驸马住在前面的饮宴幕，地方狭小，睡觉的鼻息声都能互相听到。

二十九日黎明，第四批和第五批人员同时上路，当天晚上，住宿在封丘地界。封丘是陈桥驿所在地，当年宋太祖率领部队从开封出发，当晚宿在陈桥驿，才有黄袍加身，开创了大宋江山。徽宗北行的第一站也是封丘，对他来说不能说不是莫大的讽刺。徽宗、郑太后以及斡离不、额鲁观住的是毡帐，其他俘虏和士兵大部分住布帐，围在毡帐的四周，既能防范徽宗逃跑，又能保卫将军和徽宗的安全。

由于宋俘虏都是成群结队行走，徽宗见不到斡离不，但斡离不对徽宗比较关心，每天送来鸡、兔、鱼、肉、酒、果，徽宗享受着其他俘虏远远不及的待遇。

这一天，先行的第二批人员中，朱妃、邢妃和二位帝姬因为不惯骑行，坠马动了胎气，行进缓慢，跟第三批钦宗皇后朱氏她们会合在一起了。

四月初二，因为河北传来警报，担心受康王袭击，第二、三批人员在途中耽搁了两天，徽宗行至胙城追上了她们。警报解除后，第二批、第三批人员仍然先行，徽宗目送韦后和帝姬、王子们上马离去，一整天泪流不止。

徽宗一行在四月初五渡过黄河，住宿在黄河北岸的滑州。初七到了汤阴，后宫一位嫔妃被金人强行掳到自己的营帐，徽宗只好告诫女人们不要离开队伍。斡离不听闻消息，专门派人跟随左右保护照料。

初八日，第六批贡女追了上来，因为连日大雨，她们的牛车大都被淋坏，无法遮雨，一些人便到金人的营帐中避雨，她们大多被奸淫，甚至轮奸致死。

十五日，他们走到了相州，由于多日连续赶路，加上狂风暴雨，很多牛车断裂了，有些牛马走着走着突然倒在地上就死了。他们一路上看到的都是战争后山河残破的情景，房倒屋塌，瓦砾荒草，尸骨纵横。更加残酷的是，金人给的食物有限，宋俘人人菜色，如果有牛马倒毙，人们立刻拥上去争抢牛马尸肉充饥。宋俘开始大面积死亡。十六日，在都城店，徽宗的弟弟燕王赵俣在饥寒交迫中死去，徽宗悲伤不已，痛哭一场，将他的尸体放在马槽中，两脚还露在外面。燕王的夫人、儿子请求将尸体送回汴京，斡离不不许，让人把尸体烧了。徽宗坚持带着燕王的骨灰前行，每天晚上伏在他的骨灰上悲伤难过，说："我也快了。"连看守的金人都忍不住流下了眼泪。

二十三日到了真定，天气终于转晴，金人决定休整三天，徽宗住在真定府的园林净渊庄里。斡离不邀请徽宗观赏打球，并赐宴。宴席中，金国侍中、汉人刘彦宗请徽宗赋诗，徽宗写道："锦袍骏马晓棚分，一点星驰百骑奔。夺得头筹须正过，无令绰拨入斜门。"这是一首打球诗，正合眼前情形。刘彦宗将诗翻译给斡离不听，并详细讲解诗的含义，斡离不甚是佩服，起身道谢，对徽宗十分恭敬。次日斡离不继续宴请，二十五日又请徽宗观赏打猎，归降金国的郭药师也在这里，斡离不让他拜见徽宗，郭药师十分尴尬，请求徽宗原谅他投降之罪，徽宗淡淡地回道："这是天意罢了，不是你的罪过。"

二十六日起程，二十八日路过中山府。中山是宋朝重镇，直到现在依然在坚守。徽宗在中山城下喊话，说服守将投降。《呻吟语》记载守将痛哭不奉诏，提辖杀之，以城降。而《三朝北盟会编》和南宋人赵甡之《中兴遗史》等书的记载刚好相反，说守将想要投降，提辖杀了他，继续抵抗。

五月十三日，徽宗终于到了燕京，北行的路程告一段落。

从燕京到上京

七批宋俘中，前六批都是路过河北到达燕京，第一、第二、第三批先于徽宗到达，第五批和第六批稍后抵达。因为斡离不对徽宗高看一眼，徽宗所在的第四批以及斡离不押解的第五批待遇是最好的，第一批和第六批因为人员地位低，不受重视，路上待遇最差，受到的折磨更多，第一批死亡过半，第六批到达的也只有七成。

第二批、第三批大多是些重要的女眷，比较典型地反映了金军将领对宋朝皇室成员的态度。

第二批的押解人是真珠大王设也马，手下还有千户国禄、千户阿替计等。国禄是个好色的家伙，一上路就开始调戏郓王朱妃。后来第三批也赶了上来，国禄又把目标瞄准了钦宗的皇后朱琏，想要往朱皇后的车上挤，宝山大王斜保拿鞭子抽他离开。在黄河南岸休息的时候，金人向这些宋朝宗室人员打听徽宗在宫里的日常生活，谈到钦宗时，说他爱读书，不好声色；郓王身体虚弱，性格懦弱；康王目光如炬，好色如父，很多侍婢死在他手下。金人听了对钦宗有些好感，此后对朱后便比较客气了。

渡过黄河，这两队遇到了盖天大王完颜赛里。完颜赛里也是好色之徒，他看见国禄同柔福帝姬赵嬛嬛同骑在一匹马上，就挺枪杀死了国禄，把尸体扔进河里，要把柔福帝姬抢了去。真珠大王连忙解释这些人须奉诏押解进京，完颜赛里才不敢造次，但他舍不得柔福帝姬，便跟着队伍同行。他又把目标转向康王邢妃，逼得邢妃差点自杀。

在真定府休整时，金人听说郓王朱妃、钦宗朱慎妃能写诗作词，逼着她们谱写新歌，朱妃作歌云："昔居天上兮，珠宫玉阙，今居草莽兮，青衫泪湿。屈身辱志兮，恨难雪，归泉下兮，愁绝。"朱慎妃作的歌是："幼富贵兮绮罗裳，长入宫兮侍当阳。今委顿兮异乡，命不辰兮志不强。"二人词曲表现了天上人间的巨大落差，充满了悲伤失落。二人只作词，不演唱，保留了最后一丝尊严。

这两批俘虏四月十八日到达燕京，几位大王的眷属听说来了汉人，像看稀世珍宝一样过来围观，她们还用金人的礼仪与后妃们打招呼，落落大方，倒是后妃们不习惯，窘迫得很。

第三批留了下来，第二批因为涉及还没有抓获的赵构，她们继续前行，被带到金上京。

钦宗在第七批，也是金人十分看重的一批俘虏，粘罕亲自押解。他们与其他六批不同，四月初一从青城出发，过郑州走山西到云中，然后由云中到燕京。比较而言，粘罕比斡离不对宋人更残暴，他让钦宗穿上奴婢的青衣，戴着金人的毡笠，乘着黑马，并让人跟着时时监督。钦宗悲愤时，常常仰天大哭，马上会被喝止。随从的俘虏一开始还有马骑，马死了只能步行，走得稍微慢一些就会挨鞭子。代州北有一处山峦，叫太和岭，道路崎岖陡峭，金人把钦宗绑在马上驮了过去。他们六月初二到达云中，短暂休整之后，六月初五从云中启程，七月初十到达燕京。

这时徽宗在燕京已经将近两个月了。

徽宗住在燕京的延寿寺，他的后妃、亲王、帝姬、驸马与他住在一起，侍奉在身边，算是金人对他的格外照顾。徽宗的生活也并不单调，斡离不经常邀请他进行游戏娱乐活动，如看球、看射柳枝等。宝山大王斜保经徽宗同意，纳了惠福帝姬珠珠，算是名正言顺的女婿了。金人直爽，看球宴上，斜保跪着向徽宗和郑太后敬酒，完全一副女婿的模样，看不出是战胜者与战俘的关系。

徽宗住在延寿寺期间，南方形势风云变幻。一直不敢以皇帝自居的张邦昌请出元祐孟皇后摄政，并执意将帝位让给在河北募兵抗金的康王赵构。靖康二年（1127）五月，康王赵构在应天府即皇帝位，改元建炎，所以宋靖康二年也是建炎元年（1127）。消息传来，斡离不建议将徽宗放还，他约粘罕到草原避暑，商量这事，粘罕不同意。斡离不在一次打球后用冷水洗澡，中暑不治而亡。

斡离不是完颜阿骨打次子，人们称他"二太子"，他对宋俘相对仁慈，在金国将领中充当了保护伞的作用。他的去世，对徽宗以及宋朝宗室来说无疑是个坏消息，他们接下来的命运将更加艰难。

比较悲惨的是第六批，这一批地位比较低，一到燕京就解散了。男人中有一技之长的工匠自谋出路，贵胄子弟分配给人家做奴隶，女人给人做妾。分到大户人家还好，分给下级军官、士兵的大多命运凄惨。这些底层军人并不需要妾或奴婢，他们转手就把这些女人卖了换钱。有一位铁匠花八两黄金买了一个女人，一问才知道在宋朝是亲王的孙女、宰相的侄媳、进士的夫人。那些卖到花街柳巷的更像野草一样只能自生自灭。

七月初七，第二批中的相国公赵梃和建安郡王赵楧又被带回燕京安置。负责押送的真珠大王设也马与两位王爷成了朋友，他把金太宗赏赐给他的宫女陈氏转赠给建安郡王，相国公也娶了新的夫人，是契丹公主耶律氏。

他们住在愍忠祠。洵德帝姬被皇帝赐给了设也马，也随同回到燕京，住进了大王府中。而韦贤妃、柔福帝姬等其他女人被留在了上京。

七月十二日，设也马按照粘罕的吩咐，率宝山大王完颜斜保，以及洵德帝姬、惠福帝姬，相国公、建安郡王携新娶的耶律夫人、陈夫人前去问候钦宗，安排钦宗携家眷到昊天寺作斋，然后与徽宗、郑太后、诸王一起欢聚。至此燕京暂时的欢乐融合达到了高潮。

南方抗金浪潮一浪高过一浪，特别是河北地区烽烟四起。徽宗、钦宗在燕京，无疑会鼓舞汉人的抗金士气，金国皇帝决定将二帝北迁。

九月十三日，徽宗和钦宗再次登上迁徙的道路，濮王等一千八百多人还留在燕京。东北寒冷，金人赠送一万匹绢，徽宗分出一千匹给留在燕京的宗室。

离开燕京的时候，燕京的百姓对徽宗依依不舍，许多人跪在路边为他们送行，还有居民罢市进行抗议。

这次他们的目标是金中京，也就是辽国的中京大定府。大定府距燕京九百五十里，中途越山过河，还要跋涉大漠。十月十八日，他们来到目的地，住在相府院里，这是契丹时宰相居住的地方。金人住在中院；徽宗住在东院，他携带眷属太多，有千余口，一部分只能住在外面；钦宗眷属百余口，住在西院，并不拥挤。中京偏僻荒凉，比燕京萧索了许多，两位皇帝的日常用具需要每两个月从燕京调运一次。从中京的物资供应情况可以理解，契丹和女真为什么那么急切地想要得到宋朝的岁币。

第二年，金天会六年（1128）六月，徽宗、钦宗一行又从中京迁上京，八月二十二日到达。中京到上京三千里，中途跋涉更加艰辛。从汴京起到金上京止，用了十九个月，燕王赵俣、徽宗王德妃、徽宗三女赵金罗难以承受颠簸苦寒，中途薨逝。徽宗在途中生了一个女儿、两个儿子，都夭折了；钦宗也生有一个儿子、三个女儿，殇二人，其他死活不明。

牵羊礼

对于徽宗、钦宗的到来，金太宗举行了一个盛大的仪式，这个仪式当然不是欢迎二帝，而是受降仪式。

金人灭亡北宋，二帝车马进入金营，举行了一个小型的废黜皇帝仪式，但没有受降仪式。二帝到达燕京时，就有人建议补上受降仪式，燕京的知枢密院事刘彦宗是位极其绅士的官员，极力劝止了这个建议。现在到了上京，刘彦宗已经死了，对徽宗友善的斡离不也死了，有人旧事重提，就没有人反对了。

中国古代对于投降的君主、将领一般会举行受降仪式。比如《左传》里记载楚国灭了许国，许国君主许男结向楚王投降，"许男面缚，衔璧，大夫衰绖，士舆榇"。许男结把自己绑起来，嘴里衔着玉制的国印，地位比较高的大夫穿着孝服，地位比较低的士抬着棺材。国印代表着国家，这样投降仪式的含义是：国家给您了，国君、大夫、士论罪当死，任凭处置。楚成王没见过这阵势，问身边人该如何回应，大夫逢伯举了周武王接受微子启投降的例子，建议给许男结松绑，接受他的玉璧，烧掉他的棺材，表示国家我们要了，人员既往不咎。楚成王便依例行事。

此后中国的投降仪式和受降仪式大抵如是。五代十国后蜀降宋，末代皇帝孟昶穿着素袍，口衔玉璧，牵来白羊犒劳宋师，呈上降表和国家地图。

金人对宋俘举行的受降仪式不同于中原传统，也没有证据表明是金国固有，很可能是针对宋朝二帝专门设计的。

金天会六年（1128）八月二十四日，二帝抵达上京的第三天，大清早被金人强行带到金国皇帝的祖庙前，跟随二帝居住的三十多位皇子、一千三百多名后妃女眷也随即被带来。数千名金兵气势汹汹地扒掉二帝、二后的外衣，其他人则全部扒去上衣，裸露肢体，然后为他们披上羊皮，手里拿着一根羊皮绳，这样他们就变成了一只只待宰"羔羊"。

接下来，金人牵着他们手中的羊皮绳，将他们牵到幔帐搭建的大殿上，殿上陈列着珍宝玉器，乐队演奏着金国风格的音乐。金太宗率领后妃、大臣按照胡人的方式跪拜宗庙，向祖宗宣告灭亡北宋、俘虏宋帝的"喜讯"。徽宗、钦宗、二后跟着跪拜。然后，金太宗亲自杀了两只羊敬奉到供桌之上，受降仪式结束。

这种仪式有一个专门的名称，叫"牵羊礼"。

敬拜过宗庙，金太宗来到乾元殿，妻妾、臣子侍立两侧，金兵逼二帝跪在下面，听金主宣诏，封徽宗为昏德公，钦宗为重昏侯。二帝谢恩，换上公侯爵服，出殿与诸王坐在外面的小帐篷里休息等候。后妃则入宫"赐沐"，她们洗过澡后都换上了胡人的衣服。其他女子仍然袒露着上身，金国皇帝将她们分配给身边的侍卫。

牵羊礼侮辱性极强。钦宗皇后朱琏不堪凌辱，回到住处上吊自杀，被人救起，又投水自尽。她的气节感动了金太宗，两年后封她为靖康郡贞节夫人，称赞她"怀清履洁，得一以贞。众醉独醒，不屈其节"。

徽宗的后妃郑太后、乔贵妃、崔淑妃继续跟着徽宗。韦贤妃、康王邢妃入洗衣院。洗衣院是宫中做杂役的地方，同时也是皇帝女人中的后备队伍，跟中原政权的掖庭有点类似。

徽宗女儿的分配情况及后来的结局为：

长女嘉德帝姬赵玉盘，二十九岁，入金太宗长子蒲鲁虎寨；蒲鲁虎死后没入金熙宗宫中。

次女荣德帝姬赵金奴，二十六岁，入金太祖阿骨打堂弟挞懒寨，挞懒被诛杀后接入金熙宗宫中，有封号。

五女茂德帝姬赵福金，二十三岁，原被斡离不纳入帐中，后被纳于兀室，不久卒。

十三女成德帝姬赵瑚儿，十九岁，入洗衣院。

十四女洵德帝姬赵富金，十九岁，嫁于设也马。

十六女显德帝姬赵巧云，十八岁，入洗衣院。

十九女顺德帝姬赵缨络，十八岁，入粘罕帐，天会十五年在五国城被按打曷强纳寨中，不久去世。

二十女仪福帝姬赵圆珠，十八岁，入金太祖第四子兀术寨。

二十一女柔福帝姬赵嬛嬛，十八岁，入洗衣院，天会十三年（1135）入盖天大王赛里寨，赛里又将她嫁给汉人徐还，皇统元年（1141）去世。

二十五女惠福帝姬赵珠珠，十七岁，嫁于宝山大王斜保。

二十六女永福帝姬赵佛宝，十七岁，入洗衣院。

二十八女宁福帝姬赵串珠，十五岁，入金太祖第六子讹鲁观寨，天眷二年（1139）召入宫。

二十九、三十、三十一、三十二、三十三女，因年幼，都被分配在洗衣院。

其他女儿在牵羊礼之前已经薨逝。其中保福帝姬赵仙郎、仁福帝姬赵香云、贤福帝姬赵金儿殁于刘家寺斡离不的营中；安德帝姬赵金罗殁于北上途中。

徽宗父子的迁徙仍未结束，十月，金太宗将二帝、诸王、驸马、内侍、宫眷迁到韩州。韩州在今吉林省梨树县，在金上京的西南。留在燕京的濮王以下一千八百人也迁徙到此，看来金人打算将韩州变成宋俘城，放在这里集中管理。不过留在燕京的人员待遇很差，死者过半，连濮王也去世了。剩下的九百人，金人给他们划出四十五顷土地供耕种，让他们自生自灭。

从上京到韩州千里地，徽宗他们走了两个月，十月二十六日抵达，一直居住到金天会八年（1130）七月。

这段时间，宋金发生的大事有：赵构建元后，金军出动兵力进行围剿，赵构放弃汴京、应天府向南逃，逃到扬州，金兵追来，赵构狼狈渡江，驻跸杭州。将领苗傅和刘正彦对朝政不满，发动兵变，史称"苗、刘之变"。苗、刘废黜赵构，立赵构幼子为帝。在外作战的韩世忠、刘光世、张俊等起兵勤王，苗、刘兵败，赵构复辟。

宋建炎三年（1129）九月，金将兀术率兵渡江，赵构离开杭州，通过越州、明州逃亡海上。金军无所获，退兵。赵构得以重回杭州，将杭州定为临时首都，改名临安，史称赵构续宋的朝代为南宋。

金军撤退时，在镇江遭遇韩世忠部队，韩世忠大败金军，将金军围堵在长江上的黄天荡。金军挖通河道，船只逃往建康牛头山，又遭岳飞痛击。金军对宋作战，第一次遭遇大败，赵构自此在江南站稳了脚跟。几乎同时，宋军在八百里秦岭抵御住了金人的疯狂进攻。

金军占领山东时，山东主帅刘豫投降。天会八年（1130），金国扶持他建立伪政权，为大齐。伪齐无建树，金天会十五年（1137）被金国废掉。

徽宗父子在这段时间相对平静，主要是人员增减。徽宗薨殁的亲人有：十七子赵栻、弟越王赵偲、二十五子赵樏、次子赵楷。钦宗又生了个儿子，徽宗也生了个儿子，取名赵柱，徽宗子赵梴、赵椹也有生育。

在洗衣院的宋朝女子待遇有所改善，天会八年（1130）六月，金太宗张榜公示，赵构母亲韦氏、妃邢氏、姜氏等十六人封为良家子。良家子是宫中的一种封号，意味着这些人的身份不再是奴婢。对于已经分配给宗室的女人，由于她们长相俊美，又懂得侍奉，远非金人本族女子可比，普遍获得宠爱。金太宗对已经生育的六人给予优容，升为次妇，仅次于宗室的正妻。

宋俘的地位不仅取决于他们的表现，也取决于南方的形势。兀术受挫黄天荡时，金人迁怒于宋朝女人，他们散布流言说赵构的母亲韦氏、妃邢氏以及帝姬们如何再嫁他人，如何侍奉金国勋贵，污言秽语，不堪入耳。自牵羊礼后，再受侮辱。两国交战，最受伤的却是女子。

五国城

金天会八年（1130），金太宗再次将徽宗、钦宗二帝迁徙，这次的目的地更远、更靠北，叫五国城，即今黑龙江依兰县，离佳木斯仅有一百公里。

对于这次迁徙的原因，金太宗在诏书中说："比以奸民不靖，假祸汝躬，故令远徙，庶免波累。"奸民不安分，借用你的名义制造祸端，所以把你迁徙到更远的地方，免得你被波及连累。迁徙的另一种说法是金人准备立刘豫建伪齐政权，所以将徽宗远迁。无论哪条原因，都是为了把徽宗在中原的影响力降到最小。

在诏令迁徙的同时，金太宗给了徽宗一个"安慰奖"：因为徽宗的女儿、儿媳在宫中侍奉两年有余，敬戒无违，得到恩宠，徽宗沾了女儿、儿媳的光，所以赐缣绢十端。金太宗还表示，将你的六个女儿升为宗室次妇，你将来走投无路的时候，她们可以救助你，从姻亲中得到好处，保证晚年饱暖无忧。

从燕京到中京到上京到韩州，徽宗已经历了四次迁徙，"顾齿发以俱衰，指川途之正邈"，身心疲惫，牙齿脱落，头发掉光，却不知归宿在哪里。但他还得按惯例上表谢恩，表示能够攀上高枝，是我晚年最大的慰藉，发誓坚守晚节以报大金皇帝的仁德。

由于二帝队伍庞大，花费巨大，金人对他们进行了分散安置，五百名宗室人员移居临潢府，数百名内侍移居辽东，跟随二帝的除了直系，只有宗室六人。徽宗恳请不要将他们分开，但没有效果，只好号泣作别。

七月十五是传统的中元节，俗称鬼节，人们要供奉无家可归的孤魂野鬼。这一天，徽宗最后一次踏上迁徙之路。这一次他们走的是水路，速度相对比较快，九月初就到了目的地。

五国城更加寒冷，途中徽宗二十六子赵楎去世，到达后不久，陪伴他时间最长的郑皇后也渡劫而逝。十月肃王赵枢殁，金天会九年（1131）五月，二十四子赵樉自戕身亡，时年十七岁。白发人送黑发人，徽宗身边的亲人越来越少，形单影只，凄凉孤单，聊以读书打发时间。这一时期，他有更多的时间与儿子们交流，一天徽宗和儿子们吟诗作对，徽宗出"方当月白风清夜"，郓王赵楷对"正是霜高木落时"，徽宗又出"落花满地春光晚"，莘王赵植对"芳草连云暮色深"。

亲人的亡故让徽宗老年悲凉，而亲人的背叛更令他心寒。金天会十年

（1132）六月二十四日，五国城长官孛堇按打曷接到一封密信，状告徽宗左右及十八子信王赵榛谋反。状告如果属实，说明徽宗父子对金国仍未臣服，将是一起严重的政治事件。孛堇按打曷看了一下密信的落款，署名是赵楁和刘文彦，于是疑惑起来：赵楁是徽宗的第十五子，在宋朝封沂王；刘文彦入金前是徽宗的驸马，娶了显德帝姬赵巧云。亲儿子和亲女婿状告老子，看来不会是捕风捉影。孛堇按打曷立即让人到徽宗住所诘问，徽宗不敢敷衍，遣第十二子赵植、安德帝姬赵金罗的驸马宋邦光前去申辩。孛堇按打曷回话，要求必须徽宗自己前往。无奈，又遣钦宗及信王赵榛、茂德帝姬驸马蔡鞗、内侍王若冲去商议，孛堇按打曷终于同意就在徽宗的行宫问话。

经过金人调查，裁定不存在谋反问题，赵楁和刘文彦属诬告。金人请徽宗处置赵楁和刘文彦，但碍于血缘人伦，徽宗实在下不去手，就推辞了。反而金人不能容忍这种大逆不道的行为，将二人赐死。

赵楁、刘文彦为什么要诬告徽宗？有分析称大概是五国城太苦了，他们想通过状告老父亲换取较好的待遇。由于史料缺失，二帝在北国身边一些匪夷所思的事件无法得到合理解释，例如十七子赵栻是被沂王赵楁谋害的，赵樾是自戕的，他们背后的恩怨和纠纷不得而知。

金天会十三年（1135）正月，金太宗吴乞买去世，将皇位传给了金太祖的嫡长孙完颜合剌（汉名完颜亶），是谓金熙宗。金熙宗小时候金人已经入寇中原，聘请的老师都是中原儒士，汉化程度极深，金人称他为"汉家少年"。金熙宗看不惯女真的生活习惯和政治制度，即位伊始，就将在洗衣院的宋朝女子释放，包括韦贤妃、柔福帝姬、纯福帝姬等七人。纯福帝姬是徽宗第三十三女，入洗衣院时年仅四岁。帝姬们被分配给了金国将领，韦贤妃被准许到五国城陪伴徽宗。

徽宗在生命的最后时刻又见到一位故人，算是得到些许慰藉。三个月后，金天会十三年，宋绍兴五年（1135）四月二十一日，徽宗结束了他大起大落、大喜大悲、大荣大辱的一生，薨逝于五国城。徽宗最后的心愿是葬在中原，金熙宗有意成全他，征求朝中意见，廷议皆反对，只好作罢。

徽宗在五国城又生子赵檀，这样徽宗在北狩之后总共生育了四个儿子、一个女儿，两个儿子赵柱和赵檀成活下来，不过他们已经沦落为普通民众并且融入女真部落当中，后世寂寂无名，若干世之后，没有人津津于他们的祖上曾是何等的显贵，又是何等的屈辱。

两年多后，宋绍兴七年（1137）九月，徽宗去世的消息才传到南宋。宋高宗赵构为他上谥号圣文仁德显孝皇帝，庙号徽宗。

一心向往汉文化的金熙宗希望与南宋议和，连年南征失败迫使控制军队的金国将领妥协。为了向南宋示好，金皇统元年（1141）二月，金熙宗改掉徽宗、钦宗具有侮辱性的昏德公、重昏侯封号，改封为天水郡王和天水郡公。天水是赵氏郡望，宋朝有天水一朝之称，金朝此时已深谙汉文化之精髓。

是年十一月，宋金签订了《绍兴和议》：宋向金称臣；两国边界东以淮水、西以大散关为界；宋向金每年纳贡银二十五万两，绢二十五万匹。

绍兴和议结束了双方十六年的战争状态，双方再次成为友好盟国。宋高宗赵构请求归还徽宗梓棺。金皇统二年（1142）四月，宋高宗的亲生母亲韦贤妃携徽宗以及郑太后、高宗邢妃的灵柩归宋，宋高宗将其葬于绍兴永祐陵。

除了书法绘画，徽宗还爱吟诗填词。北狩路上，陡壁之间，书法绘画是奢望，徽宗却写下不少感怀之作。

在燕京，徽宗听闻大批宋俘死于北徙途中，想起这场悲剧因自己而起，不禁陷入深深的自责当中，写道：

> 九叶鸿基一旦休，猖狂不听直臣谋。
> 甘心万里为降虏，故国悲凉玉殿秋。

北宋一朝共九位皇帝，所以称"九叶鸿基"，国破家亡，徽宗反省的教训是没有听取耿直大臣的意见。或许此时他也认同了"六贼"的说法？或者想起了靖中建国时那帮保守派老臣？是是非非，后世尚且争论不休，作为当事人，更多的恐怕是把亡国责任甩给那些大臣吧。

北行路上，正是人间四月天。北国春迟，一日徽宗看到一树杏花，有感而作，写下《燕山亭·北行见杏花》：

> 裁剪冰绡，轻叠数重，淡著胭脂匀注。新样靓妆，艳溢香融，羞杀蕊珠宫女。易得凋零，更多少、无情风雨。愁苦，问院落凄凉，几番春暮。
>
> 凭寄离恨重重，者双燕，何曾会人言语。天遥地远，万水千山，知他故宫何处。怎不思量，除梦里、有时曾去。无据，和梦也新来不做。

杏花娇艳，如汴京故宫里的宫娥；杏花易凋，经不起风吹雨打，像美人迟暮，更像华畔玉瑾的绝世繁华，以及钟鸣鼎食的奢靡生活。当时只道是寻常，离恨重重、天遥地远之时，才知道失去的可贵。后唐后主李煜写过"梦里不知身是客，一晌贪欢"，徽宗则更为凄惨，"和梦也新来不作"。

写亡国之痛，莫过于《眼儿媚》：

> 玉京曾忆昔繁华，万里帝王家。琼林玉殿，朝喧弦管，暮列笙琶。
>
> 花城人去今萧索，春梦绕胡沙。家山何处，忍听羌管，吹彻梅花。

"梅花"指《梅花落》乐曲，梅花凌霜而开，凄清应是此曲的基本格调。京城里的朝喧弦管与北方萧索之地的羌管梅花形成鲜明的对比，正是徽宗本人先尊后卑、先贵后贱的真实写照。

生命的最后一刻，徽宗在五国城的墙壁写下人生的绝唱：

彻夜西风撼破扉，萧条孤馆一灯微。

家山回首三千里，目断山南无雁飞。

　　《红楼梦》中，林黛玉不喜欢聚会，曾言："人有聚就有散，聚时欢喜，到散时岂不冷清？既清冷则伤感，所以不如倒是不聚的好。比如那花开时令人爱慕，谢时则增惆怅，所以倒是不开的好。"品尝过聚时欢喜、散时冷清，才会大彻大悟。宋徽宗一生好道，却未尝有林黛玉这般境界。

　　皇帝、艺术家、俘囚，人生的极点都品尝过了，正如他的江山，从繁华到凋零，凄惨落幕。

附：纪年对照暨宋徽宗年表

年龄（虚岁）	公元纪年	宋纪年	辽纪年	金纪年	大事记
1	1082 年	元丰五年	大康八年		十月初十出生，宋神宗第十一子
2	1083 年	元丰六年	大康九年		十月授镇宁军节度使，封宁国公
4	1085 年	元丰八年	大安元年		1. 三月神宗驾崩，哲宗继位 2. 赵佶封遂宁郡王
15	1096 年	绍圣三年	寿昌二年		三月，封端王
17	1098 年	绍圣五年	寿昌四年		三月，加为司空，搬出宫外生活
19	1100 年	元符三年	寿昌六年		1. 正月，宋哲宗驾崩，赵佶登基，为宋徽宗，皇太后向氏听政 2. 二月，立王氏为皇后 3. 召回元祐诸臣 4. 四月，任用旧党为右相；长子赵桓出生 5. 五月，复孟氏为元祐皇后 6. 七月，向太后还政 7. 九月，罢免章惇宰相职务 8. 十月，罢除蔡京翰林学士，让其离开朝廷
20	1101 年	建中靖国元年	寿昌七年 乾统元年		1. 正月，向太后崩 2. 积极推进政治融合 3. 三月，辽天祚帝即位
21	1102 年	崇宁元年	乾统二年		1. 正月，成立议礼局 2. 闰六月，曾布罢相 3. 七月，拜蔡京为相，设置讲议司 4. 八月，设立安济坊、居养院；扩大办学规模，要求所有州郡都要开办官学 5. 九月，始刻元祐党人碑 6. 十月，复罢元祐皇后 7. 十二月，禁"元祐学术"；茶法改革，废除通商法，实行禁榷法

年龄（虚岁）	公元纪年	宋纪年	辽纪年	金纪年	大事记
22	1103 年	崇宁二年	乾统三年		1. 继续打击元祐党人 2. 二月，铸当十钱 3. 四月，诏令焚毁苏轼文集 4. 六月，王厚、童贯收复湟州 5. 九月，置医学
23	1104 年	崇宁二年	乾统四年		1. 二月，建漏泽园 2. 四月，收复鄯州 3. 六月，置书、画、算学；核定三百零九名元祐党人名单 4. 十一月，辟雍建成
24	1105 年	崇宁四年	乾统五年		1. 三月，铸成九鼎；任命赵挺之为右相 2. 八月，修成大晟乐
25	1106 年	崇宁五年	乾统六年		1. 正月，彗星出于西方，诏令除毁元祐党人碑 2. 二月，罢免蔡京宰相职务
26	1107 年	大观元年	乾统七年		1. 正月，起复蔡京为左相；设立议礼局 2. 三月，诏八行取士；赵挺之罢相 3. 五月，推广新乐
27	1108 年	大观二年	乾统八年		九月，王皇后崩
28	1109 年	大观三年	乾统九年		六月，蔡京罢相；何执中任左相
29	1110 年	大观四年	乾统十年		1. 五月，将蔡京由太师降为少保 2. 六月，擢拔张商英为右相 3. 八月，亲作《大晟乐记》 4. 十月，立郑氏为皇后
30	1111 年	政和元年	天庆元年		1. 八月，张商英罢相 2. 九月，童贯出使辽国，遇马植（赵良嗣）投奔，献策联金灭辽
31	1112 年	政和二年	天庆二年		1. 五月，复用蔡京 2. 九月，改革官制 3. 十月，女真叛辽

年龄（虚岁）	公元纪年	宋纪年	辽纪年	金纪年	大事记
32	1113年	政和三年	天庆三年		1. 春，延福宫开建 2. 四月，颁布《政和五礼新仪》 3. 闰四月，改公主为帝姬
33	1114年	政和四年	天庆四年		1. 正月，置道阶 2. 秋，延福宫建成
34	1115年	政和五年	天庆五年	收国元年	1. 元旦，完颜阿骨打建立大金国 2. 二月，立赵桓为太子
35	1116年	政和六年	天庆六年	收国二年	1. 闰正月，置道学 2. 二月，上清宝箓宫建成 3. 四月，何执中致仕
36	1117年	政和七年	天庆七年	天辅元年	1. 正月，将天下道教分成五派 2. 二月，幸上清宝箓宫，听林灵素讲经 3. 册封自己为教主道君皇帝 4. 十一月，郑居中起复太宰，余深少宰 5. 十二月，艮岳正式开建
37	1118年	政和八年、重和元年	天庆八年	天辅二年	1. 五月，颁御制《圣济经》 2. 八月，宋朝第一次出使金国，马政为正使
38	1119年	重合二年、宣和元年	天庆九年	天辅三年	六月，与西夏息兵
39	1120年	宣和二年	天庆十年	天辅四年	1. 二月，宋朝第二次使金，赵良嗣为正使，初步缔结海上之盟 2. 六月，蔡京致仕 3. 九月，宋朝第三次使金，马政为正使 4. 十月，方腊起义
40	1121年	宣和三年	保大元年	天辅五年	1. 四月，童贯擒方腊 2. 金国使者在宋朝滞留八个月后回国，阿骨打认为宋朝缺乏诚意，搁置了协议，十一月发兵攻打辽中京

年龄（虚岁）	公元纪年	宋纪年	辽纪年	金纪年	大事记
41	1122年	宣和四年	保大二年	天辅六年	1. 正月，金人攻破辽中京，辽天祚帝逃往夹山 2. 二月，艮岳完工，徽宗作《艮岳记》 3. 三月，耶律淳在燕京自立 4. 三月，童贯领兵两次北伐燕京，均以失败告终 5. 十二月，金军占领燕京 6. 宋、金就赎回燕京进行多轮磋商
42	1123年	宣和五年	保大三年	天辅七年 天会元年	1. 二月，宋、金最终达成盟约，宋朝每年支付一百五十万钱帛，作为赎回燕京的条件 2. 四月十七日，宋军正式进入燕京 3. 六月，阿骨打去世，吴乞买继位，是谓金太宗 4. 六月，平州守将张觉归降宋朝，旋被金军镇压，金国指责宋朝背盟 5. 七月，诏毁苏轼、司马光文集刻版
43	1124年	宣和六年	保大四年	天会二年	1. 六月，在全国征收免夫钱 2. 十二月，王黼致仕，起用蔡京 3. 再次设置讲议司
44	1125年	宣和七年	保大五年	天会三年	1. 正月，金国抓获了辽天祚帝 2. 四月，蔡京再次致仕 3. 六月，封童贯为广阳郡王 4. 十二月二十三日，徽宗禅位

年龄（虚岁）	公元纪年	宋纪年	辽纪年	金纪年	大事记
45	1126 年	靖康元年		天会四年	1. 正月，徽宗巡幸江南 2. 正月，金军第一次围攻汴京 3. 二月，宋割让三镇，赔偿巨额钱帛，金军退返 4. 四月，徽宗回銮，"六贼"渐次伏诛 5. 九月，太原陷落 6. 十一月，派康王赵构到河北同金军议和，赵构逗留河北；金军第二次围攻汴京 7. 闰十一月二十五日，汴京城破 8. 闰十一月三十日，钦宗到金营写降表表示臣服
46	1127 年	靖康二年 建炎元年		天会五年	1. 二月初六，金国废黜赵桓帝位，北宋灭亡 2. 二月初七，徽宗被掳到金营 3. 三月，金人扶持张邦昌为帝；挟持徽宗等北宋俘四分七批北上 4. 四月，钦宗作为最后一批人员从青城走西路北上云中；金军撤离汴京 5. 五月，徽宗一行抵达燕京；赵构在应天府称帝 6. 七月，钦宗抵达燕京 7. 九月，迁二帝至中京
47	1128 年	建炎二年		天会六年	1. 六月，迁二帝至上京 2. 八月，抵达上京，金人举行受降仪式"牵羊礼"，封徽宗为昏德公、钦宗为重昏侯，钦宗朱皇后不堪羞辱自杀 3. 十月，再迁二帝至韩州
48	1129 年	建炎三年		天会七年	在韩州

年龄 （虚岁）	公元纪年	宋纪年	辽纪年	金纪年	大事记
49	1130 年	建炎四年		天会八年	1. 六月，金人升韦贤妃等洗衣院女俘为良家子；六名宋皇室女子升为次妇 2. 七月，二帝从韩州迁往五国城 3. 九月，郑皇后病逝
50	1131 年	绍兴元年		天会九年	在五国城
51	1132 年	绍兴二年		天会十年	六月，沂王赵㮙和女婿刘文彦诬告徽宗及信王谋反，被诛
52	1133 年	绍兴三年		天会十一年	在五国城
53	1134 年	绍兴四年		天会十二年	
54	1135 年	绍兴五年		天会十三年	1. 正月，金太宗去世，金熙宗继位 2. 二月，金熙宗从洗衣院释放韦贤妃等六位宋朝女俘；韦贤妃到五国城与徽宗相聚 3. 四月二十一日，徽宗去世
	1137 年	绍兴七年		天会十五年	徽宗去世消息传到南宋，宋高宗为徽宗加谥号和庙号
	1141 年	绍兴十一年		皇统元年	1. 二月，金国改封徽宗为天水郡王，钦宗为天水郡公 2. 十一月，南宋与金签订《绍兴和议》
	1142 年	绍兴十二年		皇统二年	四月，韦贤妃携徽宗灵柩归宋，宋高宗将其埋葬在永祐陵

参考文献

1.《续资治通鉴长编拾补》，[清]黄以周等辑，中华书局，2004。

2.《续资治通鉴长编》，[宋]李焘撰，中华书局，1985。

3.《宋会要辑稿》，刘琳等校点，上海古籍出版社，2014。

4.《宋大诏令集》，中华书局，1961。

5.《文献通考》，[宋]马端临著，中华书局，2018。

6.《宋史》，[元]脱脱等撰，中州古籍出版社，1998。

7.《辽史》，[元]脱脱等撰，中州古籍出版社，1998。

8.《金史》，[元]脱脱等撰，中州古籍出版社，1998。

9.《宋史纪事本末》，[明]陈邦瞻撰，中华书局，1977。

10.《续资治通鉴长编纪事本末》，[宋]杨仲良编，国家图书馆出版社，2003。

11.《政和五礼新仪》，[宋]郑居中等撰，商务印书馆，1932。

12.《家世旧闻》，[南宋]陆游著，中华书局，1993。

13.《宋代官制辞典》，龚延明编著，中华书局，1997。

14.《铁围山丛谈》，蔡絛著，上海古籍出版社，2012。

15.《养疴漫笔》，[宋]赵溍著，中华书局，1991。

16.《清波杂志校注》，[宋]周辉撰，中华书局，1997。

17.《图画见闻志校注》，[北宋]郭若虚撰，吴企明校注，上海书画出版社，

2020。

18.《历代书法论文选》，上海书画出版社，2014。

19.《清异录》，[宋]陶穀撰，上海古籍出版社，2012。

20.《书史会要》，[明]陶宗仪，浙江人民美术出版社，2019。

21.《宋史》，陈振，上海人民出版社，2016。

22.《皇宋十朝纲要校正（上下册）》，燕永成校正，中华书局，2013。

23.《画继》，[宋]邓椿著，人民美术出版社，2016。

24.《宣和画谱》，浙江人民美术出版社，2019。

25.《宣和书谱》，浙江人民美术出版社，2019。

26.《茶经》《宣和北苑贡茶录》《品茶要录》，[唐]陆羽等，中华书局，1991。

27.《大观茶论》，[宋]赵佶，中华书局，2019。

28.《清明上河图：北宋繁华记忆》，薛凤旋著，上海人民出版社，2020。

29.《东京梦华录》，[宋]孟元老著，中华画报出版社，2016。

30.《邵氏闻见录》，[宋]邵伯温著，康震校注，三秦出版社，2005。

31.《石林燕语》，[宋]叶梦得撰，宇文绍奕考异，中华书局，1984。

32.《容斋随笔》，[宋]洪迈著，夏祖尧、周洪武校点，岳麓书社，1994。

33.《曲洧旧闻》，[宋]朱弁撰，中华书局，1985。

34.《挥麈录》，[宋]王明清著，王恒柱校，山东人民出版社，2018。

35.《避暑录话》，[宋]叶梦得撰，山东人民出版社，2018。

36.《汴京勾异记》，[明]李濂撰，中华书局，1985。

37.《宋稗类钞》，[清]潘永因编，刘卓英点校，书目文献出版社，1985。

38.《独醒杂志》，[宋]宋敏求著，上海古籍出版社，2012。

39.《钱氏私志》，[宋]钱愐撰，中华书局，2000。

40.《大金吊伐录校补》，[金]佚名编，金少英校补，中华书局，2017。

41.《靖康要录笺注》，[宋]汪藻著，王智勇注，四川人民大学出版社，2008。

42.《枫窗小牍》，[宋]袁褧著，上海古籍出版社，2012。

43.《癸辛杂识》，[宋]周密撰，上海古籍出版社，2012。

44.《简明西夏史》，李蔚著，人民出版社，1997。

45.《靖康稗史笺证》（包括《宣和乙巳奉使金国行程录》《瓮中人语》《开封府状》《南征录汇》《青宫译语》《呻吟语》《宋俘记》七种），[宋]确庵、耐庵编，崔文印笺证，中华书局，2010。

46.《靖康纪闻（附拾遗）》《北狩见闻录》，[宋]丁特起、曹勋，广文书局，1968。

47.《靖康传信录》（《全宋笔记》第三编五），[宋]李纲撰，大象出版社，2008。

48.《中兴遗史辑校》，[宋]赵甡之撰，许起山辑校，中华书局，2018。

49.《北狩行录》（《全宋笔记》第四编八），[宋]蔡鞗著，朱易安主编，大象出版社，2008。

参考论文

1.《论北宋蔡京经济改革》，黄纯艳，上海师范大学学报（社会科学版），2002年9月。

2.《政事与人事：略论蔡京与讲议司》，杨小敏，西北民族大学学报（哲学社会科学版），2008年第5期。

3.《北宋太学办学经费扩充探析》，罗玉霞、喻本伐，《教育与经济》，2012年第三期。

4.《徽宗的禁令榜文与皇权形象的构建》，赵鹿园，《重庆第二师范学院学报》，2019年11月。

5.《童贯——北宋末年对外政策的思想者与执行者》，张云筝，《北京教育学院学报》，2011年10月。

6.《北宋晚期的政局演变与武将命运——以王厚军事活动为例》，罗家祥，《学术研究》，2011年第11期。

7.《北宋道教发展概论》，赵泽光，《贵州师范大学学报》，1992年第1期。

8.《林灵素生平问题钩校》，唐代剑，《四川师范学院学报》，1990年第5期。

9.《论林灵素与徽宗失国》，唐代剑，《宗教学研究》，1993年第Z2期。

10.《北宋徽宗朝大晟乐制作与颁行考议》，胡劲茵，《中山大学学报（社会科学版）》，2010年第2期。

11.《〈政和五礼新仪〉编撰考论》，吴羽，《学术研究》，2013年第6期。

12.《〈政和五礼新仪〉探析》，柏晶晶、王凤，《重庆交通大学学报（社会科学版）》，2013年12月。

13.《宋代医官制度之管窥》，高伟，《兰州大学学报（社会科学版）》，2006年7月。

14.《宋代医药人才的选拔和培养》，胡坤、胡玉，《安徽师范大学学报（人文社会科学版）》，2008年5月。

15.《宋代崇宁兴医政策之研究》，李玉清，《医学与哲学（人文社会医学版）》，2009年4月。

16.《浅析徽宗御书钱及瘦金书体》，孔瑛，《甘肃高师学报》，第14卷第4期。

17.《君王事，一天下，开太平：政治视野与徽宗御押解读》，吴小军，《艺术设计研究》，2018年第4期。

18.《从〈大观茶论〉看宋徽宗的茶文化情结及宋人茶道》，虞文霞，《农业考古》，2005年第2期。

19.《宋代城市园林的功能演进与空间环境探究——以金明池为例》，许维超、陈岩、胡沈健、邓威，《建筑与文化》，2019年第1期。

20.《〈东京梦华录〉展现的北宋帝王体育活动》，储建新，《体育文化导刊》，2013年8月。

21.《北宋皇家园林艮岳的文化内涵探析》，常卫峰，《开封大学学报》，2009年3月。

22.《试论方腊起义的原因》，向祥海，《浙江师范大学学报（哲学社会科学版）》，1987年第2期。

23.《浙江淳安出土的宋代兵器与方腊起义的关系》，鲍艺敏，《南方文物》，2004年第4期。

24.《汴京城与清明上河图》，刘渊临，《四川大学学报（哲学社会科学版）》，1992年第2期。

25.《关于清明上河图与汴京城图的若干问题》，周宝珠，《河南大学学报（社会科学版）》，1994年7月。